디지털
바벨론
시대의
그리스도인

FAITH FOR EXILES
by David Kinnaman and Mark Matlock

Copyright ⓒ 2019 by David Kinnaman and Mark Matlock
Originally published in English under the title *Faith for Exiles*
　by Baker Books, a division of Baker Publishing Group
　Grand Rapids, Michigan, 49516, U.S.A.
All rights reserved.

Korean Edition published by Word of Life Press, Seoul 2020
Translated and published by permission.
Printed in Korea.

디지털 바벨론시대의 그리스도인

ⓒ 생명의말씀사 2020

2020년 9월 24일 1판 1쇄 발행

펴낸이 | 김재권
펴낸곳 | 생명의말씀사

등록 | 1962. 1. 10. No.300-1962-1
주소 | 서울시 종로구 경희궁1길 6 (03176)
전화 | 02)738-6555(본사) · 02)3159-7979(영업)
팩스 | 02)739-3824(본사) · 080-022-8585(영업)

기획편집 | 구자섭
디자인 | 김혜진
인쇄 | 영진문원
제본 | 정문바인텍

ISBN 978-89-04-16725-8 (03230)

저작권자의 허락없이 이 책의 일부 또는 전체를
무단 복제, 전재, 발췌하면 저작권법에 의해 처벌을 받습니다.

"이 불행한 지구에도 에덴동산은 분명히 존재했었다.
우리 모두는 그곳을 갈망하며, 항상 희미하게 의식한다.
아직 덜 오염된 우리의 가장 뛰어난 본성,
곧 가장 고결하고, 가장 인간적인 부분에는
지금도 '유배자 의식'이 짙게 자리 잡고 있다."

− J. R. R. 톨킨

CONTENTS

시작하는 글

: 디지털 바벨론과 역동적인 믿음의 유배자들

- 디지털 바벨론에 온 것을 환영한다 · 14
- 역동적인 믿음을 지닌 유배자들 · 29
- 디지털 바벨론에서의 제자 양육 · 31
- 역동적인 믿음을 갖기 위한 다섯 가지 실천 원리 · 37

〈자료1〉 디지털 바벨론의 영향력과 영적 자료를 소화하는 시간의 양
〈자료2〉 네 종류의 유배자
〈자료3〉 역동적인 믿음

실천 원리 1

역동적인 믿음을 형성하려면
예수님과의 친밀한 관계를 경험하라

- 자기 정체성 찾기 · 53
- 유배지에서 예수님을 경험하기 · 63
- 역동적인 믿음과 하나님을 추구하는 습관들 · 79

〈도표1〉 자신이 그리스도인이라고 말하기는 쉽지만
예수님 안에서 기쁨을 발견하는 것은 그리 흔하지 않다.
〈도표2〉 무엇이 역동적인 제자를 만드는가?
그것은 곧 예수님과의 친밀함과 대화다.

실천 원리 2

복잡하고, 불안정한 세상에서 문화적 분별력을 길러라

- 복잡성, 스트레스, 불안감 · 89
- 문화적 분별력을 갖추어야 할 이유 · 96
- 역동적인 지혜 · 104

〈도표3〉 교회에서 문화적 분별력을 길러주는 법
〈도표4〉 무엇이 역동적인 제자를 만드는가? 성경에 닻을 내리기
〈도표5〉 4막(창조–타락–구원–회복)으로 구성된 복음

〈자료3〉 습관이 중요하다: 역동적인 제자들은 다른 사람들에 비해
일 년에 기독교적 콘텐츠를 소화하는 양이 거의 두 배에 달한다.
〈자료4〉 코헬렛의 분별 방법

실천 원리 3

소외와 불신이 만연한 상황에서
의미 있는 세대 간의 관계를 형성하라

- 소외된 국가 · 149
- 하나님과 교회에 대한 불신 · 156
- 교회 안에서의 관계들을 재발견하라 · 162

〈도표6〉 무엇이 역동적인 제자를 만드는가? 의미 있는 관계
〈도표7〉 무엇이 역동적인 제자를 만드는가? 강력한 관계적 연결망
〈도표8〉 교회의 감정적인 분위기
〈도표9〉 무엇이 역동적인 제자를 만드는가?
　　　　 세대 간의 관계가 형성된 공동체

실천 원리 4

야심적인 세대에게 굳센 신념을 심어주고,
동기를 부여하기 위해 소명적 제자도를 훈련하라

- 왜 소명적 제자도가 필요한가? · 197
- 직업 소명의 힘 · 208
- 소명적 제자도의 효력 · 220

〈도표10〉 무엇이 역동적인 제자를 만드는가? 잘 발달 된 일과 소명에 관한 신학
〈도표11〉 역동적인 제자들은 직업 활동에 대한 열의가 높다
〈도표12〉 교회가 소명적 차원에서 다음 세대를 육성하는 방법
〈도표13〉 역동적인 제자들은 멘토링을 반긴다

〈자료5〉 하나님이 정하신 노동의 법칙과 젊은이들이 원하는 직업 활동의 관계
〈자료6〉 디지털 바벨론에서의 멘토링

실천 원리 5

시대 풍조를 거스르는 사역에 참여시켜
권리 주장과 자기중심적인 성향을 제어하라

- 하나님이 명령하신 일 · 238
- 단호하면서도 역동적인 삶 · 241
- 권리 주장과 자기중심적 성향 · 245
- 유배지에서 살아가는 하나님의 백성들 · 254

〈도표14〉 역동적인 제자들은 강한 사명감을 느낀다
〈도표15〉 교회가 시류를 거스르는 사역에 기여하는 방법

앞으로 해야 할 일

유배지에서 희망을 발견하기

- 현실을 옳게 인식하라 · 281
- 역동적인 희망을 품어라 · 283

이 책에서 사용하고 있는 용어 정리 · 291

시작하는 글

디지털 바벨론과
역동적인 믿음의 유배자들

"네게 진작 말해주었어야 했는데 잊은 것이 너무 많은 것 같구나."

나의 장녀 에밀리가 대학생이 된 첫해, 나는 녀석의 이사를 도와주기 위해 일곱 시간 걸리는 길을 세 시간쯤 달려갔을 때 그렇게 말했다. 은색 소형 승합차에는 기숙사 방을 장식할 물건들과 옷가지가 가득 실려 있었다. 나는 식생활, 돈 관리, 응급 상황이 발생했을 때의 행동 원칙, 남자들의 속마음 등, 딸 아이가 알아야 할 삶의 지혜를 생각나는 대로 모조리 주입하려고 애썼다.

물론, 내가 자기를 무척이나 사랑하고 있다는 사실과 예수님을 믿는 믿음을 항상 잘 유지하라는 당부도 잊지 않았다.

우리 가족은 대부분 기독교 대학에 다녔다. 나도 마찬가지였다. 나의 아내, 곧 딸아이의 엄마도 그랬다. 나의 부모와 형제들과 그들의 배우자들도 모두 기독교 대학에서 교육을 받았다. 그러나 에밀리에게는 그것이 최선이 아니었다. 학문적 수준이 높은 고등학교를 수석으로 졸업했을 뿐 아니라 원대한 야심을 품은 뛰어난 학생이었던 딸아이는 과학(유전학 연구)을 전공하기 원했다(녀석은 자기 아버지를 닮아서 좀 별스럽다). 내가 안전하고, 건전하다고 생각했던 기독교 대학들 가운데는 딸아이가 마음에 들어할 만큼 명성이 높거나 학문적 훈련이 엄격한 대학을 찾기가 어려웠다. 따라서 녀석은 주립대학교에 진학하기로 결정했다. 그것도 평범한 주립대학교가 아닌 UC버클리였다.

캘리포니아에 있는 그 유명한 대학교에 대한 나의 견해는 어땠을까? 솔직히 말해, 에밀리가 버클리대학교를 진학 가능한 대학교 가운데 하나로 손꼽았을 때 나는 단호하게 반대했었다. 나는 그것이 확실한 선택이 아닌 단순한 하나의 가능성일 뿐이라고 생각하며 애써 무시하려고 노력했다. 그런데 일련의 예기치 않은 상황들로 인해 상상할 수 없었던 일이 현실이 되고 말았다. 딸아이는 그 대학교를 방문했고, 그곳을 좋아했다. 나는 그 대학교가 특히 젊은 과학도들에게 매우 우수한 기관이라는 사실을 인정하게 되었다. 하나님이 내 생각을 바꾸어주셨다(이 일이 일어난 과정은 뒤에서 좀 더 자세히 설명할 생각이다).

하나님이 똑똑하고, 재능 있고, 야심이 큰 열여덟 살의 딸아이를 버클리대학교로 인도하고 계신다는 확신과 함께 적지 않은 불안감이 느껴졌다. 에밀리는 대학교에 들어서자 자부심을 한껏 드러내며 구내 언덕을 힘차게 걸으면서 앞서 학교를 방문했을 때에 확인했던 중요한 장소들을 우리에게 소개했다.

"여기가 버클리대학교에서 가르치는 노벨상 수상 교수들의 전용 주

차장이에요."

위풍당당한 건물들 위로 캘리포니아 북부의 저녁노을이 드리울 무렵, 딸아이는 우리를 데리고 난폭한 정치적 항변 장소로 유명한 '스프라울 광장'(Sproul Plaza)을 지나갔다. 나는 에일리가 육체적으로나 정신적으로 큰 잠재력을 지니고 있다는 것을 알고 있다. 그러나 어떻게 딸아이에게 그런 환경 속에서 오래 견딜 수 있는 역동적인 믿음을 심어 줄 수 있을지 고심이 되었다.

■ ■ ■

나는 단지 자기 자식만을 걱정하는 아이 아버지가 아니다. 내게는 그렇게 걱정할 수밖에 없는 전문적인 이유가 있었다. 그동안 나는 사회조사연구원으로 일하면서, 수많은 초중고등학교 학생들을 비롯해 젊은 성인들과 대화를 나눌 기회가 있었다. 나의 일터인 '바나 그룹'(Barna Group)은 다양한 양적, 질적 조사 방법을 동원해 젊은이들의 영적 상태를 조사했다.

조사 결과 가운데는 우려할 만한 것이 많았다.

거의 100만 명에 달하는 10대 청소년들과 부모들을 상대해 오면서 성숙하고, 내구력 있는 믿음을 주제로 많은 책을 집필한 이 책의 공동 저자 마크 매틀록도 동일한 우려를 느끼고 있었다. 그도 나처럼 젊은 성인과 10대 청소년을 자녀로 둔 아버지다.

우리는 이십 년이 넘도록 젊은이들과 교회와 더불어 일해왔다. 우리는 오랫동안 젊은 제자들을 양육하는 방법을 고민해 왔을 뿐 아니라 그런 제자들의 부모로서 그들을 기르며 살아왔다.

한밤중에도 우리를 잠들지 못하게 만드는 엄청난 정보가 있다.

우리는 2011년에 펴낸 『유 로스트 미』(You love me)에서 청년들의 교회 이탈 문제를 지적했다. 그 문제를 조사할 당시 우리가 수집한 자료에 따르면, 기독교적 배경을 지닌 젊은이들 가운데 교회에 오랫동안 나가지 않거나 아예 교회를 등진 사람들이 59퍼센트에 이르는 것으로 나타났다.

그 후 10년도 채 못되어 18세에서 29세 사이에 속한 청년들의 교회 이탈 비율은 더 많이 증가했다. 요즘에는 전에 교회에 나갔던 청년들 가운데 거의 3분의 2가량(64퍼센트)이 교회 출석을 중단한 경험이 있는 것으로 조사되었다.

오늘날의 사회는 신앙을 거부하는 성향이 특히 더 강하다. 물론, 하나님의 백성은 과거에도 적대적인 상황을 견뎌야 했다. 교회사를 돌아보면, 믿음에 충실하게 사는 것이 항상 쉽지 않았다는 것을 알 수 있다. 그러나 우리의 연구 조사는 20세기에 우리가 줄곧 의지해 온 '제자 양육 방법'으로는 역동적인 믿음을 배양하기가 더욱 힘들어졌다는 것을 분명하게 보여준다. 이것이 우리가 이 책에서 다루고자 하는 핵심 주제다.

> 믿음이 없는 젊은이들은 기독교를 백안시하고, 믿음이 있는 젊은이들은 교회 출석을 중단하고 있다. 그러나 다섯 가지 실천 원리

를 잘 활용하면, 디지털 바벨론의 유배자로 살면서도 왕성한 생명력을 지닌 예수님의 제자들을 양육할 수 있고, 또 그런 제자들로 성장할 수 있다.

이 책은 내가 신앙과 미래 세대를 주제로 쓴 이전의 책들과는 다르다. 그 책들은 기독교 공동체가 때로 젊은이들이 그리스도의 사랑을 느끼고, 받아들일 수 있게끔 돕지 못하고(2007년에 펴낸 『나쁜 그리스도인』(unChristian), 또 젊은이들에게 기독교 신앙의 타당성을 입증하는 데 실패한 것을 지적했다(2011년에 펴낸 『유 로스트 미』).

그런 책들의 토대가 된 연구 조사를 비롯해 다음 세대를 상대로 한 그 밖의 다른 바나 그룹의 조사 결과 덕분에, 우리는 교회가 믿음 있는 젊은이들과 믿음 없는 젊은이들에게 기울여온 노력이 어떻게 잘못되었는지를 알게 되었다.

그런 잘못을 바로잡으려면 어떻게 해야 할까?

우리는 거의 10만 명에 달하는 10대 청소년들과 젊은 성인들과 부모들과 교회 지도자들을 상대로 십 년이 넘는 연구 조사를 실시한 결과, 문화적 유배 상태에서도 젊은이들의 믿음을 성숙하고, 왕성하게 만들 수 있는 방법을 찾아냈다. 우리는 갈수록 기독교에 무관심할 뿐 아니라 종종 적대적이기까지 한 문화 속에서 흔들림 없이 예수님을 믿는 믿음을 전할 수 있는 방법에 관해 우리가 발견한 것을 이 책에 정리해 실었다.

갈라진 틈에서 희망의 씨앗이 싹트고 있다. 심지어 우리보다 기독교 이후 시대의 특성이 훨씬 더 두드러지게 나타나는 영국과 아일랜드와 캐나다와 오스트레일리아 같은 지역에서도 그런 징후가 엿보인다. 우리의 연구 조사에 따르면, 이 점은 북아메리카에서도 마찬가지다. 우리가 발견한 것은 이미 기독교의 오랜 역사가 분명하게 말해주는 것이다. 즉 충실한 믿음은 불안하고, 불안정한 시대에 오히려 더욱 깊이 뿌리를 내리는 법이다. 믿음은 심지어 가장 어두운 곳에서도 잘 성장할 수 있다.

예수님이 가르치신 씨 뿌리는 자의 비유를 기억하는가? 농부가 다양한 토양에 씨앗을 뿌렸다. 이것은 인간의 마음이 지니는 영적 수용성과 반발력, 곧 하나님 나라의 복음에 대한 다양한 반응을 보여준다. 이 비유는 대대로 마치 식물 재배법에 관한 지침처럼 활용되어 오면서, 그리스도인들은 자신이 일하는 토양의 상태를 진단해 적절한 빛과 가지치기와 유익한 보살핌을 제공할 수 있도록 도와주었다.

이 오랜 비유에서처럼 오늘날에도 많은 사람의 마음 토양이 돌과 먼지로 뒤덮여 메마르거나 가시나무와 잡초로 우거져 있는 탓에, 진정으로 중요한 것이 싹을 틔우지 못하고 있다. 인간이 된다는 것의 의미가 무엇인지를 묻는 오랜 질문이 마치 방치된 묘목처럼 오그라진 채 등한시되고 있다. 사랑으로 돌보고, 솜씨 있게 배양해야 할, 깊은 영적 갈망이 텔레비전이나 게임이나 소셜 미디어에 넋을 빼앗기는 탓에 질식되어 사라지고 있다.

앞으로 이 책에서 종종 언급하겠지만, 기술 문명이나 우리가 늘 들여다보고 있는 직사각형 모양의 작은 화면이 그 자체로 나쁜 것은 아니다. 그러나 만일 의도적으로 깨어 경계하지 않으면 디지털 바벨론이 우리의 시간을 완전히 빼앗고, 우리를 현혹해 인생의 더 중요한 것들을 추구할 기회를 누리지 못하도록 방해할 것이다.

우리는 오늘날의 세대가 더 많은 것을 원하고, 필요로 한다고 믿는다. 우리는 생명이 넘치는 예수님의 길과 교회라고 불리는 하나님의 가족과 기독교적 사명이라는 고대의 소명이 이 불안한 시대의 질식된 영적 갈망을 새롭게 일깨울 수 있으리라고 확신한다.

디지털 바벨론에 온 것을 환영한다

기억할지 모르지만, 몇 년 전에 이런 광고가 있었다.

한 사춘기 소년이 구글에게 "구글, '말하기 공포증'이 무엇이지?"라고 물었다. 그러자 한 친절한 여성의 목소리로 이런 대답이 들려왔다. "발표 불안은 대중 앞에서 말하는 것을 두려워하는 것을 의미합니다."

그는 자신의 '넥서스 태블릿'에서 '검색 결과 더 보기'를 클릭하고 나서, 프랭클린 루스벨트가 미국 국회의사당 계단에서 취임 연설을 한 것을 기록한 녹음 파일을 열었다. 그의 연설은 구글의 비디오 몽타주를 배경으로 전개되었고, 그 소년은 그것을 보고 영감을 얻어 반에서 연설할 준비를 마쳤다. 소년의 연설은 대성공이었다. 왜냐하면 학우들이 모두 박수갈채를 보냈을 뿐 아니라, 한 소녀가 그를 향해 수줍은 미소를 보냈기 때문이다. 그는 깜짝 놀라 겸연쩍어하면서 미소로 답했다. 그 순간, 장면이 급히 전환되어, '만능 정보 통신망'인 구글 검색 박스가 모습을 드러냈다. 소년은 거기에 "여자에게 데이트를 신청하려면 어떻게 해야 하지?"라고 적어 넣었다. 검색창 아래로 '드롭다운 목록'이 죽 펼쳐졌다. 소년이 신뢰하는 구글 정보 통신망은 희망찬 그의 마음속을 깊숙이 들여다볼 수 있을 뿐 아니라, 모든 것을 알고 있으면서 비밀까지 보장해 주는 '영원한 절친'이 되어 늘 그의 곁을 지켜주고 싶어 한다.

구글 광고의 내용이다. 오늘날, 세상을 이해하기 위해 자신이 소유하고 있는 화상 기기의 도움에 의지하는 사람들이 많다. 특히 젊은이들은 호주머니 속에 있는 작은 화면을 상담사, 연예인, 교사는 물론, 성교육 강사로까지 활용한다. 그 누구보다도 지혜로운 스마트폰이 있는데, 부모나 목회자나 교사와 어색한 대화를 나누기 위해 굳이 용기를 낼 필요가 있을까?

기술 문명의 이기를 이용하는 것은 빠르고, 쉽기 때문에 나무랄 것이 없고, 또 효율적이기 때문에 높이 칭찬할 만하다.

구글 검색은 많은 점에서 현대 세계의 삶에 놀라운 유익을 안겨주었다. 적절한 때에 올바른 정보에 접근함으로써 자신의 삶이 한층 더 향상되는 것을 경험하는 사람들이 일찍이 그 어디에 있었는가? 식기 세척기를 수리하는 법도 단계별로 잘 가르쳐주고, 좋아하는 노래도 마음껏 들을 수 있으며, 새로운 요리법도 배울 수 있고, 친구의 생일 선물도 잊어버리기 전에 바로 그 자리에서 구입할 수 있으며, 내 말에 동의하지 않는 사람에게 영화 "다이 하드"의 악당이 제러미 아이언스가 아닌 앨런 릭먼이라는 것을 확실하게 알려줄 수도 있다.

거의 모든 가능성이 무한히 펼쳐져 있다. 화면은 "이상한 나라"의 앨리스가 수천, 수만 번 태어나 살면서 드나드는 토끼 굴보다 더 많은 곳으로 안내하는 문이다. 그 가운데 더러는 어딘가 유익한 곳으로 안내되기도 한다.

그러나 바로 그것이 문제다. 즉각적인 정보 검색은 지혜가 아니다. 마틴 루터 킹 주니어는 1965년 설교에서 우리의 현재 상황을 예측했다.[1]

"우리가 사는 현대 사회는 '수단은 향상되었지만 목적은 전혀 향상되지 않았다'라는 시인 소로의 매혹적인 말로 간단히 요약될 수 있지 않겠는가?…우리는 기술 문명이 우리의 신학을 앞지르도록 허용했고, 그로 인해 많은 문제에 발목을 잡히고 말았다."

거칠게 질주하는 복잡한 문화 속에서 예수님을 따르며 건전하게 살게끔 도와줄 가치 있고, 현실적인 삶의 지혜가 있는 곳으로 통하는 '토끼 굴'은 과연 어떻게 발견할 수 있을까?

'거칠게 질주하는'이란 모든 것이 빠르게 진행된다는 뜻이다. 뉴스나 정보나 삶이나 변화의 속도가 매우 빠르다. 오늘날은 화상 정보의 시

---

[1] 1965년 2월 26일, 마틴 루터 킹 목사가 할리우드 이스라엘 회당에서 전한 설교에서 발췌했다. https://www.americanrhetoric.com/speeches/mlktempleisraelhollywood.htm(2018년 10월 검색).

대다. 디지털 도구와 시설과 내용이 현실에 대한 우리의 인식과 경험에 막대한 영향을 미친다. 그것들은 세상을 온전하게 통제하고, 그것에 완벽하게 접근할 수 있다는 신기루와 환상을 불러일으킨다. 앤디 크라우치가 『테크-와이즈 패밀리』(The Tech-Wise Family)에서 말한 대로, 기술 문명이 모든 곳에서 일들을 수월하게 만들고 있다.[2]

'복잡한'이란 일상의 삶이 갈수록 복잡해지고, 불확실해진다는 뜻이다. 원인과 결과의 관계를 예측하거나 주어진 행동을 통해 (의도된 것이든 의도되지 않은 것이든) 어떤 결과가 나올지 알기가 어렵다. 관련 변수를 모두 종합해서 판단하기가 불가능하다.

『유 로스트 미』(You lost me)는 젊은 성인들과 우리의 문화에 좀 더 광범위하게 영향을 미치는 세 가지 흐름을 분석했다. 첫째는 '접근'이다(이것은 '도처에 있는 와이파이' 덕분에 기하급수적으로 확대되었다), 둘째는 '이탈'이다(우리의 삶에 의미와 체계를 제공하는 제도와 전통으로부터의 이탈). 셋째는 권위다(제도와 전통처럼 갈수록 더 많은 의심을 받고 있다).

이 책이 출판된 이후 몇 년간, 바나 그룹에서 일하는 우리는 경이적인 접근과 심각한 이탈과 권위의 위기라는 특징을 지닌 오늘날의 '거침없이 질주하는 복잡한 문화'를 지칭하기 위한 표현을 하나 생각해 냈다. 그것이 바로 '디지털 바벨론'이다.

고대의 바벨론은 BC 6세기에 다니엘 선지자를 비롯한 유대인들이 자신들의 의도와 상관없이 포로로 끌려가 살게 된 곳이었다. 그곳은

---

[2] 앤디 크라우치와 바나 그룹이 협력해 『테크-와이즈 패밀리』(The Tech-Wise Family)를 펴냈다(Grand Rapids: Baker Books, 2017). 디지털 시대의 자녀 양육에서 비롯하는 어려움을 많이 다루고 있는 유익한 책이다.

이교 문화의 중심지이자 자극적이며, 다문화적이고, 모든 부와 권력을 쟁취하려는 인간의 욕망이 가득찬 실제 장소였다. 디지털 바벨론은 실제 장소는 아니지만 특성은 똑같다. 이곳은 와이파이와 데이터를 이용하는 모든 사람이 살고 있는 가상의 장소로서, 자극적이며 다문화적이고, 인간의 부와 명예가 우상이 되어 있는 곳이다.

오늘날의 그리스도인들은 마치 예루살렘에서 바벨론으로 유배와서 포로로 살아가는 유대인들과 같다. 이 두 가지 종류의 인간 사회가 성경에 잘 묘사되어 있다. 이 두 사회는 오늘날에도 문명의 원형을 이해하는 데 많은 도움을 준다.

예루살렘	바벨론
유일신교	다신교
느린 속도	가속화된 광적인 속도
동질성	다양성
중앙 통제	개방적 소스
즐겁고, 단순함	즐겁기도 하고, 괴롭기도 하며 복잡함
우상: 종교적인 교만/거짓 경건	우상: 뒤처지지 않고 따라가는 것

인간의 역사는 믿음이 중심을 차지하는 시기와 주변으로 밀려나는 시기가 있다는 것을 보여준다. 손가락을 한 번 움직이면 우리가 원하거나 필요로 하는 거의 모든 정보를 즉각 검색할 수 있는 디지털 바벨론에서는 하나님에 대한 관심이 주변으로 밀려난 상태다. 하나님을 삶의 중심에 모시기를 원하는 우리는 끊임없이 우리를 하나님에게서

멀어지게 만드는 세상의 원심력에 맞서 싸워야 한다.

믿음이 삶의 중심에서 주변으로 밀려나는 현상은 모든 세상에서 계속해서 일어나고 있다. 우리의 자료는 기독교 사회로부터 기독교 이후의 사회로 변화하는 징후가 종횡으로 철저하게 이루어지고 있는 증거를 보여준다.

많은 그리스도인들이 이런 변화로 인해 상당한 갈등과 어려움을 겪고 있다. 그들은 어린 시절 예루살렘에 가까운 문화를 경험하며 성장했다. 그때만 해도 기독교의 유일신 신앙이 중심을 차지했고, 성경의 권위를 믿는다고 당당하게 주장했던 백인 중산층의 가치와 도덕을 지향하는 동질적인 문화가 지배적이었다. 변화의 속도가 비교적 느렸기 때문에 세대 간의 지식과 경험 사이에 상당한 영속성이 존재했다. 대다수 사람이 인생의 의미에 동의하는 것처럼 보였고, 그런 점에서 모든 것이 유쾌하고, 단순하고, 솔직하게 느껴졌다.

그러나 디지털 바벨론에서는 성경이 인간의 경험을 해석하는 다양한 목소리 가운데 하나에 지나지 않는다. 성경은 더 이상 인간과 사회를 지배하는 중심적인 권위를 지닌 것으로 간주되지 않는다.[3]

요즘에 누군가가 대중 매체와 인터뷰를 하면서 '성경이 말씀하길'이라는 표현을 사용하면 과거 세상에서 타임머신을 타고 온 사람처럼 취급된다.

---

[3] 예루살렘과 바벨론이라는 주제에 관해 사려 깊은 통찰력을 제시해 준 '오자크크리스천칼리지'의 채드 랙스데일에게 감사한다.

두 문화 속에 끼인 상태

예루살렘 문화에서 말하는 우상은 거짓 경건이다. 사람들은 경건하고, 신령한 것처럼 보이고 싶어 한다. 25년 전만 해도 바나 그룹에서 일하는 우리와 같은 미국의 연구조사원들은 종교적인 '사회적 바람직성 편견'(social desirability bias, 스스로를 실제보다 더 경건한 것처럼 보이게 만들려는 설문 응답자의 성향)과 맞서 싸워야 할 가능성이 컸다. 그 이유는 (심지어는 익명의 설문 조사원 앞에서까지도) 스스로를 믿음의 사람처럼 보이게 만들어야 한다는 사회적 압력이 지금보다 컸기 때문이다. 그런 사회적 압력이 지금은 거의 사라졌다. 이제 그런 압력은 기독교적인 하위문화의 한쪽 구석에서나 찾아볼 수 있는 정도다(연구조사원의 관점에서 보면, 이것은 참으로 좋은 소식이고, 기독교적 관점에서 보면 실망스러운 일이다).

몇 년 전, 초중등 통합학교에 다니던 나의 딸 애니카가 현장 학습장으로 향하는 학교 버스에 올라탔다. 초등학생들과 한 무리의 중학생들이 함께 버스에 탔는데, 애니와 녀석의 친구 카일이 "벽에 맥주가 아흔아홉 병 있네"(99 Bottles of Beer on the Wall)라는 노래를 시끄럽게 부르기 시작했다.

교사 중 한 사람이 기독교 학교에서 술에 관한 노래를 부르는 것을 용납할 수 없다는 표정으로 날카롭게 쏘아보면서 "애니, 맥주가 왜 나오냐?"라고 말했다.

상냥한 애니는 너무나도 진지한 표정으로 "아, 죄송해요. 그러면 포도주가 아흔아홉 병이 있어야 하나요?"라고 대답했다.

예루살렘에 사는 하나님의 백성은 규칙을 따르고, 도덕적 순수함을 지키는 행동을 귀하게 여긴다. 그러나 디지털 바벨론의 문화는 단 하나의 '올바른' 삶의 방식이라는 권위적인 규칙을 용납하지 않는다. 애니카는 그 가운데 끼인 채 어색하고, 우스꽝스러운 현실을 드러냈다.

우리는 종종 우리가 사는 동네나 도시나 지역이나 기독교 학교를 우리 자신을 비롯해 다른 조역들이 살아가는 배경이나 무대처럼 생각하는 경향이 있다. 그러나 문화 자체를 개인의 신앙이 형성해 가는 이야기 속에 나오는 등장인물로 받아들이면 어떻게 될까?[4] 연극이나 뮤지컬에서 무대 장치는 대개 배우가 말하거나 행동하는 것을 보조하는 부차적인 역할을 한다. 우리는 우리의 삶의 '무대'에 관해서도 그와 똑같이 생각하려는 경향이 있다.

"교회 이탈은 새로운 문제가 아니야."라거나 "젊은 성인들은 나중에 결혼하거나 아이를 낳으면 교회로 다시 돌아올 거야."라고 주장하는 사람들은 문화를, 단지 등장인물들의 생각과 가정과 관계와 선택에 아무런 영향도 미치지 않는 단순한 배경으로만 간주한다.

그러나 우리가 사는 사회(우세한 태도, 집단적인 가치, 인간의 목적과 번영에 관한 여러 가지 전제들은 물론, 심지어는 우리가 사용하는 도구들까지도)는 삶의 배경이라기보다는 등장인물에 더 가깝다.[5] 예를 들어, 단순히 어떤 특정 지역에서 성장하는 것과 그 지역의 사회적 가치들이 어떻게 우리에게 영향을 미쳐 믿음을 받아들이거나 거부하게 만드는지를 생각하며 성

---

4) 문화를 정의하는 방법은 다양하다. 어떤 점에서 단일 문화와 같은 것은 존재하지 않는다.
5) 캘리포니아주 더블린에 있는 '밸리 크리스천 센터'(Valley Christian Center)의 로저 발시 목사가 이런 개념을 피력한다.

장하는 것은 엄청난 차이가 있다. 바꾸어 말해, 문화는 우리의 삶은 물론, 삶에 대한 우리의 인식에 큰 영향력을 행사한다.

성경은 예루살렘, 바벨론, 소돔, 애굽, 가나안, 갈릴리, 로마, 라오디게아, 니느웨 등, 다양한 사회와 도시의 특성을 생생하게 묘사하는 내용으로 가득하다. 하나님은 구약성경 요나서의 마지막에서 요나 선지에게, "내가 어찌 그런 큰 성읍을 아끼지 아니하겠느냐?"라는 수사학적인 질문을 던지셨다(욘 4:11 참조). 니느웨는 자신의 예언자적 소명을 의식하고, 거기에 저항하고, 반발했던 요나의 이야기를 보조하는 배경이나 무대 장치가 아니었다. 하나님은 12만 명에 달하는 니느웨 사람들 개개인과 그들이 이룩한 앗수르 문명에 깊은 관심을 기울이셨다. 그분은 모든 동네와 도시와 사회를 구원하기를 원하신다. 그 이유는 그곳에 하나님의 형상으로 창조되어 제각기 그분의 이야기에 독특한 방식(문화)으로 참여하는 사람들이 가득 살고 있기 때문이다.

성경의 바벨론은 하나님의 목적을 이루기 위한 문화 현장, 곧 교만과 권세와 위용과 쾌락을 자랑하는 인간 사회를 가리키는 의미를 지닌다. 바벨론은 성경에서 종종 모습을 드러낸다. 특히 다니엘의 이야기 속에서 두드러진 위치를 차지한다. 사실, 바벨론은 성경의 처음부터 끝까지 줄곧 언급되어 나타난다. 창세기에 나오는 '인간이 건설한 최초의 도시' 바벨탑에서부터 요한계시록에 언급된 정의와 회복을 위한 하나님의 마지막 사역에 이르기까지 바벨론은 하나님을 거역하려는 인간의 집단적인 노력을 상징하는 장소이자 원형으로 존재한다.

신약성경의 저자들 가운데 두 사람이 로마제국을, 이런 바벨론적 관점으로 바라보았다. 그들은 바로 로마제국 내에 흩어져 있는 그리스도인들에게 편지를 써 보낸 베드로와 요한계시록에 종말론적인 환상의 계시를 기록한 요한이었다. 디지털 바벨론의 유배자들도 그들처럼 그곳에 대해 종종 애증을 동시에 느낀다. 그것은 다른 나라에 있는 소란한 대도시를 방문했을 때의 느낌(매혹적이면서도 맥이 풀릴 만큼 피곤한 느낌)과 비슷하다. 복잡함은 흥미롭기도 하고, 혐오스럽기도 하다. 예수님을 사랑하는 사람들은 이런 긴장감을 종종 강하게 느낀다. 우리는 사회가 제공하는 것에 진정으로 감사하지만 더 안전하고, 더 편안한 것, 곧 가정과 같은 느낌을 주는 것을 갈망하지 않을 수 없다.

바벨론의 정신

제국들은 다양한 전술을 사용해 지구상의 다른 약소국들을 정복한다. 그런 전술들이 모두 다 군사적인 것은 아니다. 물론, 제국들은 패권을 쥐기 위해 폭력과 힘을 사용한다. 그러나 군사적인 수단은 종종 피정복 민족의 언어와 경제와 문화적 상상력을 바꾸어 놓을 식민지 전략을 동반할 때가 많다. 바벨론은 유대를 군사적으로 정복한 뒤에 유대의 지도층 인사들을 강제로 제국의 수도로 끌고 가서 그들을 문화적으로 정복하는 정책을 펼쳤다. 그 정책은 군사적인 정복만큼이나 강력했다(다니엘서는 바벨론의 문화 동화정책과 일부 유배자들이 그것을 성공적으로 극복했던 과정을 생생하게 보여준다).

만일 오늘날에 바벨론과 같은 제국이 존재한다면, 인터넷을 제국의 통치 수단으로 삼았을 것이 분명하다. 우리가 아무 생각 없이 우리에게 주어지는 것을 무엇이든 다 받아들인다면, 우리를 식민화하는 정책에 기꺼이 동참하는 셈이 되고 말 것이다. 심지어 제국이 우리의 대문을 부수고 들어오지 않더라도 우리 스스로 투항할 사람들이 많을 것이다. 26페이지에 소개하고 있는 도표는 디지털 바벨론의 영향력과 전형적인 젊은이가 일 년에 영적 자료를 소화하는 시간의 양을 비교해 나타낸 것이다.

디지털 식민화의 개념은 극단적인 것처럼 보일 수 있지만, 여기에서 말하려는 요점은 "화상이 정보와 관계의 통로임과 동시에 주의 산만과 오락의 요인이 된다."는 것이다. 모든 곳에 존재하는 화상을 통해 바벨론의 교만과 권세와 위용과 쾌락은 우리의 마음과 생각을 식민화시킨다.

대중문화는 현실에 대한 인식을 통제한다. 웹사이트, 다양한 애플리케이션, 텔레비전, 비디오 게임, 음악, 소셜 미디어, 유튜브 채널과 같은 것들이 옳은 것과 현실적인 것을 판별하는 기준이 되어가고 있다. 각종 미디어와 메시지가 진리와 거짓의 경계를 흐려놓는다. 누구나 자기 마음대로 현실을 결정할 수 있다. 모두 '트루시니스'(truthiness), '가짜 뉴스'(fake news), '탈(脫)진실'(post-truth), '대안적 사실'(alternatve fact)과 같은 용어들을 들어보았을 것이다(혹시 밀레니얼 세대가 스마트폰보다는 차라리 후각을 포기하는 쪽을 선택할 것이라는 '증거를 보여주는 연구 조사'라는 내용을 발견한 적이 있는가? 그것은 실제적인 연구 조사가 아니다). 현실을 그렇게 제멋

대로 규정하는 것이 현대의 바벨론에서 발견되는 특징이다.

화상은 우리의 관심을 요구한다. 즉 화상 문화는 자신의 제자들을 양육한다.

디지털 도구들과 그것들이 전하는 내용이 지니는 힘은 그야말로 막강하다. 이전 세대가 획득한 지혜가 기술 문명이 급속히 변화하는 시대를 살아가는 우리에게 아무런 도움도 줄 수 없다며, 그것을 외면하는 세대는 아마도 인류 역사상 우리 세대가 처음이다. 요즘의 젊은이들은 나이든 사람들이나 전통보다는 친구들과 알고리즘을 더욱 의지한다.

디지털 바벨론은 광섬유의 속도로 움직인다. 오늘날의 우상은 그 속도에 맞춰 그것을 따라가는 것이다(20대 이웃 하나가 최근에 다윗이 켈리 클락슨의 노래를 몰랐다고 비웃었다). 화상은 더 많은 관계를 약속하지만 연구조사원 진 트웬지가 지적한 대로, 스마트폰이 널리 확산되면서 10대 청소년들 사이에서 외로움, 우울증, 불안감이 갈수록 크게 증폭되고 있다.[6] 이것이 '아이셀프'(iSelf) 시대의 특징이다. 그릇된 선택을 하거나 가까운 사람들을 실망시키거나 열악한 삶을 살지도 모른다는 두려움은 물론, 뒤처지지도 모른다는 두려움을 느끼며 살아가는 젊은이들이 많다. 그런 불안감 때문에 너무나도 많은 사람이 공허하고, 피상적인 삶을 살아가면서 화면 뒤에 웅크리고 앉아 '개인 콘텐츠'를 이용해 그 공백을 메우려고 헛되이 몸부림치고 있다.

---

6) Jean Twenge, "Have Smartphones Destroyed a Generation?" *Atlantic*, September 2017, https://www.theatlantic.com/magazine/archive/2017/09/has-the-smartphone-destroyed-a-generation/534198/ (2018년 4월 검색).

디지털 바벨론의 영향력과 영적 자료를 소화하는 시간의 양

리처드 프리드는 "오락을 즐기기 위해 은밀하게 화상과 휴대전화를 사용하는 것이 어린 시절의 주된 활동이 되었다."라고 말했다.[7] 10대 청소년들과 젊은 성인들의 삶에 미치는 화면의 위력과 영향력은 상상을 초월한다.

어림잡아 말해도 보통의 젊은이가 영적 자료를 소화하는 시간보다 영상 미디어를 이용하는 시간이 일 년에 무려 스무 배가 더 된다. 교회에 다니는 젊은이의 경우에도 영적 자료를 소화하는 시간보다 문화적 콘텐츠를 이용하는 시간이 열 배가 훨씬 넘는다.

영적 성장을 가로막는 정보의 영향력이 이토록 강한 상황에서 다음 세대의 마음과 생각을 올바로 형성해 나가려면 어떻게 해야 할까?

15세에서 23세 사이의 전형적인 젊은이가 일 년에 영상 미디어와 영적 자료에 쏟아붓는 시간의 양은 다음과 같다.

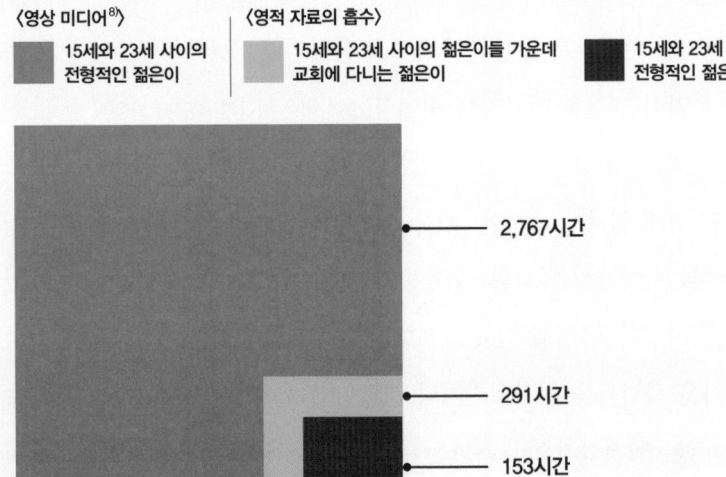

〈영상 미디어[8]〉 15세와 23세 사이의 전형적인 젊은이

〈영적 자료의 흡수〉 15세와 23세 사이의 젊은이들 가운데 교회에 다니는 젊은이

15세와 23세 사이의 전형적인 젊은이

2,767시간

291시간

153시간

* 우리가 제기한 설문 조사 물음은 다음과 같다. "지난 한 주간 동안 교회에 가기, 성경 읽기, 기독교 콘텐츠를 듣거나 읽기, 신앙에 관해 대화하기 등, 자신의 영성에 관심을 기울인 시간이 얼마나 되는가?" 우리는 이 질문을 토대로 일 년의 총계를 산정했다.

---

7) Richard Freed, "'The TechIndustry'sPsychologicalWaronKids," Medium, March 11, 2018, https://medium.com/@richardnfreed/the-tech-industrys-psychological-war-on-kids-c452870464ce(2018년 7월 검색).

8) 영상과 미디어 사용에 관한 평가는 다양하다. 어떤 것들은 우리가 여기에서 묘사한 것보다 훨씬 더 광범위하다. 우리는 바나 그룹의 자료를 비롯해 다음과 같은 부차적인 연구 조사를 많이 참고했다. "Generation M2; Media in the Lives of Eight- to Eighteen-Year-Olds," Henry J. Kaiser Family Foundation, January 2010, https://kaiserfamilyfoundation.files.wordpress.com/2013/04/8010.pdf(2018년 7월 검색).

화상의 시대에 믿음을 공유하는 방법과 시기와 내용을 묻는 최근의 설문 조사에 따르면, 밀레니얼 세대에 속한 젊은이 열 사람 가운데 여섯 명이 "기술 문명과 디지털을 통한 상호 관계 때문에 나의 믿음을 공유하는 방법과 시기에 관해 좀 더 신중한 태도를 취하게 된다"(58퍼센트), "나의 믿음을 전하면 사람들이 나를 불쾌하게 생각할 가능성이 과거보다 더 높을 것 같다"(61퍼센트)라고 대답했다. 그들 세 명 가운데 하나는 요즘 사람들은 디지털 영상을 보느라고 바빠서 "영적 대화를 회피할 가능성이 더 높다."라고 대답했다(64퍼센트).[9] 물론, 디지털 영상은 믿음을 공유하는 일을 더 쉽게 만들 수 있지만 그것을 그런 식으로 활용하는 사람들은 규칙을 어기는 사람으로 간주된다.

그 이유 가운데 하나는 우리가 기독교와 성경에 대한 회의주의가 크게 만연한 시대와 장소에 살고 있기 때문이다. 지나친 합리주의와 무신론적 대중문화가 믿음을 약화시켰다. 믿지 않는 청소년들과 젊은 성인들 가운데 대다수가 그리스도를 믿는 것을 고리타분하게 생각한다. 그들은 조직화된 종교, 특히 기독교처럼 배타적인 믿음을 주장하는 종교를 거부한다. 많은 젊은이가 성경을 그것을 읽는 헌신적인 독자들의 생각에 해를 끼치는 압제의 책으로 간주한다. 젊은 그리스도인들 대하는 그들의 또래 친구나 교사나 사회 지도층 사람들은 노골적인 적대감을 드러내거나 은근히 우월감을 내비치면서 짐짓 겸손한 척 행동한다.

---

9) Barna Group, *Spiritual Conversations in the Digital Age: How Christians' Approach to Sharing Their Faith Has Changed in 25 Years* (Ventura, CA: Barna Group, 2018), 39.

디지털 바벨론에서는 성실하고, 진지한 사람들을 진지하게 받아들이기가 어렵다. 비난을 쏟아내는 유튜브 동영상과 쉴 새 없이 올라오는 트위터 댓글이 다른 사람들을 신뢰하는 마음을 좀먹는다. 이런 상황에서 어떻게 젊은 허무주의자들을 설득해 교회라고 불리는 상심한 신자들의 공동체를 신뢰하게 할 수 있겠는가? 사실은 예수님을 신뢰하라고 설득하기도 어려운 지경이 아닐 수 없다.

디지털 바벨론에서는 교회도 이전과는 사뭇 달라졌다. 그리스도인들, 심지어는 매우 헌신적인 신자들조차도 이전보다 훨씬 바쁘고, 교회에 참석하는 횟수가 줄어들었다. 그들은 믿음의 공동체 밖에서 사회적 관계를 맺을 기회가 많다. 사람들이 여러 교회의 행사와 예배에 참여하는 것이 그렇게 드물지 않다. 신앙을 전하는 미디어에 쉽게 접근할 수 있고, 또 늘 손에 들고 다닐 수 있기 때문에 이전의 교회는 거의 알지 못했을 온갖 종류의 사람들을 접할 수 있다.

한 마디로 '기독교적 소비자'들이 새롭게 출현했다. 과거에는 주일학교와 청소년부가 10대 청소년들과 어린아이들의 주된 교제의 장이었지만, 지금은 스포츠와 소셜 미디어로 대체되고 있다. 굳게 결속된 교회 공동체를 통해 교육을 받고, 관계를 맺고, 제자 양육을 받는 것을 화면을 통해 쏟아지는 콘텐츠와 비교하면 그야말로 거대한 바다의 물 한 방울밖에 되지 않는다.

더 많은 말을 할 수 있지만, 여기에서 말하려는 요점은 "우리는 지금 인간이 된다는 것이 무슨 의미인지를 서툴게 다루는 디지털 혁명 시대의 최첨단을 걷고 있다."라는 것이다. 사실, 이것은 단지 시작해 불과할 뿐이다.

우리는 디지털 바벨론에 거주한다.

우리는 모두 유배자들이다.

역동적인 믿음을 지닌 유배자들

『유 로스트 미』는 젊은이들이 교회를 이탈하거나 믿음을 저버리는 주된 이유가 제자 양육을 충분히 받지 못했기 때문이라고 결론짓는다. 그런 결론은 많은 가정과 교회가 다음 세대를 효과적으로 제자로 양육하는 데 실패했다는 것을 보여준다.

젊은 그리스도인들을 준비시켜 예루살렘에 살게 하려고 애쓰는 부모와 교육자와 목회자와 지도자들이 너무나도 많다. 그들은 젊은 그리스도인들이 더 이상 살지 않는 세상을 염두에 두고, 그들을 안전하게 지키고, 잘 보호하려고 노력한다. 유배자들을 위한 신앙을 배양하려면, 노인이든 젊은이든 모두가 수많은 화소로 이루어진 디지털 바벨론, 곧 아무런 규칙도 없고, 혼란스럽기 그지없는 오늘날의 세상에서 예수님을 주님으로 믿는 굳센 믿음이 필요하다. 단순한 기독교적 정체성과 세상에 무관심한 기독교 공동체만으로는 바벨론에 대한 저항력을 길러주기에 역부족이다. 지금까지도 그 두 가지만으로는 충분하지 못했다.

베드로는 로마제국에 흩어져 있는 그리스도인들에게 편지를 보내면서 그들을 '임시 거주민'(temporary resident)으로 일컬었다(『NIV』와 『ESV』는 베드로전서 1장 1절과 2장 11절에서 당시의 신자들을 묘사한 베드로의 용어를 '유배자, exiles'로 번역했다. 한글개역개정판에서는 '나그네'라고 번역했다-편집자주).

베드로가 당시의 유배자(exiles)들에게 어떻게 조언했는지 잠시 살펴보자. 그는 자신이 '바벨론'으로 일컬은 문화 속에서 그들이 심각한 도전에 직면해 있는 사실을 잘 알고 있었다.

"그러므로 너희가 이제 여러 가지 시험으로 말미암아 잠깐 근심하게 되지 않을 수 없으나 오히려 크게 기뻐하는도다 너희 믿음의 확실함은 불로 연단하여도 없어질 금보다 귀하여 예수 그리스도께서 나타나실 때에 칭찬과 영광과 존귀를 얻게 할 것이라"(벧전 1:6, 7).

"그러므로 너희 마음의 허리를 동이고 근신하여 예수 그리스도께서 나타나실 때에 너희에게 가져다주실 은혜를 온전히 바랄지어다 너희가 순종하는 자식처럼 전에 알지 못할 때에 따르던 너희 사욕을 본받지 말고 오직 너희를 부르신 거룩한 이처럼 너희도 모든 행실에 거룩한 자가 되라"(벧전 1:13-15).

"하나님께는 택하심을 입은 보배로운 산 돌이신 예수께 나아가…
하나님이 기쁘게 받으실 신령한 제사를 드릴 거룩한 제사장이 될
지니라"(벧전 2:4, 5).

이것이 유배자들을 위한 신앙이다.
우리는 예루살렘으로 되돌아갈 수 없다. 최소한, 아직은 그럴 수 없다. 따라서 이곳 디지털 바벨론에 머물 계획을 세우고, 제자들을 양육하는 방법을 찾아야 한다.

디지털 바벨론에서의 제자 양육

이전 시대에는 제자들을 대량으로 배출하면서 어느 정도 성공의 외관을 유지했다. 대규모 집회, 복음 성회, 각종 행사를 통해 많은 젊은 이들이 그리스도께 삶을 헌신하겠다고 서약했다. 그러나 갈수록 심화되는 교회 이탈 현상을 통해 알 수 있는 대로, 지금은 그런 접근 방식만으로는 이전과 같은 효과를 발휘하기가 어렵다.
디지털 바벨론에서는 한 번에 하나씩 충실하고, 활력 있는 제자를 양육해야 한다.

이 책은 우리가 10년이 넘게 관찰해 온 제자 양육의 다섯 가지 원리, 곧 제자 양육을 위한 다섯 가지 유형의 의도적인 행위를 면밀하게 다루고, 살피는 데 초점을 맞췄다. 그러나 본론을 시작하기 전에 먼저 공동의 목표를 생각하고, 공통적인 용어를 몇 가지 제안함으로써 공통된 토대를 닦는 것이 필요할 듯하다.

오늘날의 제자 양육은 "역동적이고, 충실한 믿음으로 문화적 압력에 대응하며 성령 안에서 활력 넘치는 삶을 사는 예수님의 제자를 육성하는 데 그 목적이 있다."

이 정의를 구성하는 요소들을 하나씩 살펴보면 다음과 같다.

'예수님의 제자를 육성하기' – 우리의 궁극적인 목표는 젊은이들이 세상을 구원하기 위해 십자가와 수치를 감내하신 "믿음의 주요 온전하게 하시는 이"인 예수님과 깊고, 지속적인 관계를 맺게 하는 것이다(히 12:2). 그분을 따르는 자들도 구원의 사명을 기쁘게 감당해야 한다. 믿음의 공동체인 우리는 젊은이들이 예수님의 사명에 동참하도록 이끌 수 있는 기회를 놓칠 때가 많다. 우리는 밀레니얼 세대와 제트 세대(292페이지 '이 책에서 사용하고 있는 용어 정리'를 참고하라.)를 유약하게 여겨 어려운 요구를 자제하는 편이지만, 그들은 도전에 기꺼이 응하려는 마음이 우리가 생각하는 것보다 훨씬 더 강하다.

'역동적이고 충실한 믿음으로 문화적 압력에 대응하며' – 역동성은 기업의 영역에서 관심이 많은 주제다. 주로 좋은 이유에서 그렇다. 이것은 개인이나 팀이나 회사가 불가피한 도전을 무난하게 극복하고, 기술의 향상과 더 깊어진 지혜를 터득하는 데 꼭 필요한 요소다. 믿음의 영역에서의 역동성(곧 역동적인 믿음을 지닌 제자)이란 디지털 바벨론과 같이 엄청난 압력을 행사하는 사회에 살고 있는 바로 그 이유 때문에 예수님을 더욱 닮게 되는 것을 의미한다.

'성령 안에서 활력 있는 삶을 사는' - 문화를 거슬러 예수님 중심적으로 사는 사람들은 시류를 따라 사는 화상 시대와는 분명하게 구별되는 삶의 방식을 선택한다.

반가운 소식은 이런 제자들이 이미 어느 정도 존재하고 있다는 사실이다. 『유 로스트 미』의 주된 관심은 교회 이탈 현상을 이해하는 것이기 때문에, 그 책에서는 계속 교회에 머물러 있는 사람들을 자세히 살펴보지 못했다.

그러나 이 책을 뒷받침해 줄 연구 조사를 실시할 때는 접근 방식을 다르게 했다. 우리는 교회를 떠나는 사람이 아닌 머물러 있는 사람, 곧 성년이 되어서도 믿음을 가장 중요하게 생각하고, 승률이 매우 낮은 상황에서도 자신의 안과 밖에서 역동적인 믿음을 유지하는 데 필요한 도움의 수단을 찾는 사람들에게 초점을 맞추었다. 따라서 우리는 『유 로스트 미』의 조사 범위(교회에 다니는 18세에서 29세 사이의 젊은이)를 활용해서, 젊은 성인들을 상대로 신앙생활과 관련된 그들의 과거와 현재의 경험에 관해 인터뷰했다.

우리는 가장 헌신적인 젊은 성인들을 겨냥해 기독교적 삶의 중요한 기본 원리를 찾는 데서부터 시작했다. 그들은 예배하는 공동체에 정기적으로 참여할 뿐 아니라 예수님께 깊이 헌신해 왔다. 그들은 예수님이 죄와 죽음을 정복하기 위해 십자가에 못 박혀 죽었다가 다시 살아나셨다고 굳게 확신하며, 성경이 하나님의 영감으로 기록된 말씀이고, 거기에 세상에 관한 진리가 담겨 있다는 것을 믿어 의심하지 않는다. 그들은 이 연구 조사를 위해 다음의 "유배" 조항 가운데 한 가지 이상에 동의해야 했다.

- 나는 내가 살고 있는 세상과 연관된 방식을 통해 예수님을 따르기를 원한다.
- 하나님은 교회 안에서보다 교회 밖에서 더 많이 일하신다. 나도 그 일에 동참하고 싶다.
- 나는 나를 주변 세상과 분리하지 않고, 그 안에서 그리스도인으로서 살아가기를 원한다.

위의 기준에 부합하는 젊은 그리스도인들이 얼마나 될까? 젊은 그리스도인들 가운데 강인하고, 활력 있는 믿음을 가지고 시류를 거슬러 살아가는 사람이 전체의 10퍼센트를 차지했다.

이 반가운 소식을 잠시 생각해 보자. 이것은 수치의 관점에서 보면, 18세에서 29세 사이의 젊은이들 가운데 충실하고, 역동적인 믿음을 지닌 젊은이들이 400만 명이나 미국 내에 존재한다는 뜻이다. 가장 헌신적인 젊은 그리스도인들이 개인적인 신앙과 충실함에 깊은 관심을 기울일 뿐 아니라 그리스도를 믿는 믿음을 주변 세상에 어떻게 의미 있게 전할 수 있는지를 진지하게 고민하는 중이다. 그들은 교회와 일상생활 사이에서 느끼는 긴장에도 불구하고 계속해서 신앙생활을 유지해 나간다. 그들 가운데 "교회가 사역의 우선순위를 바꾸어 예수님이 의도하신 교회가 되는 것을 가장 중요한 목표로 삼는 것을 기꺼이 돕겠다."라고 말하는 이들이 전체의 4분의 3에 달한다(76퍼센트).

이것이 바로 역동성이다.

이들은 우리의 '본보기'이다. 이들은 우리가 믿는 역동적인 제자도가 디지털 바벨론에서도 얼마든지 왕성하게 이루어질 수 있다는 것을 보여주는 증거다. 이 형제자매들은 믿음의 공동체가 바라는 결과를 보여주는 표본이다.

이 역동적인 제자들의 존재를 알게 된 것이 어떤 형태의 제자 양육의 경험과 관계가 유배지에서의 역동적인 믿음을 신장하는 데 가장 효과적인지를 파악하는 데 결정적인 역할을 했다.

우리는 이 책에서 역동적인 제자들과 탕자(전에 신자였다가 지금은 신자가 아닌 사람), 유랑민(교회 이탈자), 습관적인 교회 참여자(교회에 출석은 하지만 역동적인 제자의 범주에 들 자격을 갖추지 못한 사람)의 습관과 신념과 관점과 태도를 비교하고, 대조했다.

이 네 부류의 젊은이는 모두 기독교적인 배경을 지니고 있다. 우리는 이 책에서 이들을 세밀하게 추적했다. 그러나 우리의 가장 큰 관심은 역동적인 제자들을 이해하는 데 있다. 그들이 젊은 성인 신자들을 이끄는 빛인 이유는 완전하기 때문이 아니라 우리가 본받아야 할 전인적인 제자도의 본보기를 보여주고 있기 때문이다. 그들의 또래 그리스도인들은 대부분 그렇지가 못했다.

네 종류의 유배자

어떤 상황에서든 역동적인 믿음은 유지하기가 쉽지 않다.
특히 디지털 바벨론에 사는 젊은이들이 그렇게 하기는 더더욱 어렵다.
아래의 그림은 18세에서 29세 사이의 요즘 젊은이들 가운데 기독교 신앙을 경험한 사람들 사이에서 일어나고 있는 현상을 보여준다.

탕자 (전에 신자였다가 지금은 신자가 아닌 사람)
한때 개신교 교회나 가톨릭교회에 다녔거나 어렸을 때나 10대 청소년 시절에는 스스로가 그리스도인이었다고 생각하지만 지금은 그렇다고 생각하지 않는 젊은이들.

유랑민(교회 이탈자)
스스로를 그리스도인이라고 생각하지만, 지난 한 달 동안 교회에 출석한 적이 없는 사람들. 유랑민 가운데 6개월 이상 교회에 참석하지 않은 사람들이 대다수를 차지한다.

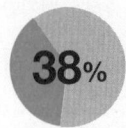 

습관적인 교회 참여자
스스로를 그리스도인이라고 생각하고, 지난 한 달 동안 최소한 한 번 이상 교회에 출석했지만 적극적으로 교회에 참석하는 제자의 기본적인 신념이나 행위 기준을 충족시키지 못하는 젊은이들.

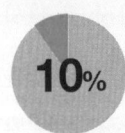 

역동적인 제자들
최소한 매달 한 번 이상 교회에 참석할 뿐 아니라 단순히 예배를 드리는 데 그치지 않고 교회의 일에 적극적으로 참여하는 젊은이들. 이들은 성경의 권위를 굳게 믿으며, 예수님께 개인적으로 헌신할 뿐 아니라 그분이 죄와 죽음을 정복하기 위해 십자가에 못 박혀 죽었다가 다시 살아나셨다고 믿고, 자신이 지닌 믿음의 결과를 통해 사회를 변화시키기를 원한다.

(그리스도인으로 성장한 18세에서 29세 사이의 미국인 1,514명을 대상으로 조사했다.)

자료 제공: 바나 그룹, 2018년 2월

역동적인 믿음을 갖기 위한
다섯 가지 실천 원리

우리는 역동적인 젊은 제자들을 연구하면서, 그 조사 자료를 토대로 그들이 역동적인 믿음을 소유하게 된 이유를 찾아냈다. 이들이 우리가 길러내야 하고, 지원해야 하고, 본받아야 할 그리스도인들이라면 과연 그들에게서 무엇을 배울 수 있을까? 그들을 움직이게 만드는 것이 무엇일까? 어떤 행위들이 이 강력한 본보기들을 보통의 신자들과 구분하는 것일까?

우리의 연구 조사는 영혼을 고갈시키는 디지털 화면에 중독된 강박증적인 사회에서 다음의 다섯 가지 실천 원리를 따르면, 역동적인 믿음을 배양할 수 있다는 것을 보여준다. 다시 말하지만, 이 실천 원리는 단순한 공식이 아니다. 이것들은 영혼을 형성하는 지침이자 보호막이다. 이것들은 성령께서 딛고 올라가 내면의 삶에 접근하실 수 있도록 젊은 영혼의 주위에 설치된 영적 비계(飛階)와도 같고, 성장 중인 제자들이 뿌리를 충분히, 깊게 뻗어내릴 수 있도록 그들의 가지를 붙잡아 지탱해 주는 영적 격자 구조물과도 같다.

- 실천 원리 1: 역동적인 믿음을 형성하려면 예수님과의 친밀한 관계를 경험하라.

- 실천 원리 2: 복잡하고, 불안정한 세상에서 문화적 분별력을 길러라.
- 실천 원리 3: 소외와 불신이 만연한 상황에서 의미 있는 세대 간의 관계를 형성하라.
- 실천 원리 4: 야심적인 세대에게 굳센 신념을 심어주고, 동기를 부여하기 위해 소명적인 제자도를 훈련하라.
- 실천 원리 5: 시류를 거스르는 사역에 참여시켜 권리 주장과 자기중심적인 성향을 제어하라.

희망적인 출로를 찾기 위해 지난 십 년 동안 생각하고, 귀 기울여 듣고, 연구 조사를 실시하고, 작업을 전개한 내용이 이 다섯 가지 실천 원리에 오롯이 녹아 있다. 우리의 방법론에 대한 상세한 설명은 부록을 참조하기 바란다.

40페이지의 도표는 이 다섯 가지 실천 원리와 그 안에 포함된 요소들 가운데 일부를 시각화한 것이다.

■ ■ ■

내가 버클리에서 돌아오는 데 마크가 나라 반대편, 정확히 말하면 뉴욕에서 전화를 걸어왔다. 그도 아내와 함께 '파슨스 디자인 학교'에 진학한 자기 딸 스카이를 막 데려다주고 오는 중이었다. 우리는 서로의 정보를 교환했고, 마크는 차 안에서 딸아이와 멋진 대화를 나누었다고 말했다. 우리는 동일한 상황을 경험하면서, 어설프게나마 마지막 자녀 양육의 기회를 마친 것을 생각하며 함께 웃었다.

지금 에밀리는 캘리포니아에서 과학자의 길을 걸어갈 각오를 다지고 있고, 스카이는 뉴욕에서 예술가로서의 경력을 쌓을 준비를 하고 있다. 그들도 이전 세대의 학생들처럼 낯선 곳에서 그리스도인으로서 살아가야 한다. 그러나 그들은 이전의 젊은 신자들과는 달리 전혀 새로운 장소, 즉 디지털 바벨론의 거주자로 살아가야 한다.

역동적인 믿음

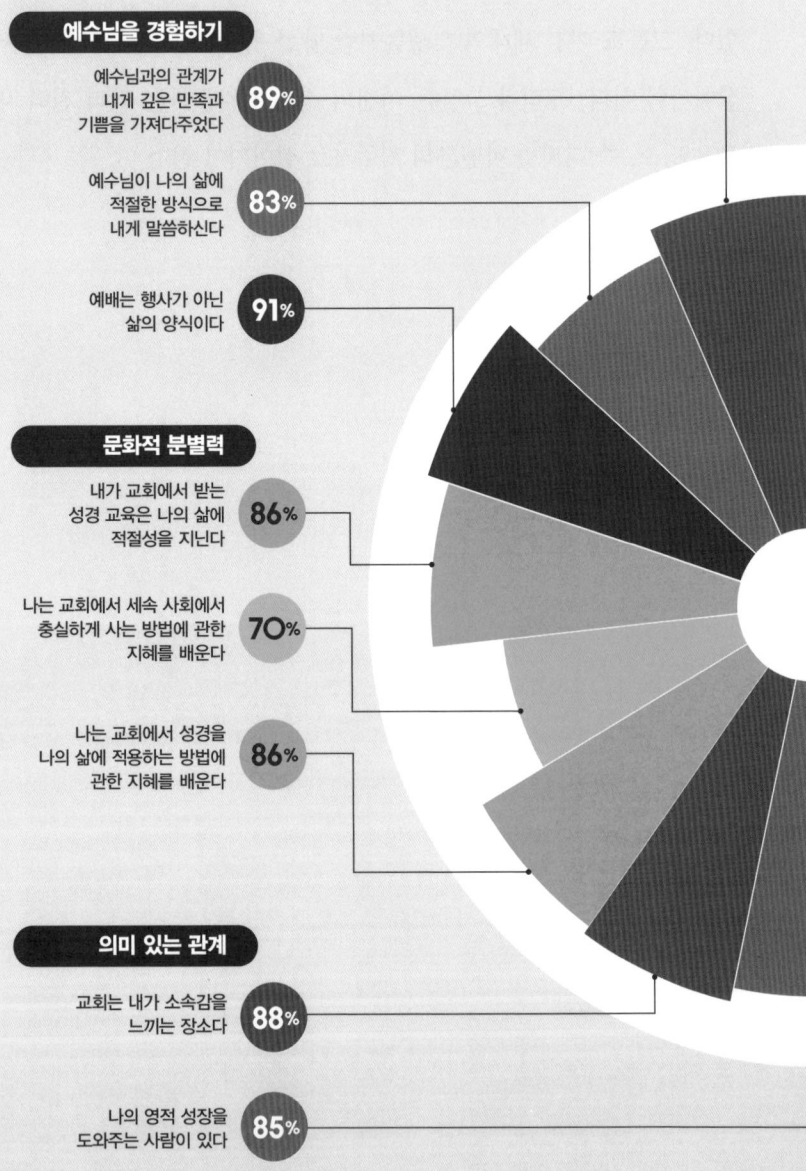

예수님을 경험하기

- 예수님과의 관계가 내게 깊은 만족과 기쁨을 가져다주었다 **89%**
- 예수님이 나의 삶에 적절한 방식으로 내게 말씀하신다 **83%**
- 예배는 행사가 아닌 삶의 양식이다 **91%**

문화적 분별력

- 내가 교회에서 받는 성경 교육은 나의 삶에 적절성을 지닌다 **86%**
- 나는 교회에서 세속 사회에서 충실하게 사는 방법에 관한 지혜를 배운다 **70%**
- 나는 교회에서 성경을 나의 삶에 적용하는 방법에 관한 지혜를 배운다 **86%**

의미 있는 관계

- 교회는 내가 소속감을 느끼는 장소다 **88%**
- 나의 영적 성장을 도와주는 사람이 있다 **85%**

18세에서 29세 사이의 역동적인 제자들의 면모를 다각적으로 살펴보면서 그들을 다른 젊은 그리스도인들과 구분 짓는 다섯 가지 특징을 발견했다. 아래의 백분율 표시는 이 연구의 표본인 역동적인 제자들의 비율을 나타낸다. 그들은 각각의 진술문에 대해 또래 그리스도인들보다 훨씬 더 긍정적으로 반응했다.

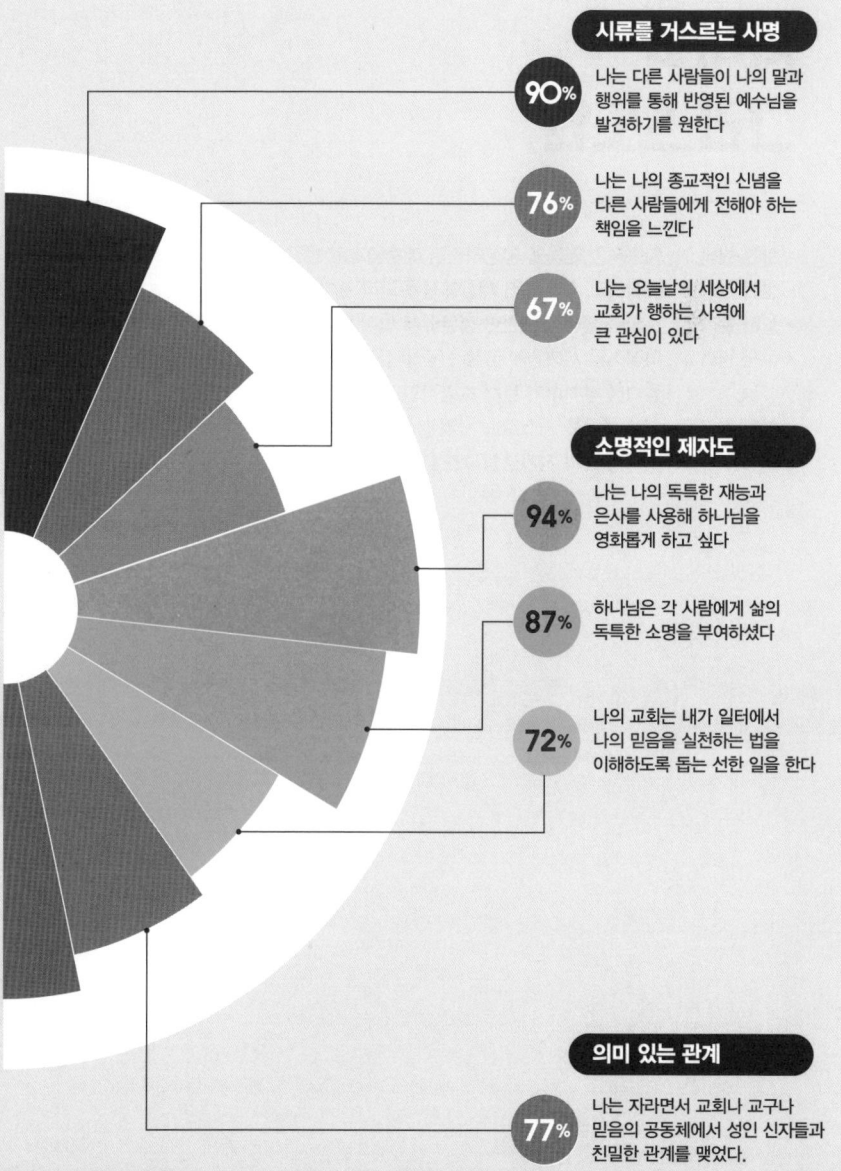

시류를 거스르는 사명

90% 나는 다른 사람들이 나의 말과 행위를 통해 반영된 예수님을 발견하기를 원한다

76% 나는 나의 종교적인 신념을 다른 사람들에게 전해야 하는 책임을 느낀다

67% 나는 오늘날의 세상에서 교회가 행하는 사역에 큰 관심이 있다

소명적인 제자도

94% 나는 나의 독특한 재능과 은사를 사용해 하나님을 영화롭게 하고 싶다

87% 하나님은 각 사람에게 삶의 독특한 소명을 부여하셨다

72% 나의 교회는 내가 일터에서 나의 믿음을 실천하는 법을 이해하도록 돕는 선한 일을 한다

의미 있는 관계

77% 나는 자라면서 교회나 교구나 믿음의 공동체에서 성인 신자들과 친밀한 관계를 맺었다.

디지털
바벨론
시대의
그리스도인

- 실천 원리 1: 역동적인 믿음을 형성하려면 예수님과의 친밀한 관계를 경험하라.
- 실천 원리 2: 복잡하고, 불안정한 세상에서 문화적 분별력을 길러라.
- 실천 원리 3: 소외와 불신이 만연한 상황에서 의미 있는 세대 간의 관계를 형성하라.
- 실천 원리 4: 야심적인 세대에게 굳센 신념을 심어주고,
  동기를 부여하기 위해 소명적인 제자도를 훈련하라.
- 실천 원리 5: 시대 풍조를 거스르는 사역에 참여시켜
  권리 주장과 자기중심적인 성향을 제어하라.

Faith For Exiles

Faith For Exiles 디지털 바벨론 시대의 그리스도인

실천 원리 1

역동적인 믿음을 형성하려면
예수님과의 친밀한 관계를 경험하라

> 예수님을 경험한다는 것은 종교적인 혼란 상태를 극복하고,
> 그리스도와 친밀한 관계를 맺고 그분 안에서 기뻐하는 것을 의미한다.

잠시 과거로 돌아가 보자. 나의 딸 에밀리가 여덟 살이었을 때의 일이다. 어느 날 밤, 나는 녀석을 안고 침대에 나란히 누웠다. 우리는 녀석이 좋아하는 디즈니 영화와 퍼즐 맞추는 방법에서부터 그간의 여러 가지 일과 삶의 경험을 주제로 오랫동안 대화를 나누고 나서 영적인 주제를 화제에 올렸다. 딸아이의 질문은 훌륭했고, 나는 잠시 후에 녀석에게 질문을 하나 했다.

"에밀리야, 예수님을 믿니?"

에밀리는 "네!"라고 큰 소리로 대답했다.

"왜 예수님을 믿지?"

"성경에서 그분에 관한 이야기를 읽었기 때문이에요."

"잘 대답했다. 다른 이유는 없니?"

에밀리는 오랫동안 신중하게 생각하고 나서 이렇게 말했다.

"아빠, 우리가 그 가족들을 위해 기도했던 일을 기억하세요? 그들이 우리 집 모임에 참여할 수 있기를 바라며 기도했던 일 말이에요? 그 뒤에 우리는 '홈데포(가정용 건축 자재 판매 회사—역자주)'에서 그들을 만났고, 그 기회를 통해 그들을 초청했잖아요."

"그래, 기억한다."

"아빠, 그것은 기적이었어요. 그것이 내가 예수님을 믿는 이유에요."

예수님과의 친밀한 관계를 경험하는 것은 심지어 어린 영혼들에게도 그들의 정체성과 믿음을 강화하는 효과를 나타낸다.

■ ■ ■

본보기가 되는 젊은 성인들('역동적인 제자들'로 분류한 사람들)을 대상으로 연구 조사를 진행한 결과로 발견된, 역동적인 제자도의 첫 번째 실천 원리는 예수님을 통한 변화의 경험이었다.

많은 미국인이 그리스도인을 자처하지만, 삶을 바쳐 마음으로 깊이 있게 헌신하는 사람은 찾아보기가 어렵다. 이것은 어떤 세대든 마찬가지다. 젊은 성인들도 예외가 아니다.

기독교에 대한 젊은 성인들의 경험들을 토대로 분류한 내용(즉 탕자, 유랑민, 습관적인 교회 참여자, 역동적인 제자들)을 살펴보면, 역동적인 믿음의 길에서 벗어나는 지점들을 이해하는 데 도움이 된다. 그리스도인을 자처하는 사람들이 그 기준에 훨씬 미치지 못하는 것으로 드러났다.

18세에서 29세 사이에 포함되는 미국 내 젊은 성인들의 3분의 2가 그리스도인이라고 대답했다(무종교인이 크게 늘고 있는 절망스러운 상황에서 눈이 휘둥그레지는 결과가 아닐 수 없다).

우리가 이 책에서 진행한 연구 조사에 따르면 유랑민, 습관적인 참여자, 역동적인 제자들 가운데 자신을 그리스도인으로 밝힌 사람이 100퍼센트에 달했다. 그들을 그런 식으로 분류한 이유는 그들이 '그리스도인'이라고 쓴 란에 표시했기 때문이다. 물론, 탕자로 분류된 사람들은 달랐다. 그들은 대부분 자신이 종교와 무관하다고 생각했다.

우리는 젊은 성인들에게 단지 그리스도인이냐고 묻는 것에 그치지 않고, 다른 사람들에게 자신의 믿음을 묘사할 때 어색함을 느끼지 않느냐고 물었다. 역동적인 제자들과 습관적인 교회 참여자 가운데 대부분이 다른 사람들에게 자기 자신을 스스럼없이 '그리스도인'이나 '예수님의 제자'라고 말한다고 대답했다. 유랑민의 절반 이상이, 심지어는 일부 탕자들까지도 자기 자신을 그렇게 일컫는 것에 부담을 느끼지 않는다고 말했다.[1]

---

1) 탕자들의 일관되지 않은 대답이 의아할 것이다. 응답자들이 때로는 자신을 그리스도인으로 일컫고, 때로는 그렇게 일컬으려고 하지 않는 이유는 무엇일까? 바나 그룹의 연구 조사는 사람들이 종교적인 물음에 대해 예측하기 어려운 방식으로 대답한다는 사실을 종종 보여준다. 우리는 통계 수치를 유심히 들여

우리가 무슨 말을 하려는 것인지 쉽게 짐작할 수 있을 것이다. 젊은 성인들은 자기 자신을 그리스도인으로 일컫기를 주저하지 않는다. 그러나 기독교를 경험한 그들이 예수님 안에서 자신의 정체성을 찾는 것은 그렇게까지 흔하지는 않았다.

'복음의 백신을 맞은'(inoculating people to the gospel) 사람들이라는 비유적 표현을 들어봤을 것이다. 의학에서 백신이란 사람을 바이러스에 가볍게 노출시켜 나중에 그것에 완전히 노출되었을 때, 그것을 막아낼 항체를 만드는 것을 가리킨다. 안타깝게도 많은 젊은이들과 예수님의 관계를 묘사하는 데 그런 비유가 종종 사용된다. 그들은 기독교에 노출되었지만 더 깊은 믿음을 거부하는 삶의 유형이나 습관을 형성하고 말았다. 믿음에 대한 저항력은 하나님을 멀리하려는 인간의 타고난 본성의 일부이지만 얄팍하고 피상적인 영성을 부추기는 기독교적 구조에 의해 더욱 심하게 악화될 수 있다.

도표1에 나타난 자료를 살펴보라. 역동적인 제자들은 다른 부류의 그리스도인들에 비해 예수님에 관한 진술에 동의하려는 성향이 매우 강하다. 예를 들어, 역동적인 제자들의 10분의 9가 "예수님과 관계를 맺고 사는 것이 삶의 만족을 얻는 유일한 길이다."라는 데 동의했다.

그들은 "예수님과 나의 관계가 깊은 만족과 기쁨을 가져다준다."라

다본 결과, 전에 그리스도인이었던 젊은이들이 자신의 연약해진 믿음을 다른 사람들에게 선뜻 인정할 용기를 내지 못한다는 사실을 발견했다. 데이비드가 알고 있는 한 20대 젊은이는 태어날 때부터 믿음 안에서 성장했지만 최근에 더 이상 예수님을 따르지 않는다는 문자를 보내왔다. 그러나 그는 정작 자신의 부모에게는 아직껏 그 사실을 말하지 않고 있다. 그는 "기독교 신앙을 반대하지는 않습니다. 단지 더 이상 믿지 않을 뿐입니다."라고 말했다. 사실, 탕자들이 스스로에게 자신의 영적 상태를 솔직하게 인정하려면 많은 용기가 필요하다.

고 확신했고, "예수님을 따르는 것이 나의 모든 삶, 곧 나의 육체와 정신과 마음과 영혼을 형성한다."라고 믿었다. 또한 역동적인 제자들의 10분의 8이 "예수님과의 관계가 일상을 살아가는 나의 삶의 방식에 영향을 미친다."라고 대답했다.

자신이 그리스도인이라고 말하기는 쉽지만 예수님 안에서 기쁨을 발견하는 것은 그리 흔하지 않다.

	탐자	유랑민	습관적인 교회 참여자	역동적인 제자들
그리스도인으로서의 정체성				
자신이 어떤 종교적 신앙을 지니고 있다고 생각하는가? '그리스도인'*	0%	100%	100%	100%
아래의 표현 중에서 자신의 믿음을 다른 사람들에게 묘사할 때 가장 적절하다고 생각하는 표현은 무엇인가?				
예수님의 제자		61%	79%	97%
'그리스도인'		58%	81%	95%
예수님이 삶의 중심이시다				
예수님과 관계를 맺고 사는 것이 삶의 만족을 얻는 유일한 길이라고 믿는다.		21%	49%	89%
예수님과 나의 관계가 깊은 만족과 기쁨을 가져다준다.		25%	48%	90%
예수님을 따르는 것이 나의 모든 삶, 곧 나의 육체와 정신과 마음과 영혼을 형성한다.		24%	51%	88%
예수님과의 관계가 일상을 살아가는 나의 삶의 방식에 영향을 미친다.		23%	49%	86%

(그리스도인으로 성장한 18세에서 29세 사이의 미국인 1,514명을 대상으로 조사했다.)

* 이 질문은 탐자와 다른 세 부류의 집단과 구별하기 위해 사용되었다.

자료 제공: 바나 그룹, 2018년 2월

역동적인 제자의 두드러진 특징은 믿음 안에서 성장한 다른 젊은 성인들에 비해 예수님과의 친밀도가 훨씬 더 높다는 것이다(물론 그렇다고 해서 역동적인 제자가 완전하다는 의미는 아니다. 이런 사실은 앞으로 자주 언급될 것이다. 역동적인 제자들과 그들이 다니는 교회는 아직도 성장할 여지가 많다).

안타깝게도 습관적인 교회 참여자들(정기적으로 교회에 나가는 젊은 성인들) 가운데는 예수님에 관한 진술에 강하게 동의한 사람이 절반에 불과했다. 어떻게 예수님을 좀 더 온전하게 믿고, 경험하지 못한 상태로 해를 거듭하며 매주 교회에 다닐 수 있는지 참으로 궁금하다. 습관적인 교회 참여자는 제자 훈련의 1순위 대상자에 해당한다. 그들 가운데 많은 사람이 그리스도를 좀 더 온전히 경험하고, 더 깊이 헌신할 준비가 되어 있다.

우리 자신을 그리스도인으로 일컫기는 쉽지만, 예수님 안에서 기쁨을 발견하기는 그렇게 쉽지 않다. 여기에서 제자도의 첫 번째 실천 원리가 시작한다. 디지털 바벨론에서 이루어지는 역동적인 제자도의 첫 번째 실천 원리는 종교적인 혼란 상태를 극복하고, 예수님과 친밀한 관계를 맺는 것이다.

이제부터 그리스도의 제자로서 살아가는 길이 어떻게 혼란스럽게 변하는지를 살펴볼 생각이다. 이것은 살아 계신 주님을 온갖 종류의 잡다한 개념들과 우상들과 함께 정신적인 다락방에 나란히 쑤셔 박아 놓는 것을 의미한다. 불행히도 교회들은 불필요한 것들을 요구할 때가 많다. 예수님은 "지기 어려운 짐을 사람에게 지우고 너희는 한 손가락도 이 짐에 대지 않는도다"(눅 11:46)라는 말씀으로 그런 위험을 경고하신 바 있다.

도표2에 실린 자료에서 두 가지 사실이 발견된다.

첫째, 역동적인 제자들은 하나님과의 친밀감을 표현한다. 이것은 습관적인 교회 참여자, 유랑민, 탕자와 같은 사람들의 경험 속에서는 잘 발견되지 않는다. 역동적인 제자들은 깊은 감정적 차원에서, "예수님은 내가 요즘에 어떻게 살고 있는지 알고 계신다."라거나 "성경을 읽으면 하나님과 더 친밀해지는 느낌이 든다."와 같은 진술문에 기꺼이 동의한다.

둘째, 역동적인 제자들은 예수님과 대화를 나누는 듯한 친밀감을 경험한다. 그들 가운데 5분의 4 이상이 "예수님은 나의 삶에 적절한 방식으로 내게 말씀하신다."라는 진술문에 강하게 동의한다. 습관적인 교회 참여자들 가운데 그런 감정을 느끼는 사람은 절반이 채 못되었다. 익히 예상할 수 있는 대로 유랑민과 탕자에 속하는 사람들의 경우는 비율이 훨씬 더 낮았다.

이 모든 자료를 종합하면, 역동적인 제자들이 그리스도 안에서 자신의 정체성을 형성해 나간다는 사실을 알 수 있다.

디지털 바벨론에서도 다른 사회와 마찬가지로 정체성을 찾는 것이 인간의 가장 큰 고민 가운데 하나라는 것이 분명하게 드러난다. 정체성을 찾기 위한 싸움이 오늘날 제자 양육이 그토록 어려운 이유 가운데 하나다.

**무엇이 역동적인 제자를 만드는가?
그것은 곧 예수님과의 친밀함과 대화다.**

	탕자	유랑민	습관적인 교회 참여자	역동적인 제자들
하나님과의 친밀함을 경험하기 (% 강한 동의)				
예배는 단순한 행사가 아닌 삶의 양식이다.	20%	33%	50%	91%
예수님은 나의 삶을 크게 변화시키셨다.	8%	31%	46%	87%
성경을 읽으면 하나님과 더 가까워지는 듯한 느낌이 든다.	10%	21%	44%	87%
예수님은 내가 요즘에 어떻게 살고 있는지 알고 계신다.	13%	36%	51%	79%
교회에서 하나님의 임재의 현실을 종종 경험한다.	13%	23%	43%	75%
교회에서 성령의 열매를 맺는 법을 종종 배운다.	10%	14%	34%	70%
예수님과 대화하기 (% 강한 동의)				
예수님과 함께 있을 때 새 힘을 얻는다.	10%	23%	46%	87%
예수님은 나의 삶에 적절한 방식으로 내게 말씀하신다.	10%	31%	43%	83%
하나님의 말씀을 듣는 것이 나의 기도 생활에서 큰 비중을 차지한다.	12%	21%	48%	78%
기도는 형식적인 습관이 아닌 활기 넘치는 삶의 활동이다.	11%	17%	39%	64%

(그리스도인으로 성장한 18세에서 29세 사이의 미국인 1,514명을 대상으로 조사했다.)

자료 제공: 바나 그룹, 2018년 2월

자기 정체성 찾기

인간이 피조물 가운데서 독특한 이유 가운데 하나는 계속해서 자기 정체성을 찾기 때문이다. 우리는 "내가 누구인가?"를 알고 싶어 한다. 이것은 인간이 모든 시대를 막론하고 늘 제기해온 질문 가운데 하나였다. 인간은 태초부터 이 질문에 대한 대답을 찾으려고 노력해 왔다. 나이의 고하를 막론하고 스스로에게 이 질문을 던진다. 아마도 평생을 사는 동안 이 질문을 계속해서 떠올릴 것이다.

특히 우리는 온갖 종류의 사람들과 장소들과 물건들 안에서 이 뿌리 깊은 질문에 대한 대답을 찾으려고 애쓴다.

상표
동아리
옷
유명 인사
좋아하는 스포츠
우리가 즐기는 스포츠
출신지
즐겨 가는 장소
우리가 우러러보는 사람들
일
성별

이밖에도 얼마든지 많다. 인간은 자신의 정체성에 욕구, 필요, 욕망, 자아 인식 등 여러 가지 요소를 한데 혼합시킨다.

디지털 바벨론에서 우리는 화상을 통해 자기 정체성을 형성하는 갖가지 도구와 단체와 진귀한 경험을 많이 접할 수 있다. 인터넷이 개발되기 이전에는 스웨덴의 '데스 메탈'이나 피카소에게 영감을 얻은 '데코파주'를 직접 경험했더라도 함께 어울리면서 그것들을 공유하고, 배울 수 있는 전문가들의 단체를 형성하기가 어려웠다. 그러나 지금은 누구나 디지털 바벨론의 자랑스러운 거주자로서 즉각 광적인 헤비메탈 팬들이나 '마드파지' 애용자들과 즉각 연락을 취하며 그들의 도움으로 헤비메탈과 마드파지에 푹 빠져들 수 있다.

애플리케이션을 운영해 우리의 마법적인 장치에서 검색 결과를 찾아내는 알고리즘은 우리의 검색 경로를 예측해 갖가지 필요한 제안을 제시함으로써 정체성을 형성하려는 우리의 노력을 거든다.

다음 장에서 알고리즘의 능력을 좀 더 자세히 살펴볼 생각이지만, 먼저 한 가지만 예로 들면 다음과 같다. 넷플릭스는 가까운 친구처럼 우리가 이미 시청한 영화나 드라마에 대한 정보를 토대로 우리가 좋아할 영화나 드라마를 추천한다. 페이스북도 과거의 행동을 근거로 우리가 흥미롭게 여길만한 뉴스를 제공한다. 컴퓨터를 통한 선호도 모델링은 참으로 배려심이 깊다. 디지털 화상과 번쩍이는 화소를 지휘하는 알고리즘은 우리보다 우리 자신에 대해 더 많이 알고 있다.

사실, 알고리즘 뒤에 있는 마케팅 담당자들은 우리를 어떤 사람으로 만들어야만 물건을 잘 팔 수 있을지를 알고 있다. 기업들은 서핑보드든 기술이든, 야외활동을 위한 물건이든 집을 개보수하는 용품이든, 공예품이든 커피나 요리든, 어떻게 해야 상품을 팔 수 있고, 또 자신들을 '라이프스타일 브랜드'로 확립할 수 있는지를 과거보다 더 잘 알고 있다.

우리가 구입하는 모든 물건에는 "이러이러한 상품을 구입하는 사람들은 이러이러한 사람이다."라는 암묵적인 메시지가 깔려있다. 아웃도어 매장 '레이'(REI)에 들어가면 야외활동 애호가들의 정체성과 삶의 양식에 관한 분명한 메시지를 의식할 수 있다. 애플사 제품을 파는 곳에서도 마찬가지다. 설비 배치, 진열 방식, 서체 선택 등, 모든 것이 그 회사의 제품을 사용하는 사람들에 관한 것을 전하고 있다.

다음번에 상품 목록을 살펴보거나 유튜브 광고를 보게 되거든 잠시 "여기에서 판매하고 있는 상품의 정체성이 무엇이지?"라고 한 번 생각해 보라. 우리가 소비하는 것이 우리의 정체성을 결정한다. 그것이 곧 정체성의 내용이다.

디지털 바벨론의 또 다른 특징은 정체성을 추구할 때 특색 있고, 독특한 것에 우선적인 관심을 기울이라는 것이다. 이런 특징은 자주 거론되는 "자신을 실현하라."(You do you)라는 말에 잘 드러나 있다. 우리 사회는 자기표현을 위한 개인의 노력을 우상시한다. 그러나 아이러니하게도 대다수 사람은 자신이 속하기를 원하는 군중처럼 되고 만다. 자기표현에 가치를 두었지만, 실제로는 다른 사람의 취향에 따라 움직일 뿐이다. 심지어 우리는 내가 두들기는 북소리에 맞춰 살고 있다고 생각할 때조차도 우리의 머릿속에 들려오는 보이지 않는 북소리에 맞춰 살아간다. 그것이 우리의 박자를 나타내고, 우리의 정체성을 결정한다.

상품화된 나

디지털 바벨론에서도 역동적인 제자로서 살아가고, 또 그런 제자를 양육하는 것은 얼마든지 가능하다. 그러나 정체성과 관련해 무엇이 관건인지를 이해해야 할 필요가 있다. 유배지에서는 정체성의 본질이 새롭게 규정되고, 심지어는 왜곡될 수도 있다는 것을 알아야 한다.

그런 왜곡 가운데 하나는 '선택적 정체성'으로 일컬을 수 있는 경향이다. 이것은 사람들이 자신의 정체성을 스스로 결정할 수 있고, 또 결정해야 한다는 개념이다. 즉 개인이 자신에 관한 진실을 결정하는 궁극적인 판결자라는 것이다.[2] 오늘날 그리스도인들을 비롯해 대다수 사람은 개인이 정체성을 발견하고, 결정할 수 있다고 믿는다. 놀라운 사실은 그리스도인들이 '나'로 시작해서 '나'로 끝나는 대중문화의 도덕적 원리를 그대로 따를 때가 많다는 것이다. 다음과 같은 잘못된 개념에 순응하는 그리스도인들이 허다하다.

- 우리의 내면을 바라보면 우리에 관한 진실을 발견할 수 있다.

---

[2] 나의 친구 그렉 톰슨의 표현이다. 나는 그가 '선택적 정체성'이라는 용어를 사용하는 것을 들은 적이 있다.

- 사회에 피해를 주지만 않는다면 원하는 것은 무엇이든 다 믿을 수 있다.
- 가장 원하는 것을 추구해야 한다.

우리 사회는 자신의 선택이 자신의 정체성을 결정한다고 말한다. 그러나 그것은 절반의 진실에 불과하다. 물론, 우리의 선택으로 우리의 삶이 결정되는 것은 사실이다. 하나님은 인간을 자유의지를 지닌 피조물로 창조하셨다. 그러나 우리는, 젊은 유배자들에게 인간에 관한 가장 확실한 사실은 창조주께서 우리에 대해 말씀하시는 것이라고 가르쳐야 한다. 구체적으로 말해서, 우리는 하나님의 형상으로 창조된 그분의 자녀로서 본질적인 가치와 존엄성을 지니고 있으며, 그분의 아들 예수 그리스도를 따름으로써 우리 안에 있는 그분의 형상을 회복할 수 있다(그 형상은 인간의 반역으로 인해 훼손된 상태다).

창조주의 의도와는 달리, 인간의 정체성은 디지털 바벨론에서 완전히 새롭게 재구성된다. 개인이 접하는 화상 정보는 매일, 매시간 스스로 선택해 주의 깊게 걸러내 만든 자기 자신에 관한 이미지를 친구들과 팔로워들에게 전할 기회를 제공함으로써 선택적 정체성이라는 개념을 더욱 공고하게 만든다. 소셜 미디어는 겉으로는 폭넓은 인간관계를 약속하지만, 실상은 페이스북과 트위터와 인스타그램을 통해 '개인적인 브랜드 가이드라인'을 제시하거나 실행하라고 요구함으로써 자기만의 독특한 이미지를 만들려는 충동을 부추겨 가장 심각한 개인주의를 만들어 낸다. 스스로의 정체성을 결정하라는 메시지가 매일 강하게 전달된다.

정체성의 문제는 다양한 차원에서 오늘날의 10대 청소년들과 젊은 성인들 가운데서 매우 중요한 주제로 다루어진다. 성별의 문제를 예로 들어보자. '제트 세대'에 관한 바나 그룹의 연구 조사에 따르면, 오늘날의 10대들은 성별이 타고난 성이 아닌 개인이 느끼는 감정에 의해 결정된다는 생각에 대해 이전 세대보다 훨씬 더 개방적이다. 10대 청소년의 3분의 1이 그렇게 믿고 있고, 10분의 7은 타고난 성별과 다른 감정을 느끼는 것을 얼마든지 용인할 수 있다고 생각한다. 심지어 그들 가운데 5분의 2는 성을 전환해도 괜찮다고 주장한다.[3]

일부 사람들이 성별에 관한 문제로 인해 고민하는 것은 새로운 사실이 아니다. 새로운 사실은 일부 사람들에게 그런 일이 일어나고 있기 때문에 모든 사람이 그 문제를 고민해야 한다는 생각이 만연하게 되었다는 것이다. 다시 말해, 젊은 세대들이 자신의 정체성을 결정하는 문제와 관련해 자기를 실현하는 삶을 살고, 또 그런 삶을 살도록 내버려 두어야 한다는 것이 보편적인 생각으로 자리를 잡았다. 이것은 인간이 된다는 것의 의미에 관한 성경의 가르침과 정면으로 충돌한다.

디지털 바벨론에서는 우리 자신의 개인적인 브랜드를 주의 깊게 결정하라는 기대와 독려가 우리 모두에게 주어진다. 한 마디로, 나를 상품화하라는 것이다. 우리가 창조해 취하는 이런 불안정한 정체성은 오래도록 견고하게 지속될 수 없다. 그것은 마치 모래 위에 지은 집처

---

[3] Barna Group, *Gen Z: The Culture, Beliefs and Motivations Shaping the Next Generation*(Ventura, CA: Barna Group, 2018).

럼 폭풍우가 몰아닥치면 즉시 무너질 수밖에 없다.

그러나 나를 상품화하는 것보다 역동적인 정체성 형성을 훨씬 더 크게 방해하는 것이 있다. 그것은 곧 예수님을 우리의 생각대로 상품화하는 것이다.

상품화된 예수님

캘리포니아 남부의 어느 쾌청한 봄날, 데이비드는 한 무리의 사역자 후보생들과 대화를 나누고 있었다. 젊은 여성 가운데 한 사람이 계속 질문을 던지며, "그러나 그것은 이 성경 구절이 나에 대해 하는 말씀이 아니에요."라는 식으로 '나'라는 용어를 강조하는 말을 이어갔다.

브랜드와 개인주의를 강조하는 오늘날의 문화 풍조가 젊은 그리스도인들에게 막대한 영향을 미치고 있다. 바나 그룹의 조사에 따르면, 미국의 기독교가 제자도를 독자적으로 해야 할 일이라는 것, 곧 영적 성장의 가장 좋은 방법은 혼자 힘으로 노력하는 것이라는 개념으로 기울고 있는 것으로 나타났다. [4]

이런 경향은 오늘날의 문화 풍조("자신을 실현하라. 내면을 들여다보고 자신을 발견하라. 자기의 진리를 말하라.")와 일맥상통한다. 젊은 그리스도인들도 오늘날의 문화 풍조에 영향을 받는다. 따라서 놀랄 필요는 없지만 그

---

4) Barna Group, *The State of Discipleship*(Ventura, CA: Barna, 2016).

들을 역동적인 신자로 육성할 수 있는 더 좋은 방법을 찾아야 한다.

우리의 영적 선택과 관련해서도 무엇이 관건인지가 분명하게 드러난다. 선택적인 정체성의 시대에는 예수님이 우리를 선택하시는 것이 아니다. 우리의 '사전 동의'가 없으면 그분은 우리를 선택하실 수 없다. 마치 브라우저에 올라온, "지저스 닷컴에 들어오려면 쿠키 수집에 동의해야 합니다. 다음의 용어에 동의하시겠습니까?"라는 팝업창을 연상케 한다. 오늘날 교회와 기독교 가정들은 이런 문화적 동의에 항복한 상태다. 이런 엄청난 잘못 때문에 제자 양육이 실패에 봉착했다는 것이 우리의 생각이다.

> 교회는 변화적인 경험을 촉진시켜 젊은이들이 예수님의 인격과 사역 안에서 그들의 정체성을 발견하게끔 하기보다 '예수'라는 상품화된 경험을 제공함으로써 현대 문화의 정체성 압력에 반응한다.

첫째, 우리는 예수님을 다른 우호 관계나 제휴 관계와 동일한 수준에 올려놓고, 서로 경쟁하게 만드는 방식을 취할 때가 많다. 다시 말해, 예수님은 우리의 '영원한 절친'이요 '셀피'에 함께 찍은 사진을 올려놓기를 원하는 모험의 동반자이자 최상의 삶을 살도록 도와주는 협력자시다. 그분도 그 어떤 것에 관해서든 '공동 브랜드'가 되실 수 있다. 그리스도인이 된다는 것은 우리 시대의 상품화된 문화에 참여하는 것과 크게 다르지 않다. 그것은 인스타그램에 가입하거나 콘서트를 관람하거나 개성 있는 옷차림새를 하는 것과 아무런 차이가 없다.

예수님도 우리의 충성심을 얻으려고 경쟁하는 하나의 상표에 지나지 않는다.

그러나 예수님이라는 상표를 선호하는 팬들은 유배지에서의 삶의 압력을 견딜 수 있을 만큼의 강한 역동성을 결코 지닐 수 없다.

둘째, 우리는 너무 작은 것을 기대한다. 교회는 젊은이들에게 지나치게 작은 것을 요구한다. 섬기고 베푸는 일과 관련해 그들에게 정신적으로나 감정적으로 요구하고, 기대하는 것이 너무 작다. 우리는 그들이 교회에 나오는 것만으로 행복해한다. 그러나 우리의 연구 조사를 통해 발견한 가장 희망적인 사실 가운데 하나는 본보기가 되는 젊은 그리스도인들의 경우에는 도전에 응하려는 마음이 교회가 생각하는 것보다 훨씬 더 강하다는 것이다. 이것은 그들이 자기들에게 더 많은 것을 요구하고, 기대하기를 원하는데도 실제로는 믿음의 공동체가 그들이 원하는 만큼을 요구하고, 기대하지 않기 때문에 그런 경험을 할 수가 없다는 뜻이다.

데이비드의 한 선교사 친구는 좋은 삶을 약속하거나 멋진 거처를 제공하겠다고 말하기는커녕 선교 현장에서는 모든 것, 심지어는 목숨까지 내놓아야 할 수도 있다고 말하는데도 10대들이 선교 단체에 가입하는 것에 큰 관심을 보인다고 말했다.

삶을 변화시키는 혁신적인 사역에 참여하는 것이 젊은 세대가 갈망하는 것이지만, 우리는 예배에서부터 그리스도인에게 요구되는 것에 이르기까지 모든 것을 편안하게 즐길 수 있는 오락거리로 만들고 있다(실천 원리 5를 참조하라). 그들은 힘들게 일하고 싶어 한다. 젊은이들에게 더 많은 것을 요구하고, 의미 있는 참여의 기회를 제공하는 교회나 학교나 가정이야말로 영적 성장의 필수 요소가 아닐 수 없다.

상품은 자신들의 팬에게 그렇게 많은 것을 요구하지 않는다. 그러나 예수님은 우리에게 모든 것을 바치라고 요구하신다.

가정에서 영적 활력의 본을 보여주는 부모가 많지 않다는 사실도 이 문제를 더욱 심각하게 만드는 원인 가운데 하나이며, 사역이 지나치게 전문성을 띠게 된 것에도 부분적인 원인이 있다. 우리는 사람들을 상대로 사역하는 일을 잘 한다. 젊은 세대의 주된 불만은 교회가 너무 능란하고, 너무 생산적이고, 너무 효율을 생각한다는 점이다.

예수님을 상품화하는 것은 역동적인 제자를 육성하기보다 정체성의 혼란을 더욱 부추긴다. 그렇다면 대안은 무엇일까?

사람들은 인생의 문제에 대한 대답과 그것을 해결할 방법을 찾기 위해 다각적인 노력을 기울인다. 우리는 역사적이고, 정통적인 기독교에서 가장 좋은 대답을 찾을 수 있고, 그것이 교회라고 불리는 구원받은 신자들의 공동체 안에서 가장 잘 표현될 수 있다고 믿는다. 인간의 초시간적인 질문은 우리의 소비자적인 습관이나 내면에 관한 성찰이 아닌 그리스도를 믿는 믿음에서 그 대답을 찾을 수 있다. 예수님 안에서 "우리는 누구인가?"라는 질문과 "우리의 존재 이유는 무엇인가?"라는 질문에 대한 가장 정확한 대답을 찾을 수 있다. 즉 우리는 하나님의 자녀이며, 그분의 영광을 위해 존재한다.

"나는 누구인가?"라는 영원한 질문에 대한 대답을 찾을 수 있는 가장 좋은 방법은 그 무엇도 참된 예수님을 따르는 것과 비교할 수 없다는 신념을 갖는 것이다.

하지만 그릇된 정체성과 종교적인 혼란 상태를 극복하고, 참된 예수님의 참된 제자가 되는 길을 선택하는 경우는 그렇게 많지 않다.

유배지에서 예수님을 경험하기

성경에 나오는 유배자들은 자기 정체성을 분명하게 하기 위한 삶의 방식을 좇았다. 끝까지 살아남아 대대로 기억되어 온 유배자들은 확실히 그런 삶을 살았다. 문화적 압력에 굴복한 다른 유형의 유배자들은 역사의 기록에 남지 않았다. 자신의 진정한 본향에 충실했던 유배자들은 사회가 근본적인 변화를 거칠 때, 특히 순응을 요구하는 사회적 압력이 극에 달한 상황에서 매우 중요한 역할을 했다. 그들은 우리에게 충실한 믿음의 길에 머물 수 있는 방법을 일깨워주는 중대한 역할을 감당했다.

개인과 자기 정체성에 관한 현대의 개념은 고대의 개념과는 사뭇 다르기 때문에 그런 개념에 대한 우리의 이해를 토대로 성경을 해석할 때는 주의해야 할 필요가 있다. 그러나 고대의 유배자들에게서 우리가 배울 수 있는 것들 가운데는 우리의 현재적 현실과 관련이 있는 것들이 여전히 존재한다.

다니엘은 고향 땅에서 동포들과 함께 바벨론으로 끌려와서 강력한 새 왕을 섬기며 살아가야 할 운명에 처한 히브리 청년이었다. 다니엘과 그의 세 친구(사드락, 메삭, 아벳느고)에 관한 이야기는 대부분 순응을 요구하는 압력 앞에서 역동적인 믿음을 잃지 않았던 그들의 태도와 관련이 있다. 그들은 하나님을 위해 제국의 권력자들과 담대히 맞섰다. 하지만 우리는 종종 이 이야기의 핵심에 놓여 있는 미묘한 현실을 간과할 때가 많다. 현대를 살아가는 우리는 바벨론의 문화 동화정책의 힘을 과소평가하는 경향이 있다.

다니엘서 1장에 보면, 그 젊은이들은 삼 년 동안 바벨론의 언어와 학문을 익혔다는 것을 알 수 있다. 그들에게는 바벨론식 이름이 주어졌고, 왕궁에서 제공된 기름진 음식(종교적 의미가 담겨진)에 익숙해지라는 요구를 받았다.

이것은 바벨론이 히브리 청년들을 바벨론의 청년들로 바꿀 목적으로 사용한 방법들이었다.

다니엘과 그의 친구들은 자신들을 사로잡은 자들의 문화 동화정책에 순응하지 않고, 하나님을 섬기며, 그분의 음성에 귀를 기울임으로써 그분의 능력을 나타내는 통로가 되었다. 다니엘서를 읽어보면, 젊은 유배자들은 하나님께 헌신하는 습관을 통해 자신의 정체성을 규정했던 것을 알 수 있다. 그들이 역동적인 믿음을 유지할 수 있었던 이유는 바로 그런 습관을 지녔기 때문이었다. 우리는 이 역동적인 믿음의 모습을 제자도에 관한 정의에 적용했다. 즉 제자 양육이란 문화적 압력에도 불구하고 역동적인 믿음을 충실하게 유지하고, 성령 안에서 활기찬 삶을 살아갈 수 있는 예수님의 제자들을 양육하는 것을 의미한다. 우리는 연구 조사를 통해, 그리스도의 제자들이 역동적인 자기 정체성을 형성할 수 있도록 도와주는 여섯 가지 방법을 발견했다.

1. 함께 예수님을 경험하라.

우리는 심도 있는 인터뷰를 통해, 단지 예수님에 대한 이론적인 지식만으로는 그분을 따르는 법을 배울 수 없다는 것을 발견했다(물론 올바른 믿음을 갖는 것도 중요하다. 이 점에 관해서는 나중에 좀 더 자세히 살펴볼 생각이다). 예수님을 경험하려면 가족들은 물론, 그분을 사랑하는 다른 사람들과 관계를 맺어야 한다. 다른 사람들과 사랑의 관계를 맺어야만 예수님을 사랑할 수 있다.

우리가 인터뷰한 아서라는 청년은 다른 청년들과 언제라도 관계 맺기를 원하며, '그들에게 예수님에 관해 말로만 하지 않고, 삶을 통해 그분을 보고, 경험할 수 있게 해주는 살아 있는 편지'로 자기 자신을 생각하고 있다고 말했다. 인터뷰에 응한 또 다른 그리스도인인 브렛도 친밀하고, 안전한 가족과 같은 환경에서 예수님을 경험할 때가 많다고 했다. 그는 젊은이들을 저녁 식사에 초대해 그들의 믿음과 의심과 고민을 스스럼없이 솔직하게 말하게 한다면서 이렇게 말했다.

"다른 젊은이들을 집에 초대해 함께 음식을 먹으면서 이야기를 나누고, 서로를 위해 기도하는 것이 가장 효과적인 제자 양육의 방식이라는 것을 알게 되었어요."

또 다른 젊은이는 교회의 선교 여행에 참여했다가 잘못된 지도자를 만났던 한 젊은 여성의 경험을 듣게 되었다면서, 우리의 연구조사원들에게 그에 관한 구체적인 이야기를 들려주었다.

"젊은이들에게 좀더 정직해야 한다고 생각합니다. 그녀의 이야기를 직접 유심히 듣고 나니 그제서야 지도자의 부족함에 실망을 느낀 그녀를 제대로 도울 수 있게 되었습니다."

나중에 '실천 원리 3'에서 이런 식의 건전한 관계를 좀 더 자세히 다룰 생각이다. 여기에서는 역기능적인 인간관계보다는 정상적인 인간관계를 맺는 것이 종교적인 혼란 상태를 극복하고, 예수님을 경험하도록 돕는 방법이 될 수 있다는 것을 강조하는 것으로 만족하고자 한다.

가정도 가족 구성원들이 역동적인 정체성을 발견하고, 유지하도록 도울 수 있다. 부모나 조부모를 비롯해 다른 웃어른들의 믿음이 생명력을 지니고 있는 가정에서 역동적인 제자들이 양육되곤 한다. 그러나 주의해야 할 점이 있다. 그것은 유배지의 상황에서는 가족의 믿음이 지니는 영향력이 줄어들어 믿음이 자동적으로 계승되기가 어렵다는 것이다. 디지털 바벨론의 흡인력이 예루살렘에 대한 기억보다 훨씬 더 강하다.

그러나 나이든 웃어른들이 예수님을 헌신적으로 따르는 모습을 보여주면, 젊은이들은 그것을 유심히 지켜본다(그런 사람들이 그들의 부모가 아닐 때도 마찬가지다). 결혼하지 않은 그리스도인들이 믿음의 가족을 필요로 하는 것처럼, 젊은 제자들도 다양한 어른들을 통해 관심과 사랑을 받아야만 유배지에서도 왕성하게 성장하며 스스로의 자기 정체성을 찾을 수 있다.

그렇다면 어떻게 해야 습관적인 교회 참여를 뛰어넘어 헌신적인 제자도를 수행하는 믿음의 가정이 될 수 있을까?

2. 예수님을 좌표로 삼아 항해하라.

젊은 그리스도인들을 부추겨 복음을 싫어하게 만드는 위험 요인들을 심각하게 생각해야 한다. 디지털 바벨론의 세속주의에서 비롯하는 외적인 강압 요인을 피할 대책을 신중하게 마련해야 하는 것처럼, 잘못된 기독교적 상황에서 비롯하는 내적인 압력에도 굴복하지 않도록 조심해야 한다.

교회의 왜곡된 측면들을 주의 깊게 살펴 복음에 대한 거부감을 제거해야 한다. 예수님은 사람들이 자기 이름으로 많은 일을 행하더라도 그들을 알지 못할 것이라고 경고하셨다(마 7:21-23). 사람이 온 세상을 얻고서도 자신의 목숨을 잃는다면 무엇이 유익하겠는가(마 16:26)? 예수님은 당시 종교지도자들에게 그들이 부지중에 행한 결정과 행위에서 비롯한 결과까지도 책임져야 할 것이라고 경고하셨다.

바꾸어 말해, 사람들을 상품화된 예수님이 아닌 복음의 예수님께로 이끌어야 한다.

예수님이 동기를 강조하신 사실을 생각하면 겸손한 태도를 지니는 데 큰 도움이 된다. 무슨 목적으로, 무엇을 이루려고 하는가? 부지 중에 상품화된 예수님을 강요하고 있지는 않은가? 기업이나 정파나 국가나 브랜드가 우리의 정체성을 제안하고, 이끌고, 독려하고, 규정하도록 허용하고 있지는 않은가?

이런 질문들에 대해 '그렇다'라고 밖에 달리 대답하기가 어렵다. 우상을 만드는 것은 인간의 본성이다. 우리는 예수님께 우리의 약점을 고백하고, 도와달라고 항상 기도해야 한다.

만일 사역을 구축하고, 교회를 세우고, 영향력을 확대한다는 이유로 오히려 젊은 세대에게 복음에 대한 거부감을 심어주는 데 일조했다면, 어떻게 회개해야 할까? 그런 경우에는 먼저 우리의 사역 모델을 재구성해 제자 양육에 필요한 새로운 변화를 모색해야 한다. 필요한 경우에는 사례비나 직원이나 규모나 지위를 포기하고 예수님과 의미 있는 새로운 관계를 추구해야 한다. 단지 습관적으로 교회를 이끄는 것으로 만족하지 말고, 그리스도를 깊이 탐구할 수 있는 방법을 찾아야 한다.

교회 지도자들이 예수님을 좌표로 삼는다는 것은 단지 종교적 단체를 운영하는 것이 아니라 예수님을 따르는 충실한 사람들에게 초점을 맞춘다는 것을 의미한다.

또한 우리는 그리스도인들이 세상의 방식을 따를 때 용기 있게 말해야 한다. 상품화된 예수님을 추구하는 것은 디지털 바벨론의 방식을 따르는 것이다. 우리가 서로에게 말하는 것과 그것을 말하는 방식이 중요하다. 예를 들어, 그리스도인들이 자신들의 소신대로 살고, 자기의 꿈을 이루고, 자기를 실현하겠다고 말하는 것을 보거나 들을 때는 부드러우면서도 단호한 어조로 예수님을 상품화하려는 생각들을 바로 잡아주어야 한다. 오늘날의 새로운 도덕 규범은 개인이 도덕적 우주의 중심이라고 말하지만, 기독교는 권위의 외적 근원(성령, 성경, 교회 등)에 근거해 삶의 방향을 결정해야 한다고 가르친다.

그리스도인들이 새로운 문화적 규범(시대 정신)에 굴복하면, 곧 문화를 거스르는 성경적 규범을 분명하게 드러내지 못하면 다음 세대에게 문화에 대한 저항력을 절대로 길러줄 수 없다. 그것은 그들을 신앙을 저버리는 길로 인도하는 것이다. 그 이유는 그들이 기독교로 위장한 문화적 도덕주의에 저항할 능력을 갖추지 못할 것이기 때문이다.

다음 세대에게 예수님을 진정으로 경험할 수 있는 기회를 부여하려면, 우리의 기독교적인 사역이 그들을 예수님에게서 멀어지게 만드는 것이 되어서는 안 된다. 우리는 심지어 의도하지 않은 결과에 대해서도 책임을 져야 한다.

그렇다면 어떻게 해야 상품화된 예수님이 아닌 살아 계신 주님에게 우리의 나침반을 향하게 만들 수 있을까?

3. 두려워하지 말라. 인생의 중요한 문제를 질문하고, 예수님 안에서 그 대답을 찾아라.

모든 사람은 "나는 누구인가?"라는 자기 정체성에 관한 질문을 한다. 그 누구도 이 질문에 대한 피상적인 대답에 만족해서는 안 된다. 이것은 인간을 고뇌하게 하는 여러 가지 근본적인 질문 가운데 하나일 뿐이다.

　인간은 그런 중요한 질문에 대해 그릇되거나 불완전한 대답을 하게 될 때가 많다. 이런 이유로 감각적 쾌락을 가져다주는 일들에 빠져들어 그런 질문을 외면하는 사람들이 갈수록 늘어가고 있다.

　예수님을 따른다는 것은 그분의 인격과 사역 안에서(좀 더 정확하게 말하면 삼위일체 하나님 안에서) 그런 질문에 관한 궁극적인 대답을 찾는 것을 의미한다. 성부와 성자와 성령께서 실제로 존재하신다면, 진리(특히 우리 자신에 관한 진리)에 관한 우리의 탐구는 하나님을 중심으로 이루어져야 한다. 그러나 그 과정은 동료 그리스도인들이 그런 질문을 자유롭게 제기할 수 있는 환경을 조성하는 데서부터 시작한다.

- **자기 정체성에 관한 물음**: 나는 누구인가? 어디에서 나의 참된 자아를 발견할 수 있는가? 우리는 예수님을 통해 하나님의 가족으로 입양된 그분의 자녀다. 성경이 우리에 관해 말씀하는 것이 우리에 관한 가장 참된 진리다.
- **삶의 방식에 관한 물음**: 이 세상에서 어떻게 살아야 하는가? 나의 선택은 중요한가? 성령께서는 이런 질문을 하는 자들에게 기꺼이 지혜와 분별력을 허락하신다. 예수님을 따른다는 것은 삶의 방식에 관한 탐구를 재정립하는 것을 의미한다.
- **친밀함과 관계에 관한 물음**: 나는 사랑받고 있는가? 누가 나의 친

구들인가? 나를 염려해주는 사람이 있는가? 우리는 예수님의 공동체에 속한 사람들로서 서로의 짐을 지며, 사랑과 친밀함을 경험한다.

- **의미와 목적에 관한 물음**: 내 인생은 중요한가? 나는 무엇을 위해 창조되었는가? 창조주께서 우리를 자신의 형상으로 만드신 이유는 우리의 은사와 일을 통해 자기와 다른 사람들과 피조물을 사랑하게 하시기 위해서다.

- **남겨두고 갈 것과 중요성에 관한 물음**: 무엇이 잘 사는 인생인가? 나는 변화를 일으킬 수 있는가? 무엇이 진정으로 중요한가? 현실은 물리적 차원과 영적 차원으로 이루어져 있고, 예수님이 만물을 다스리시기 때문에 우리는 그분과 함께 물리적 차원의 삶과 영적 차원의 삶을 회복하고, 세상을 유익하게 하며, 다른 사람들을 복되게 하는 삶을 살아야 한다.

효과적인 사역과 설교가 이루어지려면, 인간적 경험의 저변에 놓인 질문들을 다루어야 하고, 사람들이 예수님 안에서 그 대답을 붙들고 씨름하도록 도와야 한다. 그분의 대답은 수천 년 동안 줄곧 메아리쳐 왔다.

> "네 마음을 다하며 목숨을 다하며 힘을 다하며 뜻을 다하여 주 너의 하나님을 사랑하고 또한 네 이웃을 네 자신 같이 사랑하라"(눅 10:27).

"내가 온 것은 양으로 생명을 얻게 하고 더 풍성히 얻게 하려는 것이라"(요 10:10).

"아들이 너희를 자유롭게 하면 너희가 참으로 자유로우리라"(요 8:36).

디지털 바벨론에 사는 우리는, "무엇이 중요한가? 어떻게 살아야 하는가?"라는 질문에 대해 서로 충돌을 일으키는 혼란스러운 답변들에 둘러싸여 공격당하고 있다. 이런 공격의 힘과 횟수는 전례 없는 것이다. 최근의 블로그 포스트, 최신의 음악, 가장 인기 있는 텔레비전 쇼를 비롯해 뉴스에 이르기까지 모든 것이 우리를 설득해 원하는 것(대개는 무엇인가를 사게 하는 것)을 하게 만들려고 온갖 노력을 기울이고 있다.

그런 대답들은 계속해서 바뀐다. 우리는 좀 더 깊고, 진실한 것을 통해 정체성을 찾으려는 노력을 기울여야 한다. 다시 말해, 다니엘과 그의 친구들처럼 경건의 습관을 길러야 한다. 성경이 우리에 관해 가르치는 것을 우리 자신은 물론, 서로에게 반복해서 상기시켜 주어야 한다. 자기 정체성의 문제는 우리의 경험을 해석하는 방식을 뜻하는 새로운 표현이다. 성경은 인간의 현실을 오래되었지만 여전히 적절성을 지니는 방식으로 인간의 현실을 바라보라고 요구한다. 이것은 참으로 귀한 선물이 아닐 수 없다.

"그러므로 이제 그리스도 예수 안에 있는 자에게는 결코 정죄함이 없나니"(롬 8:1).

"누구든지 그리스도 안에 있으면 새로운 피조물이라"(고후 5:17).

"우리는 그가 만드신 바라 그리스도 예수 안에서 선한 일을 위하여 지으심을 받은 자니 이 일은 하나님이 전에 예비하사 우리로 그 가운데서 행하게 하려 하심이니라"(엡 2:10).

"모든 지킬 만한 것 중에 더욱 네 마음을 지키라 생명의 근원이 이에서 남이니라"(잠 4:23).

역동적인 제자는 예수님에 관한 정통 신앙을 받아들이고, 거기에 근거해 행동한다. 올바른 신앙이 제자도의 전부는 아니지만 그것이 없으면 결국에는 그릇된 방향으로 치우칠 수밖에 없다.

어떻게 하면 젊은이들이 예수님에 관한 경험을 토대로 스스로에게 장 심원한 질문을 하고, 가장 진실한 대답을 찾도록 도울 수 있을까?

먼저, 질문을 자유롭게 할 수 있는 공간을 마련해 멘토와 의미 있는 관계를 맺도록 이끌고(이 점에 대해서는 실천 원리 3에서 좀 더 자세히 살펴볼 생각이다), 그들의 정체성에 영향을 미친 가장 심각한 형태의 '상품화된 예수'가 무엇인지에 관한 논의(즉 손쉬운 성공을 독려하는 피상적인 복음)를 촉진함으로써 이 과정을 시작할 수 있다.

4. 예수님을 따르겠다고 성급하게 결심하지 말라.

우리가 발견한 놀라운 사실 가운데 하나는 회심의 평균 연령이다. 우리는 신앙생활을 가장 오래 한 사람들이 역동적인 제자일 것이라고 예상했지만, 실제로는 거의 정반대되는 결과가 나타났다. 회심의 나이는 '탕자'에서부터 '역동적인 제자'로 올라갈수록 약간씩 높아졌다. 평균적으로 탕자와 '유랑민'의 경우는 여덟 살에, '습관적인 교회 참여자'의 경우는 아홉 살에, 역동적인 제자는 열한 살에 각각 예수님을 따르기로 결심했다.

역동적인 제자들은 자신이 무엇을 선택했는지를 알 나이가 되었을 때 예수님을 따르겠다고 결심하는 경우가 많았다. 이런 사실은 어린 아이든 10대 청소년이든 젊은 성인들이든 상관없이 사역의 모든 국면이 중요하다는 것을 보여준다. 이것은 중학교나 고등학교 학생들을 상대로 한 효과적인 사역의 필요성을 확실하게 일깨워줄 뿐 아니라 부모와 목회자들이 좀 더 여유를 갖고 사역을 할 수 있도록 도와준다. 젊은이들이 예수님을 경험하는 일은 너무 늦는 법도 없고, 너무 이른 법도 없다.

지금 평균 나이에 관해 말하고 있지만, 잊지 말아야 할 중요한 사실은 개개인이 모두 중요하다는 것이다. 각 사람은 자신의 때에, 자신의 방식으로 성령의 인도에 따라 성장을 경험할 수 있다. 우리의 기대나 제자도의 과정이 획일적으로 이루어질 것이라고 생각해서는 안 된다.

어떻게 하면 효과적인 협력 관계와 전략을 구축해, 예수님 중심적인 사역을 시도함으로써 역동적인 기독교적 정체성을 발견하고 유지할 뿐 아니라 그것이 그리스도와의 친밀한 관계를 통해 비롯한다는 사실을 깨닫도록 도울 수 있을까?

5. 예수님과 친밀한 관계를 유지하라.

역동적인 젊은 제자들은 자신의 삶 속에서 예수님을 갈망한다. 그들의 갈망은 다른 젊은 그리스도인들보다 훨씬 더 강하다. 도표1을 다시 살펴보라. 역동적인 제자들이 예수님과의 관계를 통해 깊은 만족과 기쁨을 발견했다고 말한 것이 보이는가? 그것이 그들의 가장 뚜렷한 특징 가운데 하나다. 그들은 매우 친밀한 용어를 사용해 예수님과의 관계를 묘사한다. 그들은 그분과의 친밀함을 느낀다.

하나님을 예배하고, 그분의 임재를 경험하는 것이 역동적인 제자들이 추구하는 핵심적인 목표라는 사실이 거듭 확인된다. 그런 활동은 하나님과의 관계를 맺기 위한 것이다. 역동적인 제자들이 영적 활동을 하는 이유는 거룩하고, 초월적인 하나님을 경험하고 싶은 마음 때문이다. 그와는 달리 다른 젊은 그리스도인들의 영적 활동은 "종교 안에 나를 위한 것이 무엇이 있는가?"라는 생각에서 주로 비롯한다.

역동적인 제자들은 또한 믿음 안에서 성장하기를 원한다(도표2를 다시 살펴보라). 그들 가운데 10분의 7이 교회에서의 경험을 통해 "성령의 열매를 맺는 방법을 배운다."라고 대답했다. 통계적인 분석은 이 요인이 역동적인 제자를 식별하는 데 특별히 중요하다는 것을 보여준다. 습관적인 교회 참여자들의 경우는 전통 때문에 교회에 다니는 경향이 있다.

역동적인 제자들은 일반적인 신앙 활동을 할 때도 남다른 경험을 하는 것처럼 보인다. 그들 가운데 10분의 9나 되는 사람들이 "성경을 읽으면 하나님과 더 친밀해지는 느낌을 받는다."라고 대답했다. 그들은 영적인 활동을 추구할 때 '하나님 먼저!'라고 생각하는 경향이 있을 뿐 아니라 "예수님은 내가 요즘에 어떻게 살고 있는지 알고 계신다."라는 의식을 갈수록 더 강하게 느낀다.

역동적인 제자들은 예수님이 자기에게 말씀하신다고 말하는 경향이 있다. 우리는 『유 로스트 미』에서 연구 조사를 시도한 결과, 믿음을 계속 유지할 것인지를 판단하는 지표 가운데 하나가 하나님과의 교제를 경험하는 것이라는 사실을 알고 놀라지 않을 수 없었다. 따라서 우리는 새로운 연구 조사를 통해 그 점을 좀 더 파헤쳤고, 그 결과 역동적인 제자들이 "예수님이 나의 삶에 적절한 방식으로 내게 말씀하신다."라는 진술문에 동의할 가능성이 매우 높다는 사실을 발견했다. 아울러 그들은 기도를 형식적인 습관이 아닌 '활기 넘치는 삶의 활동'으로 간주했고, "하나님의 말씀을 듣는 것이 나의 기도 생활에서 큰 비중을 차지한다."라고 믿었다.

젊은이들에게 기도에 관해 더 많이 가르치고, 그것을 통해 예수님과의 친밀한 관계를 경험할 수 있는 시간을 갖도록 독려하면 그리스도 안에서 발견한 그들의 정체성을 더욱 굳게 강화할 수 있다. 우리와 인터뷰한 한 지도자는 "예수님을 이론적으로나 추상적으로 경험하는 경우는 없었습니다. 젊은 성인들이 예수님을 경험하는 것을 볼 때면 그 경험이 항상 너무나도 분명했습니다. 젊은이들에게 자신의 주변과 자기 안에서 일어나고 있는 것에 주의를 기울일 수 있는 기회가 주어지고, 그들이 그렇게 할 의도만 가진다면 하나님은 이미 그곳에 계십니다."라고 말했다.

6. 그리스도와 친밀한 관계를 맺으려면, 교회에 나가되 혼자서 나간다고 생각하지 말라.

우리는 때로 교회에 출석하는 문제와 관련해서 제자로서 적극적인 발전을 도모할 기회를 놓치곤 한다. 많은 젊은이들이 교회에 성실하게 참석하면서도 영적으로 무기력한 상태에 빠져 있다. 교회 참석은 역동적인 제자가 되기 위한 필요조건일 뿐, 충분조건은 아니다. 이것은 매우 중요한 발견이다.

일주일에 단지 몇 시간 교회에 나가는 것으로는 마음과 생각을 바꿀 수 없다(불가능하지는 않다고 하더라도). 한 가지 비유를 들면 이 점을 분명하게 이해할 수 있을 것이다. 5년 동안 매주 주택 개량 용품을 파는 상점에 가서 페인트가 비치된 통로를 찾는다고 가정해 보자. 노란색 앞치마를 두른 전문가가 페인트를 칠하는 법을 시연하는 시간에 두어 번 참석하기까지 했다.

그러나 그것만으로는 페인트공이 될 수 없다.

앞장에서 말한 대로, 그리스도인으로 성장한 젊은 성인 다섯 명 가운데 거의 두 명이 습관적인 교회 참여자에 해당한다(38퍼센트). 그들은 교회에 자주 출석하지만 신념, 실천, 신앙의 열정이라는 중요한 요인들을 갖추지 못했다. 또한 젊은 성인 열 명 가운데 세 명이 교회에 출석하거나 믿음에 참여한 적이 거의 없는 유랑민에 해당한다. 그러나 그들은 여전히 상품화된 예수를 받아들이는 데 만족한다. 마지막으로 젊은 성인들의 5분의 1이 성인이 되었을 때 더 이상 기독교를 믿지 않는 탕자의 부류에 속한다(22퍼센트).

(10년이 채 못된 상황에서 59퍼센트에서 64퍼센트에 이르는) 전체적인 교회 이탈률은 어린아이와 10대 청소년들을 상대로 한 사역의 효율성이 얼마나 미약한지를 보여주는 냉엄한 사실이 아닐 수 없다. 연구 결과는 우리가 기독교를 단순한 결심주의로 지나치게 단순화시킴으로써 목표를 향한 첫걸음부터 실수를 저지를 때가 많다는 것을 보여준다. 물론, 예수님 안에서 믿음의 여정을 시작하거나 기독교인이 되기로 결심하는 데서부터 그리스도 안에서의 참된 변화가 시작되는 것은 사실이다. 예수님을 따르겠다는 결심이 매우 중요하다는 것에 대해서는 이론의 여지가 있을 수 없다. 그것은 우리가 사는 동안 할 수 있는 가장 중요한 출발에 해당한다. 그러나 거기에서 중단해서는 안 된다. 우리의 젊은이들이 디지털 바벨론에서 왕성하게 번성하려면 예수님을 단순히 아는 것에 그치지 말고, 그분과 친밀한 관계를 맺어야 한다.

예수님이 자신의 죽음과 부활을 통해 죄와 죽음을 정복하셨다는 신념이 역동적인 제자를 정의하는 기준이 될 만큼 올바른 정통주의는 매우 중요하다. 젊은이들이 예수님의 삶과 사역과 죽음과 부활에 관한 정통적인 가르침을 이해하고, 믿는 것은 꼭 필요한 일이다.

그러나 습관적인 교회 참여자 가운데 10분의 1이나 되는 젊은이들이 예수님이 죄와 죽음을 정복하셨다고 믿고 있다. 유랑민의 다수도 그렇게 믿고 있고(82퍼센트), 심지어는 탕자 가운데서도 그렇게 믿는 젊은이들이 3분의 1이나 된다. 단지 진리를 믿는 것만으로 변화가 일어나는 것은 아니라는 사실을 분명하게 알 수 있다.

오늘날의 제자들과 제자 양육의 과정은 더욱 사려 깊고, 의도적인 노력을 요구한다. 누군가를 제자로 양육한다는 것이 무슨 의미인지를 얼마나 분명하게 이해하고 있는지 깊이 생각해 보라.

역동적인 믿음과 하나님을 추구하는 습관들

역동적인 믿음을 발전시키고, 예수님을 경험하게 하는 방법 가운데 하나는 하나님이 우리에게 말씀하신다는 신념, 곧, 그분이 우리의 마음과 운명에 관해 특별히 말씀하고 계신다는 신념을 젊은이들에게 불어넣는 것이다. 이것이 지난 10년 동안 밀레니얼 세대를 상대로 진행된 우리의 연구 조사를 관통하는 주제다. 성경에서도 이 주제가 분명하게 드러나 있다. 성경은 하나님의 말씀을 듣는 것을 유배자들의 결정적인 특징 가운데 하나로 제시한다.

우리는 다음 세대가 삶 속에서 예수님의 음성을 듣고, 거기에 반응할 수 있도록 도와야 한다.

젊은이들이 하나님의 음성을 듣고, 그분의 말씀에 귀를 기울이고, 그분과 대화를 나누는 것에 관한 신학과 경건한 습관을 구축해 나가도록 돕는 것이 우리의 임무다. 우리는 성경에서 많은 본보기(예를 들면 유배자인 다니엘)를 비롯해 역동적인 믿음을 발전시킬 수 있는 중요한 마음의 상태와 습관을 보여준 많은 믿음의 영웅들을 발견할 수 있다.

데이비드가 다니는 교회의 목회자 브릿 메릭은 최근에 하나님께 대한 개방성을 의도적으로 발전시키기 위한 방법과 관련해 의미심장한 말을 남겼다. 그는 '하나님을 추구하는 삶의 습관'을 규칙적으로 유지하는 것, 즉 우리의 삶 속에서 이루어지는 그분의 사역과 음성을 받아들이려는 노력을 기울이는 것이 그렇게 할 수 있는 방법이라고 말했다. 간단히 말해, 하나님을 추구하는 삶의 습관을 발전시켜야 한다. 그것은 영적 습관들과 하나님이 우리에게 찾아와서 말씀하실 것이라는 기대감을 지닌 마음 상태를 갖추는 것을 의미한다. 우리는 하나님이 말씀하신다는 사실을 믿어야 한다. 그분은 성경을 통해 가장 분명하게 말씀하시며, 우리의 생각과 감정 및 동료 신자들의 조언을 통해 나타나는 성령의 음성으로 우리에게 말씀하신다.

물론, 하나님의 말씀을 듣는다는 것은 하나님이 우리의 육체를 점유하신 상태에서 몽롱해진 눈빛을 한 채로 음성을 듣는 초월적인 강신 경험과는 아무런 상관이 없다.

역동적인 제자들을 조사한 결과, 그것이 매우 자연적인 경험이라는 것을 잘 보여준다. 그것은 일상생활 속에서 하나님을 의지하고, 그분의 임재를 의존하는 것이다. 바꾸어 말하면, 하나님의 인도하심에 민감하게 반응하는 부드러운 마음을 배양하는 것을 의미한다.

이 주제와 관련된 고전적인 성경 이야기 가운데 하나가 사무엘상 3장에서 발견된다. 사무엘의 어머니 한나는 소년 선지자인 그를 성전에 바쳤다. 사무엘은 부패하고, 형식적인 영적 지도자 엘리 제사장의 지도를 받게 되었다. 나이든 엘리는 비록 분별력을 잃은 상태였지만 어린 사무엘을 심오하고, 경건한 삶의 길로 이끌어줄 지혜로운 조언을 한 가지 했다. 사무엘이 한밤중에 하나님의 음성 때문에 여러 차례 잠에서 깨어난 소식을 전해 들은 엘리는 마침내 "가서 누웠다가 그가 너를 부르시거든 네가 말하기를 여호와여 말씀하옵소서 주의 종이 듣겠나이다 하라"(9절)라고 조언했다.

예수님의 음성은 우리의 회개와 복종을 요구하고, 용기를 북돋운다. 그분은 우리에게 잠잠하라고 말씀하시고, 우리가 큰 사랑을 받고 있다는 사실을 기억하라고 말씀하신다.

여덟 살 된 한 소녀의 마음에도 그런 음성이 임했다.

∎∎∎

우리는 이 책이 서두에서 데이비드가 자기 딸 에밀리를 버클리대학교에 데려다주고 온 이야기를 언급하면서, 그런 결정을 내리게 된 과정을 간단히 소개하겠다고 약속한 바 있다.

앞서 말한 대로, 나(데이비드)는 열여덟 살 된 나의 딸이 그 학교에 다니는 것을 적극적으로 반대했다.

그러나 하나님이 나의 마음을 바꾸어 놓으셨다. 어떻게 그런 변화가 일어난 것일까?

우리 가족은 약 한 달에 걸쳐 내가 깊이 존경하는 사람들과 최소한 여섯 차례의 대화를 나누었다. 그들과의 대화는 버클리대학교에 관한 나의 선입견을 재고하도록 이끌었다. 좀 더 정확하게 말하면, 그 학교의 가치와 그곳과 그 주변에 있는 능동적인 그리스도인들에 관한 나의 견해를 재고하도록 도왔다. 그 덕분에 나는 그 학교의 본질을 옳게 파악하기 시작했다. 그곳은 그 나름의 문제가 있었지만 높은 수준의 교육을 원하는 에밀리의 기대를 충족시킬 뿐 아니라 아이의 믿음이 성장하기에도 그렇게 나쁘지 않은 환경을 제공하는 교육 기관이었다.

그 네 주간의 시간은 참으로 놀랍기만 했다. 에밀리와 질(아이의 어머니이자 나의 아내)과 내가 예기치 않은 대화들을 거치면서 차츰 계획이 조금씩 바뀌기 시작했다. 하나님은 스티브, 캐서린, 앤드류, 카라, 앤디, 라이언, 마크를 비롯해 여러 사람을 통해 우리의 생각을 이끄셨다.

결정의 시간이 가까운 어느 날 저녁 식사 시간이었다. 우리는 함께 기도를 드렸다. 설명할 수는 없지만 감정이 일렁이는 느낌이 들었다. 하나님이 버클리가 괜찮은 곳이라고 말씀하시는 듯한 느낌이 강하게 들었다. 예수님은 에밀리를 캘리포니아로 부르시고 계셨다. 그분은 에밀리가 자기와 함께 그곳에서 해야 할 사명이 있다고 말씀하셨다. 나는 여전히 약간의 두려움이 느껴졌지만, 그것이 올바른 선택이라는 평화로운 마음이 강하게 밀려왔다.

에밀리가 2학년을 절반쯤 마친 지금, 우리는 그것이 아이의 길을 인도하신 하나님의 손길이었다는 것을 분명하게 알게 되었다. 에밀리는 학교에서 잘하고 있고, 믿음도 더 많이 성장했다. 에밀리가 버클리대학교에 진학한 지 약 2개월 후에 아내가 뇌종양에 걸린 것으로 진단되었다. 우리 가족에게는 참으로 끔찍한 한 해였지만, 그 덕분에 딸아이와 친밀한 관계를 계속 유지할 수 있었던 것은 참으로 큰 선물이었다. 본래 딸아이는 처음에 동부 해안 지역에 있는 대학교를 선택했었다. 그러나 하나님은 딸아이를 동일 시간대에 있는 지역의 대학교에 진학하도록 인도하심으로써 녀석을 통해 우리가 힘든 한 해를 잘 견딜 수 있도록 도와주셨다.

이것이 에밀리가 버클리대학교에 진학하게 된 이유였다. 하나님이 우리에게 말씀하셨다.

세계 곳곳에 흩어져 있는 그리스도인들은 제각기 자신의 삶 속에서 하나님을 경험한다. 우리는 오늘날 일어나는 이런 믿음의 이야기들을 강단에서나 성경 공부 시간은 물론, 소셜 미디어나 대화를 통해 기회가 주어질 때마다 힘써 전해야 할 필요가 있다.

예수님은 말씀하신다.

예수님을 따른다는 것은 단지 올바른 교리를 믿거나 그분에 관해 포근하고 따뜻한 감정을 느끼는 것 이상의 의미를 지닌다. 그리스도인이 된다는 것은 단지 '예수님의 팀원'이 되는 것 그 이상을 뛰어넘는다. 그것은 그분의 발아래에서 우리 자신의 본질을 발견하는 것을 의미한다.

예수님을 경험한다는 것은 믿음의 주님이요 온전하게 하시는 이인 예수님과 역동적인 관계를 맺는 것을 뜻한다. 참된 예수님을 경험하는 것이 디지털 바벨론에서 역동적인 믿음을 유지하는 알파와 오메가, 곧 그 출발점이자 종착점이다.

Faith For Exiles 디지털 바벨론 시대의 그리스도인

실천 원리 2

복잡하고, 불안정한 세상에서 문화적 분별력을 길러라

> 문화적 분별력을 기른다는 것은
> 급속히 변화하는 복잡한 문화를 지혜롭게 헤쳐나가기 위해
> 성경의 권위를 믿는 건전한 배움의 공동체에 참여하는 것을 의미한다.

마크의 단체 '위즈덤 웍스'(Wisdom Works)는 1990년대에 실험 단계에 있던 '챗봇'(문자로 대화를 나누는 컴퓨터 프로그램의 하나인 인공 지능)을 접할 기회가 있었다. 마크와 그의 팀은 그 챗봇에 '지혜로운 지성적 안내자'(Wise Intelligent Guide)를 뜻하는 '위그'(WIG)라는 약자 이름을 붙여 젊은 이들을 상대하는 자신들의 웹사이트에 장착했다. 사역 팀은 '위그'를 이용하는 10대 청소년들에게 신분에 관한 정보를 묻지 않고, 모두 익명으로 대화를 나누게 하면서 대화 내용을 정기적으로 점검했다. 오래지 않아 한 가지 유형이 발견되었다.

1) 처음에는 단지 시간을 보낼 목적으로 한두 가지 질문을 던진다(예를 들면, "일곱 난쟁이의 이름은 무엇이지?").
2) 챗봇이 사람인 척하는 로봇이라는 사실을 확인하기 위해 실험적인 질문을 던진다(즉 항상 똑같은 대답을 제시하는지 확인하기 위해 한 가지 질문을 여러 번 되묻는다).
3) 본격적인 질문에 앞서 위험이 적은 질문을 한두 가지 던진다("문신에 관해 어떻게 생각하니?", "하나님은 존재하니?").
4) 성, 우울증, 자살, 학대와 같은 문제와 관련해 10대 청소년들이 알고 싶어 하는 본격적인 질문을 던진다("내게 동성애의 성향이 있는지 어떻게 알 수 있지?", "하나님은 자위행위에 관해 어떻게 생각하시니?", "자살하는 사람은 어떻게 되니?", "남자 친구와 같이 잤는데 어떻게 해야 하지?").

'위그'는 '구글'의 조상이었다.

■ ■ ■

데이비드에게는 셋이라는 이름의 친구가 있다. 그는 유능한 지도자일 뿐 아니라 다방면에 걸쳐 뛰어난 능력을 지닌 놀라운 인물이다.
  셋은 최근에 새 직장으로 옮겼다. 우리는 거의 일 년 동안 서로 얼굴을 보지 못하고 지냈기에 어느 날 그를 만나러 길을 나섰다. 우리는 대화를 나누기 위해 엘리베이터를 타고, 그가 새로 선택한 도시가 내려다보이는 옥상 테라스로 올라갔다. 그는 자기 아이들이 새로운 상황에서 어떻게 지내고 있는지 들려주었다.

"우리 가족은 모두 잘 지내고 있어요. 이곳의 학교와 삶에 적응하는 중이지요. 나의 10대 딸아이가 가장 적응하기 힘들어해요. 최근에 녀석이 휴대전화로 검색한 내용을 보니, '내가 우울한지 어떻게 알지?', '어떻게 불안감을 처리해야 하지?'와 같은 질문을 다룬 유튜브 동영상이 대부분이더군요. 그래서 딸아이에게 물었더니 자기가 겪는 문제를 다룬 동영상이 많다고 대답하더군요."

그는 잠시 말을 멈추고, 하늘을 올려다보면서, "딸아이는 내게 먼저 말하지 않았습니다. 휴대전화가 삶과 삶을 사는 법에 관한 온갖 종류의 개념들을 우리 아이들에게 참으로 많이 제공하고 있다는 것을 알게 되었죠."라고 말했다.

복잡성, 스트레스, 불안감

젊은이들은 주변 세상을 이해하기 위해 손에 들린 기계 장치를 들여다본다. 앞서 지적한 대로, 그들은 호주머니 속에 있는 스마트폰을 상담사요 연예인이요 스승이요 성 교육자로 활용한다. 물론, 그것의 활용도는 그 외에도 많다. 손에 들린 스마트폰에 은밀히 물어볼 수 있는데 굳이 부모나 교사에게 물어볼 이유가 무엇인가?

우리가 이번 장에서 다루려고 하는 문제는 분주하고, 복잡한 문화 곳에서 살아 있는 참된 지혜를 찾으려고 노력하는 것이다. 정보를 즉각 검색할 수 있다고 해서 그것이 곧 지혜인 것은 아니다. 셋의 딸과 같은 젊은이들은 누구를 믿어야 할지, 또 어디에서 조언과 정보를 구해야 할지 확실하게 알지 못한다. 인터넷이 정신적인 건강에 관한 문제에 대해 몇 가지 대답을 제공하는 것은 나름대로 유익이 있다. 그러나 가장 참된 대답을 발견할 수 있는, 가장 적절하고, 가장 경건한 장소는 과연 어디에 있을까?

이 모든 상황의 저변에서 불안감이 크게 증폭되고 있다.

마크의 팀이 '위그'를 처음 실험한 뒤로 이미 20년이 훌쩍 지났다. 이제 인공 지능, 알고리즘, 기계 학습은 더 이상 기발한 신발명품이 아니다. 그것들은 '윤리적 규범이나 철학적 규범의 통제를 받지 않는' 정보와 의사소통의 관리자요 눈에 보이지 않는 의사 결정자.[1] 그것들은 도덕적이고, 신학적인 규범에 근거하지도 않는다. 단지 소수의 사람만 이해하는 수학은 가상 현실을 지배하는 수수께끼 같은 난해한 법칙이다. 그 결과는 무엇일까? 그것은 이제 알고리즘이 우리 자신에 관해 느끼는 감정과 세상을 바라보는 방식까지 지시한다는 것이다.

---

1) Henry A. Kissinger, "How the Enlightenment Ends," *Atlantic*, June 2018, https:theatlantic. com/magazine/archive/2018/06/henry-kissinger-ai-could-mean-the-end-of-human-history/559124/(2018 5월 검색).

다시 말하지만, 우리는 기술 문명을 반대하지 않는다. 일반 전화를 사용하고, 역마차를 통해 편지를 주고받는 시대로 되돌아가야만 유배지에서 가장 헌신적인 제자도와 풍요로운 삶이 이루어질 수 있다고 주장할 생각은 조금도 없다. 여기에서 말하려는 요점은 "빠르게 움직여 기존의 것들을 무너뜨리자."라는 기술 문명의 파괴적 혁신이 디지털 바벨론의 '복잡성'을 상징적으로 나타내며, 그것이 종종 불안감을 부추긴다는 것이다.

화상 기기는 인간의 경험을 획기적으로 변화시키고 있으며, 다음과 같은 방식으로 우리에게 영향을 미치고 있다.

현재를 절대화한다.
현실을 걸러내고, 조작한다.
빈정대는 말을 멋있다고 추켜세워 풍자와 유머를 무기화한다.
선택해야 할 것을 과도하게 제공한다.
시간을 때울 수 있게 해주고, 정신을 산만하게 한다.
형상을 훨씬 더 많이 의식하게 만든다.
어떤 것에 참여하고 있고, 또 서로 소통하고 있다는 느낌을 준다.

위에서 디지털 바벨론은 분주하며(빠르게 움직이는 삶), 복잡하다(예측하기 어려운 불확실한 삶)고 말했다. 이런 유배지의 상황 속에서 은근한 불안감을 느끼는 이들이 많다. 그런 불안감은 사라지지 않으며 이따금 더 강렬하게 증폭되기도 한다. 젊은 성인 다섯 명 가운데 세 사람이 '스트레스를 받는다'라고 대답했고, 열 명 가운데 일곱 명이 '미래에 대한 불안감을 느낀다'라고 대답했다. 바나 그룹이 '제트 세대'(밀레니얼 세대 이후의 세대)를 상대로 처음 포괄적으로 실시한 연구 조사에 따르면, 불안이라는 문제가 특히 교육, 직업, 금전, 관계 따위와 연관되어 종종 나타나는 것을 알 수 있다.

불안감은 현대 생활의 많은 측면에 깊이 스며들어 있다. 그들은 올바른 식생활과 멋진 외모에 관한 불안감, 학교 공부를 잘해서 남보다 앞서 나가야 한다는 압박감, 소명과 직업과 경제 문제에 관한 고민, 소셜 미디어를 통한 다른 사람들과의 비교 의식 등에 시달린다(제트 세대는 소셜 미디어를 통해 다른 사람들의 삶을 지켜보면서 자기 자신에 대해 불안감을 느낀다고 말하는 경향이 어느 세대보다도 더 크다). 이밖에도 믿음을 잃을지도 모른다는 두려움, 정신 건강과 사회적 관계에 관한 걱정, 적합한 배우자나 직업을 비롯해 모든 것을 올바로 선택해야 한다는 불안감이 그들을 괴롭힌다. 우리의 손가락 끝에 수많은 대안이 존재하지만 자유를 주기보다는 지치게 만든다. 우리는 과도한 분석, 과다 선택, 복잡성으로 인해 심신이 마비되는 듯한 느낌을 받는다.

인간관계, 즉 인간의 삶에 있어 항상 달콤하기도 하고 씁쓸하기도 한 문제를 잠시 생각해 보자. 디지털 바벨론에서의 관계는 이전보다 더욱 복잡해졌다. 첫째는 소셜 미디어 때문이다. 소셜 미디어의 존재가 사람들을 항상 더 사회적으로 만드는 것은 아니다. 둘째는 결혼과 자녀 양육이라는 전형적인 관계의 이정표에 도달하는 것을 포함해 성인이 되어가는 모든 과정이 이전보다 훨씬 더 불확실하기 때문이다.

우리의 연구 조사에 따르면 배우자를 잘못 선택할지 모른다는 우려가 젊은이들이 결혼을 미루는 이유 가운데 하나인 것으로 확인되었다.

선택을 고려해야 할 좋은 것들이 너무 많기 때문에 자신의 직업 생활이 자칫 그릇된 방향으로 치우칠까 봐 걱정하는 사람들이 많다(그들의 생각은 틀리지 않다. 요즘에는 일평생 살면서 다양한 직업 활동을 준비하는 것이 현명하다. 우리는 이런 경향을 '직업 활동의 다양성'으로 일컫는다). 제트 세대는 여러 가지 일을 기대하고, 그 모든 것을 위해 준비해야 한다고 배웠다. 따라서 실제로 선택을 하는 것, 곧 다른 모든 것을 배제하고 하나를 선택하는 것은 좋지 않은 의미에서 굉장히 엄청난 일로 느껴질 수 있다. 자신이 할 수 있는 것이 너무나도 많아 거기에 압도된다면 신경 쇠약에 걸리지 않고 무엇을 해야 할지를 결정하기가 매우 어려울 것이 분명하다.

사실, 통계 수치는 제트 세대가 정신 건강(불안감 속에서 건전하고, 안전하게 견디어 나가는 것)과 관련해 전례 없는 어려움에 직면해 있다는 것을 보여준다. 미국 공영방송(NPR)은 '병원들은 자살의 위험에 처한 어린아이들과 10대 청소년들의 숫자가 증가하고 있다고 말한다.'라는 제목 아래 이렇게 보도했다. "자살을 고민하거나 시도한 아이들의 숫자가 증가하고 있다. 새로운 연구 조사에 따르면, …2015년에 5세에서 17세에 이르는 아이들이 자살을 생각하거나 시도한 이유로 소아 병원을 찾은 횟수가 2008년에 비해 두 배나 더 늘어난 것으로 나타났다."[2]

---

2) Tara Haelle, "Hospitals See Growing Numbers of Kids and Teens at Risk for Suicide," NPR, https://www.npr.org/sections/health-snots/2018/05/16/611407972/hospitals-see-growing-numbers-of-kids-and-teens-at-risk-for-suicide(2018년 5월 16일 검색).

디지털 바벨론에서의 삶은 더욱 복잡해졌다. 콘텐츠에 무제한 접근할 수 있고, 수많은 개념들이 난무하며, 세상을 인식하는 정통적인 방식에 얽매이지 않는 사람들이 너무나도 많다. 생각해야 할 것과 걱정해야 할 것과 관심을 기울여야 할 것이 이전보다 더 많아졌다. 매일 아침 페이스북에 올라온 글들을 소화하기만도 벅차다. 전에는 상상조차 할 수 없었던 복잡성으로 인해 우리의 머릿속과 가정 안에서 유행병처럼 퍼지고 있는 불안감이 다음 세대의 마음속에서 갈수록 서서히 증폭되고 있다.

해결책은 무엇일까?

> 불안감을 증폭시키는 디지털 바벨론의 분주하고, 복잡한 삶 속에서 예수님을 따르려면 기술 문명에 관한 문화적 분별력을 기르는 것이 꼭 필요하다.

디지털 바벨론에서의 제자 양육을 가능하게 하는 두 번째 실천 원리는 문화적 분별력이다. 복잡한 디지털 바벨론과 그로 인한 불안감 속에서 현명하게 잘 살아가려면 문화적 분별력을 길러야 한다. 문화적 분별력이란 우리가 사는 세상(디지털 바벨론)의 신념과 가치와 관습과 창조물들을 우리가 속한 세상(하나님의 나라)의 것들과 비교하는 능력을 의미한다.

교회에서 문화적 분별력을 길러주는 법

아래의 것들 가운데서 자신의 교회나 교구나 믿음의 공동체 안에서 정기적으로 경험하는 것은 무엇인가? 해당하는 것이 있으면 표시하고, 해당하는 것이 없으면 없다고 표시하라.

	탕자	유랑민	습관적인 교회 참여자	역동적인 제자들
하나님과의 친밀함을 경험하기				
세속적인 세상에서 충실하게 사는 법을 알려주는 지혜	14%	20%	44%	70%
나와 다른 신념을 지닌 사람들과 어울려 사는 법을 알려주는 지혜	20%	17%	34%	56%
섹스와 성욕의 문제를 지혜롭게 처리하는 데 필요한 도움	11%	9%	25%	52%
기술 문명의 문제를 지혜롭게 처리하는 데 필요한 도움	8%	7%	20%	50%
돈을 지혜롭게 관리하는 데 필요한 도움	12%	7%	23%	43%

(그리스도인으로 성장한 18세에서 29세 사이의 미국인 1,514명을 대상으로 조사했다.)

자료 제공: 바나 그룹, 2018년 2월

젊은 성인들 가운데서 효과적인 제자도를 수행하고 있는 역동적인 제자들을 살펴보고, 그들이 교회에서 경험하는 것을 묘사해 보라(도표3 참조). 열 명 가운데 일곱 명이 '세속적인 세상에서 충실하게 사는 법을 알려주는 지혜'를 경험한다고 대답했고, 대략 절반에 해당하는 젊은 이들이 다원적인 문화('나와 다른 것을 믿는 사람들과 함께 어울려 사는 법을 알려주는 지혜')를 비롯해 성과 성욕과 기술 문명과 관련해 지혜롭게 사는 법을 배운다고 대답했다. 다시 말해, 역동적인 제자들도 그런 분야들에서 여전히 더 성장해야 할 필요가 있지만 탕자나 유랑민이나 습관적인 교회 참여자가 교회에서 경험하는 것에 비해 지혜를 훨씬 더 많이 배우는 것으로 나타났다.

이런 사실은 당사자가 생각하고, 믿는 방식에 따라 개개인의 역동성이 크게 달라진다는 것을 보여준다. 디지털 바벨론은 엄청난 영향력을 행사하지만 역동적인 제자들의 경우를 보면 분별력을 기르는 것이 문화를 극복해 나갈 수 있는 효과적인 수단 가운데 하나라는 것을 분명하게 알 수 있다.

역동적인 제자들은 건전한 배움의 공동체에 참여한다. 즉 그들은 생각하는 법을 배우는 중인 다른 그리스도인들과 어울리면서 그들과 더불어 생각하는 법을 배운다. 이것은 연구 조사의 중요한 결론(디지털 바벨론에 유배되어 살아가는 제자들은 더 풍요롭고, 더 역동적인 사고 활동이 필요하다는 것)과 자연스레 연결된다.

문화적 분별력을 갖추어야 할 이유

앞 장에서 사람들이 "나는 누구인가?"라는 물음의 대답을 찾을 수 있도록 돕는 것이 교회에 주어진 큰 기회 가운데 하나라고 말했다. 모든 인간이 묻는 또 하나의 근본적인 물음은 "어떻게 살아야 할까? 어떻게 삶을 이해해야 할까? 삶의 상황에 어떻게 반응해야 할까?"라는 것이다. 이런 충동과 갈망을 의식하지 못할 수도 있지만 그것들은 다채롭고, 해상도 높은 화상으로 모든 것을 쉽게 잊게 만드는 디지털 바벨론에서조차 절대로 사라지지 않는다.

많은 젊은이가 자신의 기계 장치에 온통 매료되어 정신을 빼앗기는 통에 지혜를 구하려고 하지 않는다(솔직히 말해 이 점은 나이든 사람들도 마찬가지다). "어떻게 살아야 하는가?"라는 물음이 그들의 생각을 자극하지 못하는 이유는 "왕좌의 게임"(Game of Thrones)이나 "13가지 이유"(13 Reasons Why)나 "기적적인 무당벌레"(Miraculous Ladybug)와 같은 비디오에 넋을 빼앗기고 있거나 인스타그램과 스냅챗에 열중하거나 공짜 포르노그래피를 머릿속에 마구 쑤셔 넣고 있기 때문이다.

그것은 어리석은 짓이다.

그와는 달리, 역동적인 믿음을 소유한 젊은이들은 쉴 새 없이 들려오는 디지털 바벨론의 소음 속에서도 지혜의 목소리에 귀를 기울인다. 예를 들어, 역동적인 제자들 가운데 교회에서 '기술 문명의 문제를 지혜롭게 처리하는 데 필요한 도움'을 얻는다고 대답한 사람들이 습관적인 교회 참여자에 비해 2.5배나 더 많았다.

그렇다면 이것이 유배지에서 이루어지는 제자도의 핵심 요건인 이유는 무엇일까?

검색 엔진의 폐해

지금까지 말해 온 대로, 첫 번째 이유는 인터넷이 다음 세대를 위한 일차적인 교사 역할을 하기 때문이다. 고등학생 자녀를 둔 부모들이 그들에게 적분을 가르치는 데 도움이 된다고 말하는 대로, 이것은 어느 정도는 긍정적인 측면이 있다. 그러나 부정적인 측면도 적지 않다. 예를 들어, 제트 세대는 성적인 문제와 관련해 기술 문명과 긴밀한 관계를 맺고 있다. 구체적으로 말해, 수많은 젊은이들이 성(性)이 무엇이고, 어떻게 하는 것인지를 인터넷 검색 엔진을 통해 배우고 있다. 그것이 그들이 온라인에서 마주치는 내용을 결정한다. 그런 검색은 의도적인 경우도 있고(젊은이들은 현실 세계의 다른 인간에게 묻지 않고 자신이 직접 궁금한 것을 검색한다), 의도적이지 않은 경우도 있다(젊은이들은 오락물, 소셜 미디어, 또래 집단을 통해 자기도 모르는 사이에 포르노그래피와 외설적인 내용을 접하게 된다).

심지어 '교회에 잘 다니는 젊은이들도' 세상의 악함과 불안감을 피하기 어려워한다. 성경의 기록에 나오는 바벨론이나 우리의 문화 속에 존재하는 바벨론은 모두를 때려눕히는 힘을 과시한다. 모두를 엎드려 절하게 만드는 그 힘은 너무나도 강력해서 부모가 설치한 차단 소프트웨어나 기독교 학교의 교칙이나 청소년 탈선 방지책과 같은 것들의 도움을 빌리더라도 저항하기가 매우 어렵다.

인터넷이 없던 1990년대에는 청소년이 포르노그래피를 한 편 보려고 하면 사전에 많은 계획을 세우고, 이런저런 핑계와 속임수를 사용해야 했다. 그러나 밀레니얼 세대와 청소년들은 자신들이 원하든 원하지 않든 포르노그래피에 쉴 새 없이 노출되고 있다. 이런 상황에서 나이든 사람들은 과연 그들에게 어떤 지혜를 가르칠 수 있을까? 오늘날 포르노그래피는 인류 역사상 그 어느 때보다도 더 쉽게 접근할 수 있다. 그것은 젊은이들의 성적 상상력을 사로잡고 있다. 10대 청소년의 대다수가 포르노그래피를 보는 것보다 물건을 재활용하지 않는 것이 더 비도덕적이라고 생각한다.[3]

디지털 바벨론에서 포르노그래피에 노출되는 것은 가능성이 아닌 확실성의 문제, 곧 피하기 어려운 현실 가운데 하나다. 다음 세대가 기독교적 인격 형성과 반대되는 태도와 가치와 관점과 행위에 노출될 것이 불을 보듯 뻔하다.

그렇다면 악을 선이라고 말하는 도덕적인 가치 전도의 시대에 젊은이들에게 심원하고, 강력하고, 지속적인 기독교적 신앙을 전달하려면 어떻게 해야 할까? 어떻게 하나님과 우리 자신과 다른 사람들을 귀하게 여기는 습관을 발전시킬 수 있을까?

절대화된 현재

디지털 바벨론에 존재하는 함정은 포르노그래피만이 아니다. 유배지에서의 제자도를 수행하려면 기술 문명을 지혜롭게 활용하는 것이

---

[3] Barna Group, *The Porn Phenomenon: The Impact of Pornography in the Digital Age*(Plano, TX: Josh McDowell Ministry, 2016), 66.

매우 중요하다. 그 이유는 우리가 현재가 전부라고 믿도록 강요받고 있기 때문이다. 우리는 최신의 유행, 가장 새로운 것, 가장 매혹적인 장면을 희구한다. 현재를 절대화하는 것은 현대적인 삶의 불안감을 더욱 증폭시킨다.

개인용 기계 장치가 즉각적인 만족을 원하는 우리의 뇌를 즐겁게 한다. 그것을 통해 하루에도 수십 번씩 디지털 도파민이 분비된다. 우리는 우리 자신의 '밈'(meme, 유전자처럼 자기복제의 능력을 지닌 사상이나 개념-역자주)을 사랑한다. 친구와 공유하고 싶은 재미있는 생각이 있는가? 지난번에 점검한 이후로 인스타그램이나 페이스북에 새로운 것들이 올라와 있기를 바라는가? 시험 성적이 걱정되는가? 소유한 주식이 어떻게 되고 있는지 궁금한가? 디지털 바벨론은 그런 문제들을 즉각 해결하도록 부추긴다. 지금 머릿속으로 생각하는 것이 무엇이든 근처에 있는 화상을 통해 손쉽게 확인할 수 있다.

심지어는 디지털 바벨론의 도구들을 창안해 낸 사람들 가운데도 생각을 다시 바꾸기를 원하는 이들이 있다. 『지금 당장 당신의 소셜 미디어 계정을 삭제해야 할 10가지 이유』(Ten Arguments For Deleting Your Social Media Accounts Right Now)는 컴퓨터 과학의 개척자 제론 레니어가 가장 최근에 펴낸 책이다(그는 가상 현실을 개발한 발명자 가운데 한 사람이며 현재 마이크로소프트사에서 연구원으로 일하고 있다). 그는 인터뷰를 통해 컴퓨터 분야에서 무엇이 잘못되고 있는지를 진단하고 나서, 영적인 이유를 자신이 제시한 열 가지 이유 가운데 하나로 꼽았다. 그는 이렇게 말했다.

"(소셜 미디어를 통해) 대중적 차원에서의 지속적인 '행동 수정'(behavior modification)이 이루어진다. 자신의 기계 장치에 의해 감독을 받는 모든 사람은 자신의 행동을 수정하라는 계획적인 자극을 받는다…. 그것은 잘못된 종교다. 그것은 그릇된 개념에 근거한, 어리석고, 공허하고, 빈약하고, 추하고, 무익한 종교다."[4]

그렇다면 어떻게 해야 현재만을 중시하는 세상에서 과거와 현재와 영원을 동시에 바라보는 신앙을 깨우쳐줄 수 있을까?

시간을 낭비하는 삶

세 번째로 여기에서 말하는 시간은 시간을 사용하는 방법을 의미한다. 화상은 빈둥거리며 보내는 시간을 때울 수 있게 도와준다. 끝을 모르는 소셜 미디어의 글들은 둘째치고, '앵그리 버드', '점프하는 두들즈'(doodles), '다투는 가족들', '사탕 으깨기', '좀비 대 식물들' 게임 등, 시간을 보낼 방법들이 무궁무진하다.

우리 두 사람은 여행을 많이 다닌다. 우리는 요즘의 여행이 10년 전과 비교할 때 큰 차이가 있다는 것을 발견했다. 비행시간이 길든 짧든, 거의 모든 탑승객이 화상 기기를 보고 있다. 어떤 사람들은 태블릿이나 노트북 컴퓨터로 일을 하고, 때로는 전자북을 읽기도 하지만

---

4) Noah Kulwin, "One Has This Feeling of Having Contributed to Something That's Gone Very Wrong," *New York Magazine Selected All*, April 17, 2018, https://nymag.com/selectall/2018/04/jaron-lanier-interview-on-what-went-wrong-with-the-internet.html(2018년 4월 검색).

대다수 사람은 오락물을 보면서 시간을 보낸다. 참으로 희한하게도 사람들은 화상을 보지 않고 있을 때도 비행시간 내내 자신의 화상 기계를 켜둔 채로 앞에 놔둔다. 그런 모습은 디즈니 픽사 '월-이'(Wall-e)에 나오는 장면을 생각나게 한다. 거기에 보면 미래의 인간이 자기 코 앞에 둥둥 떠 있는 화상을 계속 응시하면서 개인용 자동 수송기를 타고 우주선 주위를 떠다니는 광경이 나온다.

비행기에서 비디오를 시청하는 것은 시간을 때울 수 있는 좋은 방법이다. 그러나 '시간을 때우는 것'에 대해 최소한 조금이라도 제동을 거는 것이 마땅하지 않겠는가? 디지털 바벨론은 인간의 가장 귀중한 자산인 시간을 터무니없이 쉽게 낭비하게 만듦으로써 인간의 잠재력을 사정없이 빼앗아 버린다.

그렇다면 유배자들이 시간을 때우기보다 오히려 귀하게 여겨 매일, 매분 매초를 분별 있게 아껴 사용하도록 도우려면 어떻게 해야 할까?

조작된 현실

넷째, 고도로 개인화된 디지털 환경은 현실을 걸러내고, 조작해 무엇이 사실인지를 알기 어렵게 만든다. 인간이 던지는 가장 심원한 물음 가운데 하나는 "어떻게 살아야 하는가?"이다. 우리는 우리가 접근하는 콘텐츠를 통해 항상 그 대답을 찾는다.

- 성은 개인적인 만족을 준다. 자기 부정은 건강하지 못하다.
- 서로가 합의했다면 성적 표현은 무엇이든 좋다.
- 마음이 이끄는 대로 따르라.
- 자신의 꿈을 추구하면 행복해질 것이다.
- 결혼은 아주 늦게, 곧 인간으로서 온전히 성장한 후에 해야 한다.
- 가족들은 서로를 비웃는다.
- 일터에는 무능력하고, 역기능적인 사람들이 많다.
- 성직자는 늙고, 부적절하다. 그들은 결혼식과 장례식을 치를 때만 필요하다.

우리가 듣는 노래, 우리가 시청하는 쇼와 영화, 우리가 사람들과 관계를 맺는 웹사이트, 우리가 소화하는 뉴스 등은 무엇이 현실이며 그것에 반응하는 법을 알려준다. 디지털 바벨론은 거의 무의식에 가까운 매우 깊은 차원에서 무엇을 믿고, 어떻게 생각하고, 어떻게 느끼고, 어떻게 살아야 하는지를 끊임없이 주입한다.

그렇다면 어떻게 해야 우리 자신과 우리의 세계 그리고 인간의 삶을 풍요롭게 하기 위한 하나님의 뜻과 그분의 계획을 좀 더 심원하고, 진실하게 말해주는 소리를 들으며 살아갈 수 있을까?

이것이 디지털 바벨론의 기술 문명이 우리에게 내미는 도전장이다. 역동적인 믿음을 지닌 젊은 그리스도인들의 삶을 통해 알 수 있는 대로, 유배지에서 예수님의 제자로 살아가려면 믿음의 공동체 안에서 그런 도전들을 잘 처리해야 한다.

역동적인 지혜

우리는 기술 문명을 반대하지 않는다. 우리가 반대하는 것은 어리석음이다. 가장 넓은 차원에서 지혜를 추구하는 것이야말로 복잡성과 그것의 징후인 불안감이 증폭되고 있는 현실을 경건하게 헤쳐나갈 수 있는 첩경이다(우리는 이를 문화적 분별력으로 일컫는다). 다시 말하지만 지혜를 얻음으로써 불안감은 없애고, 역동성은 증대시켜야 한다. 성경은 지혜가 제자의 삶에서 차지하는 역할에 관해 많은 통찰력을 제시한다.

유배자들은 자신이 처한 사회적, 영적, 정치적 상황 속에서 시간을 지혜롭게 사용하는 법을 터득해야 한다. 아래에 소개한 성경 인물들을 살펴보면서, 그들이 충실함의 길을 걷는 동안 경험했을 복잡성과 그로 인한 불안감에 관해 생각해 보라.

- <u>요셉</u>: 그는 가족들의 버림을 받고, 애굽에서 유배자로 살았다. 그는 주인의 유혹적인 아내를 피하는 일에서부터 애굽이 기근에 대비하도록 돕는 일에 이르기까지 여러 상황에서 지혜를 활용했다. 요셉은 뛰어난 지혜 덕분에 국가의 지도자요 자원 전략가가 되었다.

- <u>예레미야</u>: 예레미야 선지자는 유대 백성의 유배 생활을 예언함으로써 큰 충격을 안겨주었다. 그는 또한 아름답고, 설득력 있는 어

조로 유배 생활을 하게 될 사람들에게 분별력의 중요성을 역설했다. 그는 유배자들에게 열매 맺는 삶(나무를 심고, 집을 짓고, 결혼하고, 자식을 낳는 일)을 살고, 주변 사람들을 최대한 복되게 하며, 그들이 함께 살게 될 민족을 위해 하나님의 은혜를 구하라고 조언했다(렘 29장 참조). 그가 말한 권고의 중심에는 역동적인 믿음이 있었다. 유배지에서의 충실한 삶에 관한 예레미야의 통찰력은 젊은 다니엘의 지침이 되었다(다니엘서 9장에 보면 그가 예레미야가 쓴 두루마리 책을 읽었다는 내용이 나온다). 그의 통찰력은 지금도 여전히 유효하다.

- **다니엘**: 모범적인 유배자였던 다니엘은 자신을 포로로 잡아 온 자들과 음식을 먹는 문제로 갈등을 빚을 때 지혜롭게 처신했다. 그는 바벨론식 이름으로 불리는 것을 비롯해 그 나라의 언어까지 배워야 했다. 그는 이방 철학자들의 목숨을 지켜주었고, 큰 위험을 무릅쓰고 성미 급한 왕의 꿈을 해석해야 했다. 그는 총리의 신분으로 세 명의 왕을 위해 일했으며, 성경을 통해 유배지에서의 삶에 관한 통찰력을 얻었다. 그는 나중에 자신의 사회적인 신분에도 불구하고 하나님을 따르기 위해서라면 무엇이든 포기하기를 주저하지 않았다. 다니엘은 지혜를 효과적으로 사용함으로써 뛰어난 웅변가요 외교관이요 정치인으로서 하나님을 잘 섬길 수 있었다.

- **사드락, 메삭, 아벳느고**: 용기 있는 유배자 세 사람의 이야기가

다니엘을 통해 기록되었다. 그들이 용기 있게 바벨론의 우상에 절하지 않았던 것은 그들의 지혜로운 행위 가운데 하나였다. 그들의 이야기에서 가장 놀라운 것은 강압에 굴복하지 않은 것이었다. 그들은 하나님이 뜨거운 용광로에서 자신들을 구원하실 능력을 지니고 있을 뿐 아니라 설혹 그렇게 해주지 않으실지라도 우상에 절하지 않을 것이라고 말했다(단 3:17, 18 참조). 그들의 지혜는 우리 시대의 우상들을 어떻게 거부해야 할지를 깨우쳐준다.

- <u>에스더</u>: 유배자인 에스더는 연장자(모르드개)의 조언을 깊이 새겨듣고, 믿음으로 행동함으로써 지혜를 드러냈다. 그녀는 심지어 "죽으면 죽으리이다"(에 4:16)라고 말하며 동포들을 구원하는 일을 자신의 운명처럼 받아들였다. 에스더는 뛰어난 미모와 왕후의 직위를 지혜롭게 활용해 유대 민족을 이롭게 하는 사회적 변화를 이루어냈다.

- <u>모르드개</u>: 에스더의 이야기에서 비판적인 조연의 역할을 담당했던 모르드개는 자신의 주변에서 권력 게임이 벌어지고 있는 것을 보고, 에스더의 행동을 촉구했다. 그는 "네가 왕후의 자리를 얻은 것이 이때를 위함이 아닌지 누가 알겠느냐"(에 4:14)라고 말했다. 그는 문화적인 분별력을 사용하는 것이 무슨 의미인지를 보여주었을 뿐 아니라 젊은 세대에게 삶의 목적을 일깨워주었다.

- **베드로**: 베드로 사도는 동료 신자들에게 편지를 써서 낯선 땅에서 '나그네'로 살고 있다고 생각하라고 권고했다. 그는 그리스도의 제자들에게 자신들이 유배 상태에 처해 있다는 사실과 거룩하게 산다는 것이 무슨 의미인지를 일깨워주었다. 베드로의 편지는 새 언약 아래 있는 사람들조차도 유배 생활의 관점에서 충실함의 여부를 판단해야 한다는 점을 상기시켜 준다.

- **요한**: 요한은 밧모 섬에 유배된 상태에서 자기가 받은 계시를 기록했다. 거기에는 소아시아 일곱 교회에 대한 환상이 포함되어 있다. 그는 그 교회들에게 신자들의 공동체로서 분별력을 활용해야 한다는 점을 상기시켜 주었다. 성령께서 일곱 교회에 관해 요한에게 계시하신 것을 읽어보면, 개개의 지역 교회가 문화적 분별력을 생각하고, 기르는 일이 얼마나 중요한지를 알 수 있다. 심지어 요한이 거듭 반복해서 기록한 "귀 있는 자는 성령이 교회들에게 하시는 말씀을 들을지어다"라는 말씀조차도 지혜를 구하라는 명령에 해당한다.

이런 유배자들의 이야기를 읽으면서 무엇을 발견했는가? 우리는 충실한 믿음으로 이끄는 영적 분별력이야말로 가장 중요한 주제 가운데 하나라고 생각한다. 우리는 지혜를 실천에 옮긴 모범적인 성경 인물들을 연구함으로써 영감을 얻을 수 있다. 간단히 말해, 지혜, 곧 하나님의 관점에서 삶을 이해하는 능력(바꾸어 말하면, 실천적인 차원에서 하나님이 우리를 창조하신 목적대로 살아가는 법을 이해하는 능력)이 없으면 시대의 복잡성을 극복할 수 없다.

복잡하고, 불안한 시대를 살아가는 우리는 지혜와 분별력을 길러야 할 필요가 있다. 오늘날의 상황 속에서 예수님을 따르는 데 뒤따르는 압박감을 이용한다면 좋은 운동을 하는 것처럼 우리 자신을 더 강하게 단련할 수 있다. 그러나 그렇게 하지 않으면 심각한 결과가 초래될 것이다. 물살을 거슬러 올라가려고 노력하지 않으면 우리의 믿음은 휩쓸려 내려가고 말 것이다.[5] 현재의 강압적인 힘을 고려할 때 역동성을 강화하려면 예수님이 우리를 위해 기도하신 대로 세상에 속하지 않은 상태에서 세상 안에서 살아가는 법을 배워야 한다.

우리는 세상에 속하지 않고, 단지 세상 안에서 살아갈 뿐이다.

역동적인 제자들은 "내가 사는 세상과의 관계 속에서 예수님을 따르는 방법을 알고 싶다."라는 진술문에 동의하려는 열정이 매우 강하다 (그들 가운데 87퍼센트가 이 진술문에 온전히, 또는 대체로 동의한다고 대답했다). 역동적인 젊은 그리스도인들은 예수님을 믿는 믿음을 그들이 사는 세상에 적용하고 싶어 한다. 그들은 신앙생활과 일상생활을 따로 분리된 것으로 생각하지 않는다. 그들은 믿음으로 세상을 변화시키는 힘을 발휘하기를 바란다.

이런 식의 문화적 참여는 더 나은 삶의 결과를 가져다준다. 상관관계가 곧 인과관계를 뜻하는 것은 아니지만 우리의 경험으로 볼 때 역

---

5) 예를 들어, 디모데전서 1장 19절은 사람이 의도적으로 자신의 양심을 외면하면 믿음이 '파선할' 수 있다고 경고한다. 믿음을 보호하려는 노력이 필요하다는 것을 일깨워주는 생생한 비유가 아닐 수 없다.

동적인 제자들이 다른 사람들에 비해 '스트레스를 받는다'라고 느끼는 경우가 상대적으로 적다는 사실은 결코 우연이 아니다. 그들(44퍼센트)은 습관적인 교회 참여자(52퍼센트)나 유랑민(68퍼센트)이나 탕자들(64퍼센트)에 비해 스트레스를 덜 느꼈다. 이처럼 역동적인 제자들은 다른 사람들에 비해 '미래를 걱정할' 가능성이 훨씬 낮다.

그렇다면 이런 통찰력을 어떻게 현실에 적용할 수 있을까? 지혜에 이르는 세 가지 출발점을 간단히 소개하면 다음과 같다.

1. 바위 아래 숨지 말라.

성경에 등장하는 유배자들의 삶에서 발견할 수 있는 첫 번째 원리 가운데 하나는 현실을 회피하지 않는 것이다. 이 원리는 오늘날의 우리에게도 똑같이 적용된다. 우리는 문화적 참여라는 올바른 사고방식, 곧 올바른 삶의 태도를 발전시켜야 한다. 디지털 바벨론에서 물어야 할 질문은 '만약에?'가 아닌 '언제?'이다. 구체적으로 말해 "만일 기독교 신앙과 반대되는 의심이나 의문이나 콘텐츠나 이미지나 개념들이나 세계관에 직면하게 된다면 어떻게 될까?"가 아닌 "언제 그런 일이 일어날까?"를 생각해야 한다. 곧 다가올 것을 똑바로 직시하는 것이 더 낫다. 바위 아래 숨어서는 안 된다.

다음 세대나 우리 자신을 감춘 채 세상이 주는 최악의 것을 경험하지 않기를 바라는 것은 바람직하지 않다. 오히려 그것을 기대하고, 준비해야 한다. 의도적이고도 신중하게 세상에 속하지 않은 상태에서 그 안에서 살아갈 수 있는 역동성을 길러야 한다. 역동적인 제자들을 양육한다는 것은 젊은 그리스도인들을 보호하는 것이 아니라 삶을 살아갈 준비를 갖추게 하는 것이다.

역동적인 제자들은 이미 그런 사고방식을 가지고 있다. 그들은 삶 속에서 자신이 하는 모든 일을 통해 예수님을 나타내고 싶어 한다. 그들은 주중에도 주일처럼 살아가기를 원한다. 그들은 예수님이 교회 밖에서도 여전히 일하고 계신다는 것을 알고 있다.

올바른 사고방식을 갖기 위해 우리가 생각해야 할 질문을 몇 가지 제시하면 다음과 같다.

- 나는 그리스도인으로서 문화와 관계를 맺고 있다는 것을 이해하는가?
- 나는 문화를 주의 깊게 살피고, 거기에 반응하는 법을 알고 있는가?
- 나는 나의 정체성이 문화와 구별된다는 것을 이해하는가?
- 나는 문화나 세상에 대한 두려움에 지배되는가?
- 나는 예수님이 어떻게 문화 속에 들어와서 사람들과 관계를 맺으셨는지 알고 있는가?
- 나는 내가 처한 상황 속에서 예수님을 나타내야 할 나의 역할을 이해하는가?

이런 사고방식이 포르노그래피라는 큰 문제에 어떻게 영향을 미치는지 잠시 생각해 보자. 어떤 사람들은 그것을 무시하려고 애쓰지만 지혜로운 사람은 그렇게 하지 않는다. 역사상 한 번도 경험해 보지 못한 속도로 성적 영상이 전파를 타고 제약없이 마구 전해지고 있다. 손가락을 한 번만 움직이면 언제라도 볼 수 있다. 이제 그 주제를 피하기는 어렵다. 늘 한 가지 대화만 할 수는 없는 상황이다.

다만 우리는 젊은 그리스도인들을 보호하려고 노력할 수 있다. 문제를 무시하는 것에서 한 걸음 더 나아가야 한다. 화면 이용의 한계를 설정하고, 와이파이나 휴대전화 데이터를 감독하는 일도 중요하다. 그러나 포르노그래피에 접근하지 못하게 막는 것만으로는 충분하지 않다.

선교적인 관점에서 그 문제를 생각할 수 있도록 돕는다면 어떻게 될까? 다른 사고방식과 다른 관점에서 그 문제에 관해 말하고, 생각할 수 있는 능력을 길러준다면 어떻게 될까?

우리의 연고 조사에 따르면, 10대 청소년 가운데 대다수가 포르노그래피를 긍정적이거나 중립적인 문제로 생각하는 것으로 나타났다. 그것이 나쁘다고 생각하는 경우는 드물었다. 우리의 젊은이들에게 포르노그래피가 우리의 가족과 동료는 물론, 우리 자신의 영혼과 인격을 해치는 이유를 선교적인 관점에서 잘 가르쳐준다면 어떻게 될까? 그들이 포르노그래피가 큰 문제가 아니라고 생각하는 또래들과 유익하고, 건전한 대화를 나눌 수 있는 능력을 갖추도록 도와주는 것은 어떨까?

예를 들어, 우리 아이들과 포르노그래피에 관해 대화를 나눌 때 이런 식으로 말할 수 있다. "요즘에는 온라인에서 유통되는 포르노그래피 때문에 제대로 성장하기가 매우 어려워. 참으로 안타까운 일이야. 화상 때문에 우리의 마음과 생각을 순결하게 지키기가 전보다 훨씬 더 어려워졌어. 그러나 잘못을 저질렀어도 회개하면 예수님 안에서 은혜와 용서를 발견할 수 있어. 네가 예수님의 진리와 은혜를 나타냄으로써 친구들을 어떻게 도울 수 있는지 함께 생각해 보는 것이 좋겠다. 왜냐하면 그들도 이 문제로 고민할 가능성이 크기 때문이야."

올바른 사고방식을 기르면, 그리스도인으로서 무엇을 먼저 해야 할지를 이해하는 데 도움이 되기 때문에 역동성을 기르는 데 매우 유익하다. 우리는 유배지에서조차도 예수님과 함께 일할 수 있다.

2. 성경에 닻을 내려라.

데이비드의 가족은 이따금 저녁 식사를 하면서 전도서를 읽는다. 그의 가족은 모두들 성취욕이 강하기 때문에 스스로의 열정에서 비롯한 노력의 허무함을 전도서를 통해 상기하곤 한다(그의 딸 애니카는 일전에 자신의 농구부 부원들에게 코트에서 통계를 쫓는 것은 바람을 잡으려는 것과 다름없다고 말한 적이 있다).

우리는 교회가 성경의 지혜 문학(잠언, 시편, 아가서, 전도서)을 좀 더 자주 가르치지 않는 이유를 종종 궁금해 한다. 그 이유는 지혜 문학이 디지털 바벨론의 유혹(야심, 성, 불안감, 정신적 충격)을 강력하게 경고하고 있기 때문이다.

우리가 성경에 등장하는 유배자들의 삶에서 발견한 두 번째 통찰력은 그들이 하나님이 성경을 통해 명령하신 것에 온전히 복종했다는 것이다. 그들은 하나님이 살아 역사하신다고 믿었고, 하나님의 백성들이 그분의 인도하심을 구하기를 바랐다. 앞서 언급한 대로, 다니엘은 "책을 통해 여호와께서 선지가 예레미야에게 알려 주신 그 연수를 깨달았다"(단 9:2).

우리도 성경의 권위 아래 하나님의 인도하심을 구하는 유배자의 공동체를 목표로 삼아야 한다. 이것은 앞 장에서 논의한 주제들과 자연스레 연결된다. 우리는 삶 속에서 예수님의 음성에 귀를 기울여야 한다. 어떻게 해야 그럴 수 있을까? 성경이 권위 있는 지혜의 근원이라는 사실을 인정하면 된다. 지혜는 귀하지만 찾는 이가 적은 길로 우리를 인도한다.

우리의 연구 조사에 따르면, 역동적인 제자들은 같은 또래의 다른 그리스도인들에 비해 성경 중심적인 사고방식과 습관을 갖추고 있는 것으로 나타났다(도표4). 그들은 성경을 읽을 때 하나님과 더 친밀해 지는 느낌을 받았다. 그들은 교회에서 성경을 배우면서 성경을 더욱 사랑하게 되고, 또 그 가르침은 그들의 삶에 매우 적절했다. 간단히 말해, 역동적인 제자들은 성경의 권위를 인정할 뿐 아니라 성경이 자신들의 믿음에 더할 나위 없이 중요하다고 믿으며 살아간다.

성경에 굳게 닻을 내리면 복잡하고, 다양한 유배지의 생활을 잘 감당할 수 있다.

무엇이 역동적인 제자를 만드는가?
성경에 닻을 내리기

아래의 진술문에 강한 동의를 나타낸 사람들의 백분율

진술문	탕자	유랑민	습관적인 교회 참여자	역동적인 제자들
성경은 하나님의 영감으로 기록된 말씀이며 세상에 관한 진리를 담고 있다.	8%	29%	49%	100%
성경을 읽으면 하나님과 더 가까워지는 느낌이 든다.	10%	21%	44%	87%
내가 교회에서 배우는 성경의 가르침은 나의 삶에 적절하다.	8%	155	45%	86%
나는 교회에서 성경의 가르침을 나의 삶에 적용하는 법을 알려주는 지혜를 배운다.	15%	26%	52%	86%
나는 교회에서 성경을 더욱 사랑하는 마음을 배운다.	17%	21%	47%	85%
성경은 교회에서 배우는 모든 가르침의 토대다.	11%	29%	49%	83%
성경에는 의미 있는 삶을 살아가기 위해 알아야 할 모든 것이 담겨 있다.	7%	17%	39%	74%
성경이 가르치는 원리는 모두 정확하고, 무오하다.	8%	185	41%	76%

그리스도인으로 성장한 18세에서 29세 사이의 미국인 1,514명을 대상으로 조사했다.

* 이 진술문들은 역동적인 제자들을 정의하는 데 부분적으로 사용되었다.

자료 제공: 바나 그룹, 2018년 2월

3. 단순히 참여만 하지 말고, 참여할 준비를 갖춰라.

성경에 등장하는 유배자들의 세 번째 특징은 사회에 공적으로 참여하기 전에 준비 기간을 거쳤다는 것이다. 선교를 위해 준비하지 않으면 선교적인 삶을 살 수 없다. 다니엘과 요셉과 에스더의 이야기는 준비의 중요성을 잘 보여준다. 아브라함, 모세, 사무엘, 다윗, 예수님을 비롯해 많은 성경의 이야기가 이 원리를 분명하게 드러낸다. 바꾸어 말해, 하나님은 어린 시절의 경험을 이용해 자기 종들의 마음과 생각을 형성하신다. 다윗의 경우가 그런 사실을 잘 입증하고 있다. 그는 어린 시절 하나님의 도우심으로 사자나 곰과 사투를 벌였으며, 그런 경험을 바탕으로 골리앗과 맞섰다(삼상 17:34-37). 그의 준비는 충실한 참여로 이어졌다.

다니엘에 관한 성경의 이야기에서도 그런 원리가 잘 드러나 있다. 그의 이야기를 다룬 첫 장을 살펴보면, 유배지에 있으면서도 유배지의 삶의 방식을 따르지 않는 그의 태도는 그의 젊은 시절에 형성되었다는 것을 알 수 있다. 사실, 다니엘의 이야기는 그의 신앙 인격이 유배지에 사로잡혀 가기 전부터 그곳에 머무는 동안에 줄곧 계속해서 형성되어 나갔다는 것을 보여준다. 그는 바벨론의 언어와 관습을 배웠다. 그는 믿지 않는 또래와 스승들의 눈길을 끌었다. 그는 단지 엄청난 압력에도 '불구하고'가 아니라 그런 압력의 '와중에서도' 믿음을 충실하게 지키는 법을 터득했다.

다시 현재로 돌아와 보자. 역동적인 제자들을 상대로 한 우리의 연구 조사에 따르면, 교회가 젊은이들의 삶 속에서 문화적인 분별력이 형성되도록 의미 있는 도움을 제공할 수는 있지만 그렇게 하기가 쉽지는 않은 것으로 나타났다(도표3을 다시 살펴보라).

역동적인 제자들 가운데 다수가 교회를 통해 세속 사회에서 충실하게 살아가는 법을 알려주는 지혜를 배운다고 대답했지만(70퍼센트), 좀 더 구체적인 주제들과 관련해서는 그 수치가 현저하게 낮아졌다. 다른 신념을 지닌 사람들과 어울려 사는 법을 알려주는 지혜(56퍼센트), 성(性)의 문제를 다루는 데 필요한 도움(52퍼센트), 기술 문명의 문제를 처리하는 데 필요한 도움(50퍼센트)을 교회를 통해 얻는다고 대답한 사람은 전체의 절반 정도에 그쳤다. 아울러 교회가 돈을 지혜롭게 관리하는 데 필요한 도움을 얻는다는 대답은 절반에 약간 못 미쳤다(43퍼센트, 이 문제가 중요한 이유는 성경이 청지기 정신으로 재물을 충실하게 관리하는 것을 중요한 문제로 다루고 있고, 특별히 제트 세대에 속한 10대 청소년들이 물질적인 성공을 이루려는 욕구가 매우 강하기 때문이다).

역동적인 유배자의 가장 강력한 특징 가운데 하나는 교회가 기술 문명의 문제를 처리하는 데 필요한 도움을 제공한다고 생각하는 것이다. 역동적인 신자들 가운데 이 도움이 필요한 사람들이 여전히 많지만, 일단 그런 지혜를 터득하면 강력한 효과가 발휘된다.

어떤 점에서 오늘날의 교회는 젊은 제자들이 세상의 현실을 있는 그대로 직시하도록 돕는 일을 제대로 수행하지 못하는 듯하다. 문화적 분별력을 길러준다는 것은 단지 사고방식만이 아니라 삶의 방식까지 가르쳐주는 것을 의미한다. 그들에게 우리가 원하는 세상이 아닌 세상의 현실 그대로를 일깨워주어야 한다. 성경에 등장하는 유배자들을 살펴보면, 하나님이 격변의 시대에 지도자와 선지자와 혁신가들을 일으켜 세워 자기 백성을 인도하도록 하신 것을 알 수 있다.

성경 시대나 오늘날이나 성경의 유배자들은 '어떻게 해야 하고, 왜 해야 하는지'를 올바로 깨우쳐준다. 그들은 사람들이 낯선 땅에서 충실하게 살도록 도와줌으로써 세상의 현실 속에서 하나님에 관한 증언이 이루어지도록 돕는다.

다니엘은 자신의 철학적, 영적 적대자들의 목숨을 지켜주었다. 다니엘은 왕의 분노를 달래기 위해 서두르는 왕의 근위대장에게 이방 철학자들과 바벨론의 지혜자들을 죽이지 말라고 조언했다(단 2장). 그는 죽음을 각오하고 왕의 알현실에 들어가 불가능한 일(왕의 꿈을 해석하는 일)을 해냈다. 이것은 '어떻게 해야 하고, 왜 해야 하는지'를 올바로 깨우쳐준 한 가지 사례다.

다니엘은 적국의 백성들을 동정하고, 그들과 연대하는 법을 가르쳐주었다. 왜냐하면 그것이 다원화된 사회에서 다른 사람들과 더불어 충실하게 살아가는 방법이기 때문이다.

우리의 동료 짐 핸더슨은 최근에 자신의 생산팀에서 일하는 한 젊은이에 관한 이야기를 들려주었다. 그 젊은이는 신학적으로나 사회적으로나 짐보다 더 보수적이었다. 그러나 짐은 이렇게 말했다.

"그가 일흔 살 된 나 같은 노인과 같이 일하는 것을 마다하지 않는 것을 보고는 무척 영광스러웠어요. 그는 창의적이고, 주관이 강하고, 사려가 깊은 젊은이라오. 우리는 서로의 차이를 솔직하게 논의하고 있어요. 나는 멘토로서 그가 자신과 생각의 차이가 큰 사람들과 편안하게 어울려 일하기를 바라고 있지요."

짐은 자신의 팀원이 팀과 잘 어울리도록 돕고 있다. 그런 노력은 그 젊은이가 역동성을 지니도록 도와줄 것이 틀림없다.

4. 배우는 공동체가 되라.

마크는 자기 딸 스카이가 뉴욕의 패션 디자인 학교에 등록할 때 학사 과정을 훑어본 일을 기억하고 있다. 대부분의 강의는 '공간과 유형성', '유지 가능한 체계', '시간'과 같은 강의 제목이 붙어 있었다. 그러나 그의 관심을 사로잡은 강좌의 제목은 '가짜'였다.

그 강좌는 학생들이 작업장에서 세미나를 하면서 강의에서 배운 내용을 토대로 물건들을 만드는 과정이었다. 그의 머릿속에 떠오른 첫 번째 생각은 "내가 지금 정확히 무엇을 위해 학비를 지불하고 있는가?"라는 것이었다. 하지만 학기 내내 그와 스카이의 대화는 이 강좌에 관한 내용이 주를 이루었다.

그 강좌에서 학생들에게 주어진 과제는 거짓 기억을 만들어내 그것을 참된 기억과 나란히 제시하고, 급우들이 가짜와 진짜를 어떻게 구별하는지를 지켜보는 것이었다. 스카이는 동료 학생들이 생각과 성찰을 통해 세상을 분별하는 방식을 터득하는 것을 보고 큰 흥미를 느꼈다. 창의적인 분야에 참여해 무엇인가를 창작했다고 하자. 과연 그것은 언제 진짜가 되는 것일까? 가짜를 만든다는 것이 가능할까? 패션 분야에서 디자이너는 진짜로 여겨지는 것을 만들 수 있다. 그러나 그것과 거의 똑같은 재료로 만든 복제품은 모두 가짜로 취급된다. 왜 그럴까?

익히 예상할 수 있는 대로, 그 강좌에서 하나님과의 관계라는 주제가 등장하기까지는 그렇게 오래 걸리지 않았다. 그것이 진짜인지 가짜인지 어떻게 알 수 있을까? 이 질문이 계기가 되어 스카이와 급우들은 기억에 남을 만한 대화를 나누게 되었다.

교회나 가정에서 이런 식의 활동을 한다면 어떻게 될까? 젊은이들에게 가짜와 진짜와 같은 개념들을 구별할 수 있는 도구와 언어를 제공한다면 어떻게 될까? 그렇게 하면 그들이 지혜롭게 행동하는 법을 배우도록 도와줄 수 있을 것이다. 이것이 젊은 예술가들이 받는 훈련이라면 우리도 그와 똑같은 엄격함을 적용해 유배자들에게 문화적 분별력을 길러주는 훈련을 통해 믿음과 문화의 긴장 관계 속에서 지혜롭게 살아가는 법을 가르쳐주어야 한다.

그렇게 하려면 학습에 관한 우리의 생각을 크게 바꿔야 할 필요가 있다.

5. 디지털 바벨론에서의 학습에 적응하라.

디지털 바벨론은 전혀 새로운 환경이기 때문에 열심히 배우며 새로운 방식으로 진리와 아름다움을 추구하는 것이 필요하다. 우리는 십 년 동안 이 주제를 연구하면서 수많은 10대 청소년들과 대화를 나눠 온 결과, 다음과 같은 확신에 도달했다.

> 디지털 바벨론에서 문화적 분별력을 전수하고, 길러주려면 믿음의 공동체와 가정이 건전한 학습 공동체가 되어야 한다.

이것은 단지 똑똑하거나 재능이 있는 아이들을 훈련하는 것에 그치지 않는다. 물론 그런 아이들은 중요하지만(사역의 노력을 기울일 때 이들이 무시될 때가 많다), 이 일은 다양한 능력과 소양을 지닌 모든 젊은이에게 배우고, 생각하고, 이해하고, 행동하는 법을 가르치는 것을 의미한다.

비평적인 사고를 하는 법, 곧 갖가지 주장, 진짜와 가짜, 진리와 탈진실, 세계관과 신학을 비롯해 많은 것을 평가하고, 이해하는 법을 가르쳐야 한다. 젊은이들의 실제적인 경험을 근거로 그들의 문제와 압박감에 정확하게 초점을 맞춰 모든 주제를 다루는 강의와 강좌와 세미나를 제공해야 한다.

젊은이들에게 책을 사주고, 유익한 비디오를 볼 수 있는 경로를 알려주고, 좋은 내용을 논의할 수 있는 능력을 갖추도록 이끌어야 한다. 아울러 피부색과 성별이 다른 사람들이 생각하는 개념들과 견해를 접할 수 있는 기회를 제공해야 한다.

그렇게 해야 하는 이유는 '나와 같은 사람들'이 옳다고 생각하기가 쉽기 때문만이 아니라 제트 세대(Z-Generation)와 밀레니얼 세대

(Millennial Generation)가 다양성을 원하고, 자기와 다른 사람들로부터 배워야 할 것이 많다고 믿기 때문이다.

일전에 역사가 몰리 워든(Molly Worthen)이 젊은이들에게 그들 자신의 신학적 전통에 관해 가르치는 것이 중요하다고 말했던 기억이 난다. 우리는 역동적인 제자들을 상대로 한 연구 조사를 통해, 그들이 그런 욕구를 지니고 있다는 증거를 발견했다(그런 욕구는 대부분 충족되지 않은 상태였다). 젊은이들에게 그들의 역사에 관해 좀 더 폭넓은 정보와 통찰력을 제공하는 것은 일관된 정체성의 형성에 중대한 영향을 미치는 요소 가운데 하나다.

이것은 매우 어려운 일처럼 보일 수 있다. 사실 그렇다. 그러나 무엇이 이보다 더 중요할 수 있을까? 젊은이들에게 다른 그리스도인들, 특히 그들이 관심을 기울이는 직업이나 학문 분야와 관련된 그리스도인들의 깊고, 진지한 사고를 살펴볼 기회를 제공해야 한다.

데이비드의 친구 브렛 맥크레큰과 그의 아내 키라는 몇 년 전에 20대 젊은이 여섯 명을 데리고 유럽에 다녀온 적이 있다.

"제자 훈련도 하고, 교회의 역사도 배우고, 영국의 여러 지역에 있는 교회들에서 사역도 하기 위해 갔습니다. 여행하는 동안은 물론, 그 이후에도 그 젊은이들은 많은 성장을 이루었습니다."

물론, 유럽 선교 여행이 모두에게 가능한 것은 아니다. 그러나 어떤 식으로든 관계적, 역사적, 지성적 투자를 위해 시간을 아끼지 않는다면 젊은이들을 믿음 안에서 성장하도록 도울 수 있다.

브렛은 또한 자기 집에서 교회의 청년들에게 영화를 보여주기도 한다. 함께 영화를 보고 나서 대화를 통해 그 영화의 예술적 가치와 신학적 주제들을 토론한다. 그들은 영화에 관해 '깊이 있는' 대화를 나누면서 그것을 통해 제기된 신학적 문제들을 논의하기를 좋아한다고 브랫은 말했다.

학습의 실천

우리의 연구 조사는 학습이 중요하다는 주장을 강력히 뒷받침한다. 역동적인 제자들이 일 년 동안 소화하는 영적인 자료와 정보의 양은 습관적인 교회 참여자와 비교하면 두 배, 유랑민과 탕자와 비교하면 무려 여섯 배나 더 많았다. 그런 식으로 몇 년이 흐르면 그 차이는 갈수록 커질 것이다. 학습의 습관, 곧 기독교적인 관점에서 세상을 바라보고, 생각하는 법을 배우는 것은 매우 중요하다.

우리는 또한 역동적인 제자들이 다른 젊은 그리스도인들이나 이전의 그리스도인들에 비해 화상을 보는 데 시간을 덜 소비한다는 증거를 발견했다. 그들도 화상을 보는 시간이 많지만 또래들에 비해서는 덜하다.

이런 사실을 비롯해 그들이 기독교적 행사에 참여하거나 기독교적 콘텐츠를 소화하는 데 할애하는 시간이 늘어나고 있다는 것은 그들이 디지털 바벨론의 예측 불가능한 파고에도 균형을 잘 유지할 수 있다는 것을 보여준다. 오히려 그런 상황은 그들의 문화적 분별력이 더욱 강해지도록 도와준다.

오늘날의 상황에서 더 많은 시간을 할애해 함께 배우고, 지식과 아름다움을 추구하려면 어떻게 해야 할까? 이처럼 혼란스럽고, 힘든 시대에 주님을 따르는 데 투자할 시간을 의미 있게 늘려나가려면 어떻게 해야 할까?

우리는 제자도를 수행하는 일에 질적인 시간과 양적인 시간을 더 많이 늘려나가기 위해 노력해야 한다.

학습의 혁신

학습의 혁신은 우리 주위에서 이미 이루어지고 있다. 이런 상황은 디지털 바벨론에서 제자들을 양육하는 문제와 관련해 교회에 참으로 크나큰 기회를 제공하고 있다. 학습의 혁신을 이루는 데 필요한 요소를 몇 가지 제시하면 다음과 같다.

첫째, 하나님은 인간에게 배우려는 습성을 허락하셨다. 학습의 혁신을 이루려는 기본적인 성향이 우리의 본성 안에 깊이 내재해 있다. 우리는 성장하기를 원한다. 우리는 새로운 기술과 관점을 배우기를 갈망한다.

둘째, 오늘날과 같은 디지털 세상에서는 학습의 폭이 이전보다 더 넓어졌다. (유튜브 덕분에) 사람들은 자신이 원할 때, 원하는 것을, 원하는 방식으로, 원하는 가격을 주고(대부분 공짜다) 배울 수 있다. 학습 경로 가운데 대부분이 교육 오락 프로그램이다.

인류 역사상 무엇인가를 배우기에 이보다 더 좋은 시기는 일찍이 없었다. 누구나 '칸 아카데미'와 같은 웹사이트에서 학습 내용을 무료로 배울 수 있다. 전문가들의 강좌도 온라인으로 들을 수 있고, 온라인으로 학사 과정을 이수하면 학위도 취득할 수 있다. 전통적인 비(非)디지털 학습의 기회 외에 이런 또 다른 기회가 우리에게 주어졌다.

셋째, 대다수의 젊은 그리스도인은 배우기를 원한다. 최근의 연구조사에 따르면, 수많은 그리스도인이 개인적인 지식 향상의 목적이나 학위 취득의 목적으로 다양한 방식의 학습 활동을 하고 싶어 하는 것으로 나타났다. 데이비드는 최근에 어린 자녀들을 키우는 메건이라는 한 여성을 만났다. 그녀는 '자녀들이 신앙과 오늘날의 문화를 잘 이해하도록 돕고 싶어서' 신학교에 다닌다고 말했다. 멋진 생각이지 않은가?

바나 그룹의 연구조사원들은 『유 로스트 미』를 펴낸 이후로 줄곧 학습에 관한 새로운 접근 방식이 필요하다고 생각해 왔다. 우리의 교육적인 구조는 젊은이들의 집단 크기와 교회의 규모가 클수록 더 많은 학습이 이루어질 수 있다고 전제한다. 왜냐하면 주변 사람들이 배우는 것을 보면 덩달아 배우고 싶은 열정을 느끼게 될 것이라고 생각하기 때문이다. 그러나 집단의 규모가 큰 상황에서 배우는 것은 그 나름의 장점이 있지만, 작은 규모의 강의실이나 거실에서 배울 수 있는 것과는 상당히 다를 것이 틀림없다.

그렇다면 이 문제의 해결책은 무엇일까?

습관이 중요하다
: 역동적인 제자들은 다른 사람들에 비해
  일 년에 기독교적 콘텐츠를 소화하는 양이 거의 두 배에 달한다.

**열다섯 살에서 스물세 살 사이의 젊은이들이
일 년 동안 신앙 콘텐츠를 소화하는 양**

- 탕자 (전에 신자였다가 지금은 신자가 아닌 사람)
- 유랑민 (교회 이탈자)
- 습관적인 교회 참여자
- 역동적인 제자

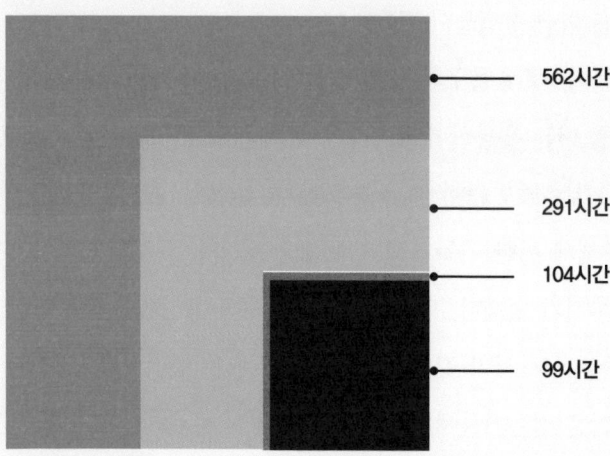

- 562시간
- 291시간
- 104시간
- 99시간

6. 설교하되 설교만 하지 말라.

효과적인 설교는 항상 중요하지만 전인적인 변화를 일으키기에는 충분하지 못하다. 이 말은 무슨 의미일까?

교회는 역동적인 제자들의 문화적 분별력을 형성하는 데 근본적인 역할을 한다. 이와 관련해 설교가 중요한 기능을 발휘한다는 사실을 보여주는 증거가 많지만, 젊은 그리스도인들이 일주일에 한 시간이나 몇 주에 한 시간(후자일 가능성이 더 크다) 동안 교회에 나오는 것만으로는 수백 시간 동안 디지털 바벨론의 콘텐츠를 흡입함으로써 잔뜩 부풀려진 마음을 눌러 가라앉히기에는 역부족이라는 사실을 보여주는 증거도 적지 않다.

교회가 디지털 바벨론에서 제자를 양육하려면 훌륭한 설교 이상의 것이 필요하다. 즉 강좌, 프로그램, 멘토링, 현장 경험, 선교 여행과 같은 다른 학습 방법들이 필요하다.

예를 들어, 성적 욕구와 육체의 신학이라는 주제를 생각해 보자. 그런 주제를 다룬 훌륭한 설교를 듣는 것도 중요하지만(신중한 태도로 이 주제를 깊이 있게 다룬 성경적인 설교를 듣는 것은 꼭 필요하다), 몇 편의 설교만으로는 이 주제에 관한 기독교적 가르침의 체계와 풍성함과 깊이를 적절하게 다루기가 어렵다. 인간의 성적 욕구를 주제로 다룬 다양한 수준의 강좌를 통해 사려 깊고, 현명하고, 관계 지향적이고, 냉소적이고, 호기심 많은 젊은이들에게 건전한 기독교적 콘텐츠를 제공할 수 있는 방법이 필요하다.

기왕 말이 나온 김에 우리와 같은 사역 지도자들이 스스로 무엇을 '효율성'의 척도로 삼고 있는지를 잠시 생각해 보자. 그것은 대개 군중의 규모나 우리의 교육 프로그램에 대한 호응의 정도와 관련되어 평가된다. 우리 두 사람은 실제로 "교회에서 젊은이를 지루하게 만드는 것은 죄다."와 같은 말을 들어본 적이 있다. 물론, 좋은 의도에서 한 말일 것이다. 우리는 그런 말의 배후에 있는 진심을 충분히 이해한다. 그러나 그 개념은 잘못되었다. 솔직히 말해, 풍성하고, 건전한 진리를 가르치는 일은 때로 매우 어려울 뿐 아니라 집중력 주기가 짧은 시대를 살아가는 사람들을 지루하게 만들 수 있다. 우리는 젊은 세대를 지루하게 만들지 않기 위해 그들이 소화하기 쉽게 가르치려고 애쓴다. 그러나 그러다 보면 가르치는 것을 지나치게 단순화하는 일이 발생할 수 있다. 바꾸어 말해, 상품화된 예수님을 전함으로써 흥미를 돋우려고 하지만 그런 말은 일시적으로 약간의 깨우침을 줄 수 있을지는 몰라도 젊은이들이 교회 문밖을 나서는 순간, 곧바로 디지털 에테르로 바뀌어 흔적도 없이 사라지기 일쑤다. 청소년들과 젊은 성인들에게 재미는 있지만 얄팍한 기독교적 경험을 전할 때는 그런 문제가 발생한다. 더 나쁘게는 지루함을 떨쳐 버린 채 성장할 준비가 되어 있는 젊은이들을 실망시킬 수 있다. 이것이 우리가 가장 훌륭한 생각과 재능을 지닌 젊은이들, 특히 창의적이고, 진취적이며, 과학적인 사고를 지닌 학생들 가운데 일부를 놓치게 되는 이유다.

우리는 더 잘해야 한다. 훌륭한 설교만으로는 원하는 만큼의 좋은 결과를 얻기가 어렵다.

7. 온전한 복음을 가르쳐라.

우리는 다른 많은 사람의 견해를 토대로 온전한 복음을 창조−타락−구원−회복이라는 4막으로 구성된 기독교의 이야기로 정의하고 싶다. 많은 곳에서 이것을 타락과 구원이라는 2막으로 구성된 이야기로 축소해 불충분하게 전하는 경향이 있다. 다시 말해, 우리는 죄인이고, 따라서 예수님이 필요하다는 식이다.

이 두 가지 요소는 인간의 상태와 복음의 중심성이라는 진리를 강조한다. 그러나 이것이 온전한 복음이 되려면 1막의 이야기(하나님이 자신의 형상으로 진선미를 추구하려는 성향과 잠재력을 지닌 인간을 창조하신 것)와 4막의 이야기(모든 것을 바로잡아 만물을 새롭게 하겠다는 하나님의 궁극적인 계획)와 관련지어 이해해야 할 필요가 있다.

역동적인 제자들은 인간의 타락을 믿는 믿음은 다소 약하지만, 대체로 이 네 가지 요소를 모두 받아들인다. "하나님을 거역한 탓에 모든 인간의 본성이 타락해 본질적인 결함이 발생했다."라는 말에 강하게 동의한 사람이 60퍼센트에 지나지 않았다(도표5 참조).

요점은 설교를 비롯해 다른 여러 가지 학습 방법을 통해 세상에 관한 하나님의 온전한 진리를 명쾌하고, 강력하게 가르치는 일을 규칙적으로 실행해 나가야 한다는 것이다. 하나님의 이야기를 온전히 전하는 것만이 젊은 제자들이 유배지에서의 삶을 올바르게 이해하도록 도울 수 있다.

4막(창조-타락-구원-회복)으로 구성된 복음

각각의 진술문에 강하게 동의한 사람들의 백분율

	탕자	유랑민	습관적인 교회 참여자	역동적인 제자들
하나님이 자신의 형상으로 진선미를 추구하려는 성향과 잠재력을 지닌 인간을 창조하셨다.	22%	49%	62%	91%
하나님을 거역한 탓에 모든 인간의 본성이 타락해 본질적인 결함이 발생했다.	8%	16%	32%	60%
예수 그리스도께서 죄와 죽음을 정복하기 위해 십자가에 못 박혀 죽으셨다가 죽은 자 가운데서 다시 살아나셨다고 믿는다.	12% 100%	43%	5 6 %	
세상을 향한 하나님의 궁극적인 계획은 모든 것을 바로잡고, 만물을 새롭게 회복하는 것이다.	15%	33%	43%	70%

(그리스도인으로 성장한 18세에서 29세 사이의 미국인 1,514명을 대상으로 조사했다.)
* 이 진술문들은 역동적인 제자들을 정의하는 데 부분적으로 사용되었다.

자료 제공: 바나 그룹, 2018년 2월

8. 사고 체계의 훈련을 하라.

 어떤 식으로 조사를 하든 다음 세대의 그리스도인들이 세상과 관계를 맺는 데 필요한 충분한 사고 체계를 갖추지 못했다는 사실이 일관되게 발견된다. 예를 들면, 성경적인 세계관으로 일컫는 사고 체계를 갖춘 10대 청소년이 스물다섯 명 중 한 명, 즉 전체의 4퍼센트에 불과한 것으로 나타났다. 이런 사실은 더 심층적인 형태의 신앙적 참여가 이루어지려면 교육과 학습이 더 나은 방식으로 더 많이 이루어져야 할 필요가 있다는 것을 보여준다.

게이브 라이언스와 데이비드가 『선한 믿음』(Good Faith)에서 주장한 대로, 젊은이들이 "무엇이 옳은가? 무엇이 그른가? 무엇이 빠졌는가? 무엇이 혼란스러운가?"라는 네 가지 물음을 묻고 대답하도록 도와주어야 한다. 젊은이들에게 이 네 가지 질문을 다루는 데 필요한 도구를 제공하면 좀 더 포괄적인 방식으로 세상에 대해 성경적으로(즉 세상에 있지만 세상에 속하지는 않은 삶의 방식) 반응할 수 있게끔 이끌 수 있다. '올바른' 요소는 적극 지지하고, '잘못된' 요소는 찾아내 고치거나 더 나은 길을 모색하고, '빠진' 요소는 발견해 내거나 창조해야 하고, 우리 문화의 '혼란스러운' 요소는 명료하게 해야 한다. 이런 간단한 질문들이 유배자들이 세상에 좀 더 충실하게 참여할 수 있도록 도와준다.

이것은 우리의 친구 브룩과 크리스천이 하는 일과 비슷하다. 그들은 매주 교회에 다녀온 후 식사를 하면서 최소한 30분 동안 자녀들과 대화를 나누며 교회에서 무엇을 배웠고, 그것이 그들의 세계와 어떤 관련이 있는지를 논의한다. 웹사이트를 통해 젊은이들이 자신의 소명에 관한 하나님의 뜻을 발견하도록 도와줄 비디오나 책이나 의견들을 게재할 수도 있고, 교회에서 사춘기 청소년들과 젊은 성인들에게 중요한 주제들을 다룬 강좌를 개설할 수도 있으며, 몇몇 그리스도인이 힘을 모아 고등학생들을 위한 '신학교 과정'을 마련해 그들이 일평생 살면서 활용할 수 있는 풍성한 신학적 진리를 배우도록 이끌 수도 있다.

교회도 지금 진행 중인 학습의 혁신을 이끌 수 있고, 또 그렇게 해야 한다. 우리의 역사적 뿌리를 회복해 젊은 그리스도인들의 사고력을 강화하고, 세상에 관한 기독교적 이해를 다룬 콘텐츠를 더 많이 읽고, 더 많이 보고, 더 많이 배우라고 독려해야 한다. 디지털 바벨론의 유배자로서 잘 살아나가려면 건전한 학습 공동체를 구축하고, 거기에 참여해야 한다.

곳곳에서 배움의 푸른 새싹들이 마구 솟아나고 있다. 우리는 단지 싹이 트는 곳에 물을 주기만 하면 된다.

어느 날, 데이비드 가족은 저녁 식사를 하면서 오락물에 나타난 냉소주의와 영화나 쇼에 등장하는 냉소적인 인물들에 관해 대화를 나눈 적이 있다.

나의 10대 딸인 애니카가 디즈니 채널을 통해 일곱 편의 시리즈가 방영된 재미있는 쇼 프로그램 〈찰리야 부탁해〉를 화제로 꺼냈다. 우리는 등장인물 가운데 하나인 게이브가 쇼에 등장하는 가족 가운데 가장 냉소적인 인물이라는 것에 동의했다.

애니카는 환상과 현실의 흐릿한 경계를 의식하면서 "있잖아요, 이따금 게이브처럼 되려고 노력했던 기억이 나요. 〈찰리야 부탁해〉에 나오는 가족들처럼 웃겨보려고 애썼어요. 게이브처럼 말이에요. 그런데 이상했어요. 왜냐하면 우리의 실제 가족 가운데는 아무도 웃는 사람이 없었기 때문이에요. 나는 농담을 크게 말했지만 모두들 그렇게 재밌어하지 않은 듯했어요. 다들 좀 감정이 인색한 것처럼 보였어요."라고 말했다.

나는 그 아이에게 이렇게 격려했다.

"애니카야, 관찰력이 뛰어나구나. 그 문제를 깊이 생각하고, 그런 사실을 알아차렸다니 참 대단하다. 지혜를 더 많이 발휘해 우리가 무엇을 보고 있고, 또 그것이 우리에게 어떤 영향을 미치는지를 옳게 파악할수록 예수님이 원하시는 것처럼 다르게 살아갈 수 있단다."

코헬렛(전도서)의 분별 방법

Faith For Exiles

마크가 개발한 사고 체계를 하나 소개한다. 가정에서나 사역팀에서 실험해 볼 수 있는 프로그램이다.

지혜를 절실히 필요로 하는 교회와 가정들에게 전도서는 활용도가 가장 높은 성경책이다. 전도서 저자는 자신을 '코헬렛'으로 일컬었다. 이 말은 소집하거나 모으는 자를 의미한다. 이 말은 사람들을 모으는 자, 지혜와 통찰력을 모으는 자 등, 다양한 방식으로 이해될 수 있다. 나(마크)는 코헬렛을 '찾는 자'로 이해한다. 이런 이해는 하루에 포크보다 검색 엔진을 더 많이 사용하는 오늘날과 같은 시대에 매우 적절하다.

전도서가 독특한 책인 이유는 코헬렛의 묵상이 자연과 사람과 사회와 문화와 노동에 관한 전도자 자신의 관찰에서 비롯했기 때문이다. 그는 '해 아래 있는' 삶, 곧 세상의 일반적인 삶을 관찰함으로써 삶에 대한 직접적인 지식과 하나님에 관한 간접적인 지식을 발견했다.

인터넷이 시작된 초창기에 나와 사역팀은 학생들을 제자도의 길로 인도하기 위해 인터넷을 통해 그들과 의사를 소통했다. 우리는 영화와 음악을 평가한 내용으로, 젊은이들이 대중문화에 지혜롭게 대처해 나가도록 도왔다. 그러나 미디어의 양이 증가하고, 채널이 다양해지면서 모든 것을 일일이 다루기가 불가능했다. 영화 평론가들은 마구 쏟아져 나오는 영화들을 모두 평가할 수가 없었고, 조직의 예산도 감당하기가 어려웠다. '해 아래 있는' 모든 콘텐츠가 계속해서 증가했다.

젊은 세대의 모든 화상 내용물을 일일이 걸러내 어떤 미디어를 소화해야 할 것인지를 미리 결정하도록 돕는 것이 불가능하다는 사실을 알게 된 우리는, 실시간으로 마주하는 것들을 그들 스스로 걸러낼 수 있도록 문화를 분별하는 능력을 길러주는 것이 최선이라고 판단했다. 나는 하나님을 간접적으로 관찰한 코헬렛의 웅대한 실험에 근거해 미디어를 지혜롭게 분별하는 데 필요한 기본 질문을 몇 가지 만들었다(나의 자녀들도 함께 영화나 텔레비전 쇼를 보고 나서 아래와 같은 방식으로 문화를 분별하는 법을 배웠다).

1. 하나님은 어디에 계시는가? 그분은 어떤 분이신가?

나는 나의 아이들과 〈브래디 번치〉(The Brandy Bunch) 재방송을 시청하면서, 아이들에게 "이 이야기 속에서 하나님은 어디에 계시지?"라고 물었다. 우리는 갑자기 이것이 그리스도와 아무런 관계도 없는 가족의 이야기라는 사실을 깨달았다. 우리는 그들이 기도를 드리는 것이나 자신들의 문제를 해결하기 위해 성경의 지혜를 구하는 것을 한 번도 보지 못했다. 그러나 우리는 때로 브래디 가족의 모험담에서 성경적인 원리가 작용하고 있는 것을 발견했다.

나의 아이 하나가 등장 인물 마샤가 날아온 축구공에 얼굴을 맞는 장면을 보면서, 하나님은 우리의 성장을 위해 때로 나쁘게 보이는 일이 우리의 삶 속에 일어나도록 허락하신다고 말했다. 초등학생의 관찰력치고는 그런대로 쓸만했다.

그리스도인들도 에스더서를 읽을 때, 그와 비슷한 것을 발견한다. 에스더서에는 하나님이 어디에도 언급되어 있지 않지만, 그분이 그녀의 이야기 속에서 능동적으로 역사하신 것을 알 수 있다.

성경에 기록된 하나님의 직접적인 계시나 그리스도와 우리의 관계를 통해 하나님을 발견하는 것은 비교적 쉽지만, 그분을 일상 생활 속에서 간접적으로 발견하는 일은 의도적인 노력이 필요하다. 많은 점에서 지혜를 닮은 문화적 분별력은 하나님과 더불어 시작한다.

창작자는 하나님과 전혀 관련이 없는 글을 쓸 수 있다. 젊은 그리스도인들에게 그런 가능성을 고려하도록 돕는 것은 그 자체로 매우 강력한 효과를 발휘할 수 있다. 전혀 그럴 것 같지 않은 곳에서 하나님을 발견하는 것은 멋진 일이다. 그러나 인간이 만든 세상에서 하나님이 적극적인 역할을 하지 않으시는 경우를 인지하는 것도 가치가 있는 일이다.

그러나 하나님이 나타나지 않으시는 곳을 인지하는 것만으로는 충분하지 않다. 유배자로 살아가는 사람이 문화를 잘 분별하려면 먼저 하나님의 참된 성품을 알아야 한다. 인간이 창작한 예술과 이야기들 가운데는 하나님을 그릇 묘사하거나 왜곡시킨 것들이 많다. 하나님을 연약하고, 무자비하고, 소원하고, 냉혹하게 묘사한 내용을 찾아내 옳게 바로잡아야 할 필요가 있다.

다니엘과 그의 친구들이 하나님과 동떨어진 문화를 지혜롭게 잘 헤쳐나갈 수 있었던 이유는 하나님의 참모습을 알았기 때문이다.

사드락과 메삭과 아벳느고가 느부갓네살의 황금 신상에 절하지 않고 굳게 버틸 수 있었던 이유는 하나님에 관한 그들의 지식이 그런 선택을 할 수 있는 용기를 주었기 때문이다. 그들은 하나님이 위대하시다는 것을 알았다. 그들은 그분이 자기 백성을 보호하겠다고 약속하신 것을 알았다. 그뿐 아니라 그들은 하나님의 길은 인간의 이해를 초월하기 때문에 그분이 자신들을 구원하지 않으실 수도 있다는 것까지 알고 있었다.

하나님을 제한적으로 이해할 수밖에 없는 유배자의 세대는 문화에 굴복하기 쉽다. 따라서 하나님이 어디에 계시는지를 묻는 것만으로는 충분하지 않다. 그분이 누구신지를 묻고, 그들 스스로 그 대답을 찾도록 도와야 한다.

2. 삶이 작동하는 방식에 관해 어떻게 주장하는가?

인간이 만든 모든 것은 세계가 작동하는 방식에 관해 무엇인가를 주장한다. 세계관은 문화적 분별력의 중요한 요소 가운데 하나다. 위대한 문학 작품이든 최근에 출시된 공포 영화든 제임스 본드 영화든, 창작자는 그 나름의 세계관을 가지고 있다. 예를 들어 제임스 본드 영화는 남성상의 개념을 묘사한다. 그런 개념 가운데 사실인 것은 무엇이고, 사실이 아닌 것은 무엇일까? 생존이나 선과 악에 관한 제임스 본드의 생각은 또 어떨까?

예술이 삶을 얼마나 옳게 이해하고 있는지를 파악하는 것은 중요하다. 때로 예술가들은 사역에 종사하는 우리보다 인간의 상황을 더 많이 접촉한다. 삶이 작동하는 방식에 관한 예술가들의 주장은 사람들의 관심을 그들의 작품에 끌어들이는 기능을 할 때가 많다. 그들의 창작품의 저변에 깔린 세계관을 논의하면 젊은이들이 삶에 대한 그들의 주장들을 이해하는 데 큰 도움을 줄 수 있다.

반성을 통해 종합에 이르게 도와줄 질문을 두 가지 소개하면 다음과 같다. 그런 주장들을 인간의 번영을 위한 하나님의 계획과 어떻게 비교할 수 있을까? 예수님의 길을 따른다면 그런 창작품이 어떻게 달라져 보일까?

3. 만일 가능하다면 희망과 구원은 어디에서 발견할 수 있을까?

코헬렛은 주위를 돌아보았지만 해 아래에서는 단지 무의미만 발견할 뿐이었다. 죽기 전에 겸손히 일하면서 사람들과 즐겁게 지내면 완전한 무의미보다는 좀 나을 테지만 그런 것도 궁극적으로 의미가 없기는 마찬가지다. 오늘날의 미디어도 대부분 그와 비슷한 결론에 도달할 수밖에 없다. 그러나 코헬렛은 '해 위에서' 의미를 발견했다. 그것은 오늘날의 이야기 속에서 종종 빠져 있는 것이다(전도서 12장 1-7절을 읽어라).

모든 사람이 무엇인가에 희망을 둔다. 그러나 그것이 과연 무엇일까? 그들은 구원을 발견할까? 그들의 희망은 좌절로 끝날까? 그들을 변화시키는 힘의 원천은 무엇일까?

그리스도를 믿는 우리도 때로 우리의 힘으로 죄를 다스리려고 애쓰고, 예수님의 은혜를 의지하기보다 우리 안에 있는 육신의 법을 따르곤 한다. 그리스도를 알고 있는 우리가 어디에서 희망과 구원을 찾아야 할지 몰라 고민한다면, 그런 것들을 세속적으로 표현한 것들이 왜곡되어 나타나는 것은 조금도 놀랍지 않다. 반성을 통해 종합에 이르게 도와줄 질문을 한 가지 소개하면 다음과 같다. 예수님 안에서 희망과 구원을 발견한다면 이 노래나 이야기나 예술작품이 어떻게 달라질까?

코헬렛의 질문에 대답하는 습관을 기르면서 주변 세상을 이해하려고 노력할 때 우리의 삶 속에서 역동성이 강화된다. 유배자들은 인간이 만든 창작품만이 아니라 현재의 사건들과 일상 속에서 이루어지는 인간관계까지 분별해야 한다.

바울은 고린도 신자들에게 "모든 생각을 사로잡아 그리스도에게 복종하게 하라"고 권고했다(고후 10:5). 아마도 그가 오늘날의 우리를 염두에 두었다면, 문화에 대한 비평적 사고를 권고했을 것이다.

Faith For Exiles 디지털 바벨론 시대의 그리스도인

실천 원리 3

소외와 불신이 만연한 상황에서 의미 있는 세대 간의 관계를 형성하라

> 의미 있는 관계를 형성한다는 것은 우리가 어울리며 본받기를 원하는 동료 신자들에게 헌신하는 것을 의미한다.

나(마크)와 아내 제이드는 거실에서 두 사람의 젊은 연인과 마주 보고 앉아 있었다. 그들의 결혼식이 다가오고 있었다. 그들은 내게 결혼식을 주재해 달라고 부탁했다. 밀레니얼 세대는 보통 20대 후반에 결혼하는 경향이 있지만 그 두 젊은이는 그보다 좀 더 젊었다. 그런데도 그들과의 첫 번째 상담은 내게 깊은 인상을 심어주었다. 그들은 나이에 비해 훨씬 성숙했고, 건강한 결혼 생활에 필요한 굳센 관계의 요소들을 고루 갖추고 있었다.

나는 늘 하는 대로, 그들에게 결혼식 이전에 서로의 논의가 필요한 목록을 만들라고 말했다(그렇게 하면 신혼 초나 결혼 생활을 영위하는 동안 두 사람의 의사소통이 성공적으로 이루어지는 데 도움이 된다). 대화가 어느 정도 진행되고 나자 두 사람 모두 그리스도인으로 성장하긴 했지만 교회에는 별다른 관심이 없는 것으로 드러났다. 매우 민감한 화제였기 때문에 나는 조심스럽게 그들의 영적 배경에 관해 물어보았다.

방 안의 분위기가 갑자기 달라졌다. 어색한 순간이 지나자, 두 사람은 상대방이 먼저 말을 꺼내기를 바라면서 서로를 쳐다보았다. 마침내 신부가 될 사람이 자리를 고쳐 앉으면서 말을 시작했다.

"우리는 교회나 그와 관련된 것에 관해 그렇게 많은 대화를 나누지 않았습니다. 우리 둘 다 말하고 싶은 것일 수도 있지만 그렇게까지 중요하지는 않은 문제이거든요. 더욱이 그것은 주말마다 쇼를 즐기는 것처럼 느껴지기까지 해요. 아시잖아요? 마치 무슨 영적인 오락처럼 말이에요."

젊은 남자는 "그래요. 그녀가 말한 대로입니다."라고 말하면서, 자기 부모에 관해 몇 가지 자세한 이야기를 들려주고 나서 '그런 문제에 관해서는' 특별히 아무것도 반대할 생각이 없다고 덧붙였다.

두 사람 모두 불편해하는 것을 알 수 있었다. 처음 만나 우정을 쌓는 시간이었기 때문에 나는 더는 묻지 않고, 신뢰가 더 쌓일 때까지 기다리기로 결정했다.

두 주가 빠르게 지나갔다.

두 번째 만남의 시간이 되었다. 나는 폴더를 펼쳐 미소를 띤 20대 연인들과 평가 결과를 검토하면서 서로 강한 조화를 이루는 관계의 영역과 약간의 극복 노력이 필요하다고 판단되는 영역을 논의할 생각이었다. 나는 결과를 출력한 인쇄물을 흘끗 쳐다보았다. 그들이 부부로서 함께 성장해 나가야 할 문제는 믿음과 영성이었다. 이것은 그들의 견해가 서로 가장 일치하지 않는 문제였다. 이 문제만 없으면 다른 것은 모두 안정된 관계를 유지하기에 적합했다.

나는 평가 결과지를 읽어주면서, "결혼 생활에서 이 부분만 해결하면 부부로서의 친밀감이 크게 향상될 것이고, 위기의 때에 힘과 희망을 얻을 수 있을 겁니다."라고 말했다.

처음 만났을 때처럼 갑자기 방 안의 분위기가 싹 달라졌다. 예비 신부가 마치 방 안에 없는 사람과 대화를 나누는 듯한 태도로 내게 말하기 시작했다. 그녀는 시선을 다른 쪽으로 향한 채로 조용하고, 차분하게 말했다. 나는 그녀의 시선을 내게로 돌리게 하려고 시도했지만, 그녀는 여전히 다른 곳을 바라보면서 말을 이어갔다. 그런 상황이 5분 정도 계속되었다. 마치 듣고 있는 라디오 방송이 마음에 들지 않아 자기가 말하고 싶은 내용을 스스로 창작해 내고 있는 듯한 느낌이 들었다.

마침내 나는 의자에 등을 기대었다.

예비 신부는 아무 일도 없었던 것처럼 나를 쳐다보더니 미소를 지으며 "다음은 뭐죠?"라고 물었다.

가슴이 덜컹 내려앉는 듯한 느낌이 들었다. 그리고 이런 생각이 떠올랐다.

'도대체 교회가 어떻게 했길래 이런 식으로 문제를 회피하는 태도를 보이는 것일까? 이 가엾은 여성에게 무슨 일이 있었길래 이토록 깊은 상처를 받게 된 것일까?'

■■■

이 젊은 여성은 비교적 극단적인 사례에 해당한다. 그러나 우리는 정도는 덜하지만 그의 비슷한 반응을 다른 젊은 그리스도인들에게서 종종 발견한다. 그런 경우는 여러 가지 강한 감정과 연관되어 있을 때가 많다.

고통
단절
감정적인 소외감
냉소주의
기피

요즘의 젊은 세대는 모태에서부터 기업형 교회에서 성장해 왔다. 교회 지도자들은 선지자나 목자가 아닌 사업가나 예능인처럼 행동할 때가 많다. 그러는 과정에서 교회는 지역 공동체 내에서 차츰 영향력을 상실해 갔다.[1] 이들은 성적 학대의 추문이 난무하고, 교회에 대한 냉소주의가 극에 달한 상황 속에서 교회에 대한 인식과 스스로의 정체성을 형성해 온 최초의 세대다.

그와 동시에 교회는 부적절성과 극단주의를 극복하려고 애쓰고 있고, 그 과정에서 발생하는 사회적 압력은 소외감을 더욱더 강하게 부추겼다. 결국, 젊은이들은 교회 안팎에서 도움이 되는 관계를 찾기 위해 홀로 먼 길을 걸어가야 할 처지에 놓였다.

이런 상황은 역동적인 제자를 육성하기 위한 세 번째 실천 원리, 즉 '소외와 불신이 만연한 상황에서 의미 있는 세대 간의 관계를 형성하는 것'과 자연스레 연결된다.

교회 안에서 이루어지는 역동적인 제자들의 관계는 습관적인 교회 참여자나 유랑민이나 탕자들의 관계에 비해 훨씬 더 광범위하다. 역동적인 제자들 가운데 대다수가 "교회는 내가 소속감을 느끼는 곳이다."와 "나는 그리스도인들의 공동체와 연결되어 있다."와 같은 진술문에 강하게 동의한다(도표6 참조). 습관적인 교회 참여자들 가운데 이런 종류의 관계적 친밀감을 경험하는 사람은 전체의 절반에도 못 미친다. 더욱이, 역동적인 제자들이 교회 안에서 느끼는 감정은 다른 집단이 경험하는 것에 비해 더 긍정적이고, 더 온정적이다. 그들의 교회는 가족과 같은 분위기이며, 함께 어울리며 본받고 싶은 사람들로 구성되어 있다.

---

1) Barna Group, *The State of Pastors: How Today's Leaders Are Navigating Life and Leadership in an Age of Complexity* (Ventura, CA: Barna, 2017).

역동적인 제자들은 풍성한 우정과 관계적인 친밀감을 유지하려는 경향이 있다. 그들은 사람들을 좋아한다. 그들은 우리 자신의 삶과 우리가 관심을 기울이는 사람들의 삶에서 볼 수 있기를 원하는 삶의 모습을 보여준다. 이렇게 말할 수 있는 이유는 그들이 단지 주일에 교회 문을 나서면서 다른 그리스도인들과 반갑게 악수를 하기 때문만이 아니다. 그들의 관계에는 그보다 더 깊은 무엇인가가 존재한다.

무엇이 역동적인 제자를 만드는가?
의미 있는 관계
각 진술문에 강하게 동의하는 사람들의 백분율

	탕자	유랑민	습관적인 교회 참여자	역동적인 제자들
교회는 내가 소속감을 느끼는 곳이다.	5%	10%	43%	88%
내가 영적으로 성장하도록 격려해주는 사람이 있다.	23%	31%	50%	85%
나는 그리스도인들의 공동체와 연결되어 있다.	7%	7%	33%	82%
성장하는 동안 나의 교회나 교구나 믿음의 공동체 안에서 개인적으로 친밀한 관계를 맺은 성인들이 있었다.	27%	31%	53%	77%
나는 부모의 믿음을 존중한다.	16%	29%	45%	72%
세상을 향한 하나님의 궁극적인 계획은 모든 것을 바로잡고, 만물을 새롭게 회복하는 것이다.	15%	33%	43%	70%

(그리스도인으로 성장한 18세에서 29세 사이의 미국인 1,514명을 대상으로 조사했다.)

자료 제공: 바나 그룹, 2018년 2월

의미 있는 세대 간의 관계 형성을 돕는 요건이 두 가지 있다. 하나는 열망하는 것이고, 다른 하나는 현실에 근거하는 것이다.

열망의 요소를 가장 잘 갖출 수 있는 방법은 교회가 무엇을 나타내기 위해 존재하는지를 기억하는 것이다. 교회는 "하나님이 원하시는 인간 공동체 가운데 가장 탁월한 본보기다."[2]

성경, 특히 신약성경을 살펴보면 십자가에 의해 형성되고, 성령을 통해 변화되는 신자들의 공동체를 이루라는 권고의 말씀을 발견할 수 있다.

> "형제들아 내가 우리 주 예수 그리스도의 이름으로 너희를 권하노니 모두가 같은 말을 하고 너희 가운데 분쟁이 없이 같은 마음과 같은 뜻으로 온전히 합하라"(고전 1:10).

> "또 형제들아 너희를 권면하노니 게으른 자들을 권계하며 마음이 약한 자들을 격려하고 힘이 없는 자들을 붙들어 주며 모든 사람에게 오래 참으라"(살전 5:14).

> "누가 누구에게 불만이 있거든 서로 용납하여 피차 용서하되 주께서 너희를 용서하신 것 같이 너희도 그리하고"(골 3:13).

---

2) 이 인용문이 스탠리 하우어워스가 한 말이라는 글을 보았지만 트위터의 글은 신뢰할 수 없다는 말도 들은 적이 있다.

인간 공동체의 잠재력을 참으로 매혹적이고, 아름답게 묘사한 말씀이 아닐 수 없다.

우리는 기독교 공동체라는 고귀한 소명을 염두에 두고 그것을 기독교적 관계에 관한 일상적이고, 현실적인 이해와 조화시켜야 한다.[3] 하늘을 향한 높은 열망과 현실적인 삶의 긴장 관계를 기억해야 한다. 바꾸어 말해, 관계는 결코 완전할 수 없다.

디트리히 본훼퍼는 『신자의 공동생활』(Life Together)이라는 창의적인 책에서 우리는 단지 서로의 짐을 짊어지는 것이 아니라고 말했다. 참된 짐은 서로를 짊어지는 것이다. 구체적으로 말해, 잘못을 관대히 용서하고, 은혜와 긍휼을 나타내고, 기독교 공동체의 능력이 효력을 발휘하도록 그 공동체에 관한 우리의 헛된 망상과 몽상에서 깨어나야 한다.[4]

기독교 공동체의 큰 장점과 그것의 불완전한 현실이라는 긴장 관계 속에서 살아가는 것은 영혼을 형성해 나가는 힘든 과정이다. 그러나 소외와 고독이 갈수록 증폭되고 있는 오늘날의 문화 속에서는 그런 과정이 그 어느 때보다 더 절실히 필요하다.

---

3) 이 문구는 다음의 책에서 빌려온 것이다. Eugene Peterson, *Leap Over a Wall: Earthy Spirituality for Everyday Christians* (San Francisco: HarperOne, 1998).

4) 이 개념들은 본훼퍼의 『신자의 공동생활』(New York: Harper & Row, 1954)에서 비롯한 것이다. 나의 아버지 게리 키네먼이 내가 교회에 환멸을 느끼던 시기에 추천해 준 유익한 책이다.

소외된 국가

우리는 관계적 상황 속에서 가장 큰 기복을 경험한다. 어떤 문학 작품이나 역사를 읽어보든지 인간의 관계가 근본적으로 파괴된 현실을 확인할 수 있다.

오늘날에도 관계를 맺는 것은 조금도 수월해지지 않았다. 상담학, 심리학, 정신분석학의 분야에서 많은 진보가 이루어졌는데도 관계적 온전성에 도달하기 위해서는 여전히 끊임없이 힘겨운 노력을 기울여야 한다. 사실, 인간의 마음에 생겨난 본질적인 균열 때문에 이 세상에서는 결코 관계적 온전성에 도달하기가 불가능하다.

디지털 바벨론도 눈부신 기술의 발전을 이루었지만 이런 상황을 더 쉽게 만들지 못한다. 우리가 마음대로 사용할 수 있는 의사소통의 도구가 역사상 그 어느 때보다도 더 많다. 현대 세계에는 참으로 경이로운 것들이 넘쳐난다. '페이스타임'으로 해외에 사는 친척들이나 친구들과 연락을 주고받을 수 없고, 단지 일반 전화와 재래식 우편 제도만을 이용해야 하는 1990년대로 되돌아가고 싶어 할 사람이 누가 있겠는가?

그러나 우리를 연결해주는 이 모든 기술 문명에도 불구하고 우리가 직면하는 소외의 상황은 조금도 개선될 조짐을 보이지 않는다.

고독이라는 유행병

오늘날, 고독이라는 유행병에 걸려 격리된 채 살아가는 사람들이 셀 수 없이 많다. 바나 그룹의 자료에 따르면 외롭다고 말하는 사람들의 숫자가 10년 전과 비교해 거의 두 배나 증가했다. 미국인 다섯 명 중에 하나가 외로움을 느낀다고 말한다. 우리가 구입하는 수많은 스마트폰, 거기에 탑재하는 수많은 애플리케이션, 우리가 읽거나 게재하는 수많은 게시글, 우리가 주고받는 수많은 '좋아요'와 리트윗에도 불구하고 과거보다 더 큰 외로움을 느낀다.

어떻게 그런 일이 가능한지 상상할 수 있겠는가? 아마도 그럴 수 있을 것이다. 우리가 보는 화상은 수많은 관계 형성의 기회를 제공하지만, 디지털 거품에 점점 더 많은 시간만 투자할 뿐 진정한 인간과 의미 있는 방식으로 관계를 맺는 경우는 극히 드물다. 자살이나 대량 학살에 관한 이야기를 읽어보라. 그러면 한 가지 공통점을 발견할 것이다. 그것은 바로 극심한 소외감이다. 디지털 관계가 도처에 편재해 있는 시대에 로버트 퍼트넘의 『나 홀로 볼링』(Bowling Alone)은 미국의 사회적 관계망의 붕괴를 묘사하면서 다양한 방식으로 소외된 국가의 탄생을 예고했다.

그리스도인들은 교회 안에서, 교회를 통해 함께 시간을 보냄으로써 이런 소외를 극복할 수 있는 포괄적인 해결책을 제시할 수 있는 절호의 기회를 맞이했다.

디지털로 인한 긴장 상태

소외에서 비롯하는 또 하나의 문제는 화상으로 인해 인간다워야 한다는 힘든 과제를 회피할 수 있게 된 것이다. 화상을 통해 중재된 관계이기 때문에 참된 인간관계를 맺는 일이 더 어려워지고, 더 드물어졌다. 문자를 통해 결별하고, 트위터를 통해 싸우고, 페이스북을 통해 독백을 늘어놓으며, 사이버를 통해 왕따를 시킨다. 많은 증거가 보여주는 대로, 사람들은 개인적으로는 절대로 말하거나 하지 않을 일을 디지털을 통해서는 서슴없이 저지른다.

그런데도 사람들은 실제적인 삶 속에서 무엇을 말하기보다는 차라리 디지털을 사용해 문자를 통한 의사소통을 시도하겠다고 말하는 사람들이 대다수다. 일반 직장들을 살펴보면, 이런 사실을 언제라도 확인할 수 있다. 근로자들은 대부분 전화를 거는 것보다 이-메일을 사용하기를 좋아한다. 그들은 "그것이 더 간편해요. 다른 사람들이나 나를 귀찮게 하기 싫어요."라고 말한다.

디지털 중심의 삶은 가족들 사이에서도 긴장 상태를 조성한다. 화상 중독성 때문에 기술 문명과 관련해 가족들 사이에 이전보다 더 강한 긴장감이 존재한다. 부모들은 "오늘은 화면을 더 이상 보지 마라"라는 식으로 자녀들을 압박하고, 자녀들은 그런 부모들을 위선자라고 느끼며 "일은 직장에서나 하고, 휴대전화를 내려놓고 우리의 말에 귀를 기울여 주세요."라는 식으로 말한다.

진 트윈지(Jean Twenge)가 저술한 『아이 세대』(iGen)라는 책의 부제

('오늘날과 같은 초연결 사회의 어린아이들이 덜 반항적이고, 더 너그러우면서 덜 행복하게 자라고 있고, 또 성인이 될 준비를 전혀 갖추지 있지 못하는 이유와 그것이 우리 모두에게 주는 의미)는 이 점을 분명하게 보여주고 있다. 오늘날과 같은 디지털 환경에서 온전한 관계를 맺을 줄 아는 아이들을 길러내는 일은 극도로 어렵다. 이런 상황에서 교회는 온전하고, 올바른 관계를 맺을 줄 아는 사람들을 양성하기 위해 디지털로 인한 긴장 상태를 최소화하는 방책을 제공해야 할 필요가 있다.

삶의 의미에 대한 질문

소외의 시대에서 발견되는 또 하나의 문제는 삶의 도덕적이고, 종교적인 토대를 거부하는 허무주의적인 세계관의 유행이다. 삶은 본질적으로 무의미하다. 〈13가지 이유〉라는 10대 청소년들을 등장인물로 내세운 인기 있는 '넷플릭스' 드라마는 한 젊은 여성이 자살을 결심한 13가지 이유를 제시한다. 그 젊은 여성은 자신이 그런 '현명한' 결정을 내릴 수밖에 없는 이유를 나열한 일련의 비디오를 남긴다(그런 이유들 가운데 대부분은 현실적이면서도 가슴을 아프게 하는 관계 파괴와 관련이 있다). 그것은 계속 살아야 할 이유와 목숨을 끊어야 할 이유를 따져보며 삶을 냉정하게 저울질하는 것을 의미한다. 이것은 큰 인기를 누린 책이었고, 지금도 여전히 알고리즘을 통해 매달 수많은 시청자에게 추천되고 있을 정도로 여전히 많은 인기를 누리고 있다.

또 하나의 극단은 디지털 바벨론이 인간의 육체가 한계가 없다는 신념을 부추기고 있다는 것이다. 인간은 자신의 삶과 영향력을 무한히 연장할 수 있다. 게임의 세계에 들어가면 우리의 몸집을 크게 키울 수도 있고, 날씬하게 줄일 수도 있다. 우리는 아바타를 이용해 우리가 되고 싶은 무엇이든 될 수 있다. 우리는 또한 소셜 미디어와 유튜브를 통해 우리의 생각과 용모와 상표를 온 세상에 널리 알릴 수 있다. 형체가 없는 다양한 방식으로 삶을 살아가는 법을 받아들이면 육체는 덜 중요하게 보인다.

기독교적 관계는 육체의 축복과 한계는 물론, 삶의 의미를 발견할 수 있는 더 심원한 길을 제시한다. 가톨릭 공동체는 이를 '육체의 신학'으로 일컫는다.[5]

자기중심적인 삶

소외된 국가를 야기하는 또 하나의 요소는 개인주의의 꾸준한 확대다. 모든 것이 나를 중심으로 돌아간다. 앞서 말한 대로, 개성은 좋은 것이다. 하나님이 개개의 인간을 사랑하신다는 것은 기독교 신학의 가장 큰 특징 가운데 하나다. 하나님에게는 개개의 영혼이 모두 다 중요하다. 우리에게도 그래야 마땅하다.

---

[5] '몸의 신학'은 인간에 대한 요한 바오로 2세의 통합적인 시각을 잘 보여준다. 다음의 자료를 참조하라. John Paul II, "The Theology of the Body," www.theologyofthebody.net(2018년 8월 검색).

그러나 자기중심적인 세계는 나를 지나칠 정도로 먼저 앞세우는 현상을 낳았다. 우리의 코앞에 있는 화상을 통해 삶의 많은 것을 경험할 때는 특히나 더 그렇다. 심지어는 스마트폰 시대의 내성적이고, 자기중심적인 결과물을 가리키는 '셀피'(selfie)라는 신조어까지 등장했다. 모두 '나와 나 자신'의 완전한 형상을 포착하느라 여념이 없다. 이것은 너무나도 기이해 만일 과거에서 온 시간 여행자가 있다면 우리의 정신적 건강 상태를 궁금해할 것이 틀림없다.

그러나 우리는 거의 모두 셀피를 찍는다. 그렇지 않은가?

화상 시대와 셀피 현상은 어떤 식으로 공동체의 파괴와 고독의 위기를 더욱 부추길까? 흥미로운 발전 가운데 하나는 미국인들이 인종이나 종교나 교육이나 신념의 관점에서 자기 자신과 가장 비슷한 사람들과 친구 관계를 맺는다고 말할 가능성이 매우 높다는 사실이다. 같은 깃털을 가진 새들끼리 함께 모이는 경향이 있는 것은 사실이다. 그러나 디지털 세상은 우리 자신의 둥지 속으로 숨을 수 있게 도와준다.

교회는 서로 다른 사람들을 한데 불러 모으고, 우리 자신 외에 다른 것을 추구할 수 있는 장소일 수 있고, 또 그런 장소가 되어야 한다. 그러나 이것은 쉽거나 간단한 노력만으로 이루어질 일이 아니다.

사실, 개인주의를 영성에까지 확대하는 사람들이 많다.

'네비게이토 선교회'를 위해 "제자도의 상태"(The State of Discipleship)라는 연구 조사를 실시한 결과, 사람들, 특히 젊은 그리스도인들은 독자적인 노력으로 제자도를 잘 수행할 수 있다고 믿고 있는 것으로 나타났다.[6] 예를 들어, 그리스도인들 가운데 "나의 영적 생활이 전적으로 개인적인 것이라고 믿는다."라고 말하는 사람들과 '나 혼자서' 제자훈련을 하기를 원한다고 말하는 사람들이 각각 41퍼센트와 37퍼센트에 달했다.

'독자적인 제자도'는 일종의 모순 어법에 해당한다. 왜냐하면 '예쁜 괴물,' '점보 새우,' '귀를 멀게 하는 침묵,' '자연스럽게 행동하다'와 같이 두 단어의 의미가 완전히 다르기 때문이다. 그러나 교회는 마치 개인을 위해 창조된 것처럼 보일 때가 많다. 우리는 하나님을 향해 수직적으로 찬양을 드릴 뿐, 더 이상 '수평적으로' 서로를 향해 찬양을 부르지 않는다. 심지어 세례와 같은 성례도 그리스도의 몸이라는 집단적인 경험과 무관한 개인적인 영적 여정의 관점에서 묘사된다. 사실, 수직적인 차원과 수평적인 차원이 둘 다 중요하다. 예배나 세례가 교인석에 앉아 있는 다른 신자들이 없어도 가능한지를 생각해 보면 이 사실을 금방 알 수 있다. 만일 혼자서 그런 일을 할 수 있다면 그것은 교회가 아니다.

디지털 바벨론에서 제자도를 효과적으로 수행하려면 '외로운 늑대'나 'D.I.Y.'(do it yourself)나 '1인 기업'과 같은 식의 제자도가 가능하다는 신화를 단호히 배격해야 한다. 어떤 교회들은 그렇게 하기 위해 언약적 등록 교인 제도를 받아들였다. 예를 들어, 텍사스주에 있는 '빌리지 교회'의 교인이 되려면 결혼과 비슷한 언약 관계를 맺어야 한다. 즉

---

[6] Barna, *The State of Discipleship*, 46–47.

교회와 신자가 하나님 앞에서 엄숙히 맹세해야 한다. 왜냐하면 "'빌리지 교회'의 등록 교인이 된다는 것은 곧 하나님의 우주적인 대가족에 속한 하나의 작은 가족에 참여하는 것을 의미하기 때문이다. 모든 신자가 그리스도와 연합하고, 그로써 또한 서로서로 연합한다."[7)]

하나님과 교회에 대한 불신

몇 년 전, 바나 그룹의 연구팀은 교회를 떠난 10대 청소년들을 상대로 조사를 실시했다. 한 젊은 여성과의 인터뷰가 진행되는 동안, 데이비드가 "교회에서 좋은 친구 관계를 맺은 적이 있나요?"라고 물었다.

"아뇨. 그러지 못했어요. 내 나이 또래의 모임이 두어 개 있어서 함께 어울렸지만 가깝게 지내지는 않았어요."

"성인들 가운데도 아무도 없었나요?"

"네."

"청소년 담당 교역자와는 어땠나요?"

---

7) "What Is the Church?" Covenant Membership, the Village Church, https://thevillagechurch.net/Content/ExternalSite/Documents/Covenant%20Membership%20Class/Campus%20SF%20Pastor%20-%202018%20-%20Covenant%20Membership%20-%20Membership%20Covenant%20-%20Revised%20-%20Book%20-%20Web%20-20%Covenant%20Membership%20section520only.pdf(2018년 11월 검색).

"청소년 담당 교역자는 급여를 받고 나의 친구 노릇을 했죠."

데이비드는 잠시 호흡을 가다듬고 나서 "그게 무슨 뜻이죠?"라고 물었다.

"그것은 그가 하는 일의 일부였을 뿐예요. 그는 교회에 고용되어 일하는 10대 청소년들의 관리자였죠."

맙소사!

이번 장의 서두에서 소개한 이야기와 위의 대화는 젊은 세대 가운데서 형성되고 있는 불신의 앙금을 여실히 보여주고 있다. 소외 외에 제트 세대와 밀레니얼 세대가 직면한 관계의 압력을 가중시키는 요인이 또 하나 있다. 그것은 전에 의문의 여지 없이 권위를 인정받았던 제도들과 지도자들에 대한 불신이다.

세대 간의 고정 관념은 지나칠 정도로 심할 수 있다. 나이든 성인들을 방에 모아 놓고, 밀레니얼 세대를 어떻게 생각하느냐고 물어보면 곧바로 비난과 욕설이 마구 쏟아지기 시작할 것이다. 흥미롭게도, 젊은 성인들은 천사는 아니지만 부모와 조부모의 세대가 자신들에 대해 생각하고 있는 것보다는 나이든 성인들에 관해 부정적인 평가와 고정 관념을 드러낼 가능성이 더 적다. 예를 들어, 그 가능성은 거의 제로에 가깝다. 50대 이상의 그리스도인들은 밀레니얼 세대가 자신들의 교회에서 가장 관대하고, 호의적인 사람들이라고 생각하지 않지만 밀레니얼 세대는 베이비붐 세대를 관대하다거나 너그럽다고 평가하는 데 조금도 인색함을 보이지 않는다.

다시 말해, 나쁜 감정을 끌어내는 것은 성인들이 더 능숙하다. 우리의 교회는 세대 간의 혼란을 잠재우고, 그리스도 안에서, 그분을 통해 사람들을 서로 화목하게 지내게 만드는 장소가 되어야 한다(뒤에서 그 구체적인 방법을 몇 가지 제안할 생각이다).

목회자들은 늙어가고 있다. 만일 그들이 전통적인 지혜만이 10대 청중과 이상적인 의사소통을 나눌 수 있는 방법이라고 생각한다면 젊은 세대와 관계를 맺기가 더더욱 어려워질 것이다. 물론, 나이든 목회자들이 젊은 청중과 관계를 맺을 능력이 없다는 뜻은 아니다. 우리에게는 모든 연령대의 지도자들이 필요하다. 그러나 젊은 지도자들이 점점 줄어들고 있다. 바나 그룹이 페퍼다인대학교를 위해 실시한 연구 조사에 따르면, 미국의 전형적인 개신교 목회자의 평균 나이가 54세로 밝혀졌다. 이것은 1992년에 조사한 목회자의 평균 나이보다 열 살이나 더 많은 것이다.[8]

사역 지도자들이 늙어가고 있다. 이것이 문제가 되는 이유는 복음과 그리스도 안에서의 의미 있는 세대 간의 관계를 옹호해 줄 젊은 지도자들이 충분히 공급되지 않는다면 교회 안에서 지도자들과 미래의 제자들을 충분히 길러내기가 어려울 것이기 때문이다.

불신의 심리를 더 깊은 차원에서 들여다보면, 성직자들의 성폭력과 교회 내 성폭력이라는 두려운 현실과 연관된 것을 알 수 있다. 이런 소름 끼치는 죄악을 분명하게 드러내는 것은 비록 고통스러울지라도 건강하고, 옳은 일이다. 불행히도, 이런 상황이 초래한 부정적인 인식

---

8) Barna, *The State of Pastors*.

때문에 10대 청소년들은 종종 죄를 짓지 않은 많은 지도자들까지도 한꺼번에 불신하며, 교회 공동체로부터 더욱 멀어지고 있다.

교회에 대한 오해

우리의 연구 조사에 따르면, 많은 젊은 그리스도인들이 교회를 '큰 사업'으로 생각하며 불신감을 드러내고 있는 것으로 나타났다. 이런 인식은 단지 대형 교회와 사역 단체만이 아니라 모든 규모의 교회를 향해 경고음을 내고 있다. 교회로서의 '성공'을 이루는 데 급급한 나머지 제자도와 사람들을 변화시킬 기회를 포기하고 있지는 않은가? 어떻게 하면 교회가 좀 더 인간화되어 인간적으로 변할 수 있을까? 우리 교회의 '관계적 지능 지수(relational IQ)'는 얼마나 될까? 우리가 이런 어려운 질문을 전면에 내세우는 이유는 중요하기 때문이다. 10대 청소년들과 젊은 성인들이 교역자들을 '급여를 받고 친구 노릇을 해주는 사람'으로 인식하고 있는가? 사업으로서의 교회가 관계적 불신을 어떤 식으로 부추기고 있는가?

물론, 교회는 투명하고, 효율적인 방식으로, 심지어는 사업체와 같은 방식으로 '운영해 나갈 수' 밖에 없다. 그러나 교회의 기본적인 방향이 기업적이거나 기계적이라는 느낌을 주어서는 안 된다. 하나님은 각 사람의 영혼의 상태만이 아니라 머리털까지 살필 만큼 위대하시다. 교회에 대한 우리의 경험은 이런 인격적이고, 관계 지향적인 하나님을 구현할 수 있어야 한다.

냉소주의

디지털 바벨론에 만연한 관계 파괴와 불신의 또 다른 차원 가운데 하나는 우리가 재미있다고 생각하는 것, 더욱 구체적으로는 우습다고 생각하는 것이 냉소적 성격을 띠게 되었다는 것이다. 하나님은 유머를 만드셨고, 성경은 그것을 양약으로 묘사했다. 유머는 교만 가운데서 겸손을 일깨우고, 균형 있는 시각으로 번민과 분노를 극복하게 하는 등, 인간의 삶 속에서 상당히 중요한 역할을 한다. 예를 들어, 풍자는 권력을 향해 진리를 말하고, 인간의 상상력을 재조율해 선하고, 참되고, 아름다운 것을 지향하게 함으로써 사회 문제를 교정하는 기능을 발휘한다.

그러나 바나 그룹은 유머의 힘과 용도에 관해 좀 더 조사를 진행하기로 했다. 왜냐하면 오늘날에는 재미있다고 생각되는 것들이 과거보다 훨씬 더 신랄하고, 냉소적인 투로 변한 것처럼 보이기 때문이다. 한 가지 좋은 점은 인종, 성별, 비만, 신체장애를 모욕하는 유머는 도덕적으로 잘못이라는 인식이 점차 확산되는 것이다. 그러나 우리가 재미있다고 생각하는 프로그램들이 세상을 냉소적인 방식으로 묘사할 때가 적지 않다. 젊은 세대는 〈데일리 쇼〉, 〈더 오피스〉, 〈잭애스〉와 같은 프로그램을 통해 그런 식의 유머를 꾸준히 습득하며 성장해

왔다. 트위터나 페이스북도 우리가 모두 재능 있는 코미디언이라고 생각하도록 유도하고 있다. 간단히 말해, 유머가 무기화되었다.

〈더 오피스〉라는 텔레비전 드라마에 등장하는 마이클 스콧이란 사람이 있다. 그는 기업주들이 말하고, 행동하는 어리석은 일들을 집약적으로 나타내는 자만심 강한 사람이다. 〈더 오피스〉는 실제 상황처럼 보이지만, 사실은 직장 생활의 참된 측면을 익살극처럼 풍자한 '모큐멘터리'(mockumentary, 사실 보도 속에 픽션 요소를 가미한 기록물-편집자주)이다. 〈더 오피스〉의 핵심 메시지 가운데 하나는 일터의 정치학이 매우 역기능적이기 때문에 하루하루를 생존해 나가는 것이 모두가 바라는 최선이라는 것이다(오락물에도 메시지가 담겨 있다). 요즘의 세대는 노동 활동을 이런 식으로 묘사하고 있기 때문에, 좀 더 너그럽고 친절한 태도로 기능적인 일터가 형성되도록 기여하는 것을 두려워하며 냉소적이고, 방어적인 태도를 취하기 쉽고, 현실 생활에 참여하는 방식도 나쁜 쪽으로 기울 수밖에 없다.

우리는 다른 사람들, 특히 권위의 자리에 있는 사람들을 덜 신뢰하는 방향으로 조정되고 있다. 디지털 바벨론은 우리의 현실을 조작한다. 목회자들처럼 참으로 열심히 진지하게 사는 사람들이 자만심 큰 사람들, 심지어는 사기꾼들과 거의 동일시되고 있다. 사람들이 무대 위에 선 사람들을 갈수록 더 의심스럽게 생각하는 탓에, 많은 목회자들과 젊은 사역자들이 임무를 수행하기가 갈수록 힘들어지고 있다고 말한다.

우리는 유머의 역할이 달라지고 있는 현상이 과거보다 더 불안한 시대를 부추기고 있다고 믿는다. 오늘날의 시대를 분석해 보면 사람들이 서로를 불신하고, 일상생활 속에서 냉소적으로 반응하는 다양한 이유를 발견할 수 있다. 그렇다면 젊은이들을 제자로 양육하기 위해 노력할 때 개방적인 태도로 서로를 신뢰하게 하려면 어떻게 해야 할까?

교회 안에서의 관계들을 재발견하라

불신과 관계적 소외가 기독교적이고, 인간적인 공동체의 심장부를 강타하고 있다. 간단한 비유를 들어 말하면, 우리와 의미 있는 관계 사이의 장벽이 더 높아지고, 울타리가 더 두꺼워지고 있다. 이런 사실은 우리의 마음속 깊은 곳에 숨어 있는 갈망을 해결해 줄 비평적이고, 실천 가능한 대답을 찾기가 더 어려워졌다는 것을 의미한다.

- 나는 사랑받고 있는가?
- 누가 나의 친구들인가?
- 나에게 관심을 기울이는 사람이 있는가?

앞서 말한 대로, 교회는 예수님 안에서, 또 그분을 통해 인간의 가장 깊은 질문에 대해 대답을 제시해야 한다. 관계적인 친밀함과 협력적이고, 타자 지향적인 공동체를 교회 안에서 발견할 수 있다. 우리는 예수님의 공동체로서 서로의 짐을 짊어진다. 우리는 사랑과 친밀함을 경험한다. 다시 말해, 우리는 사랑받고 있고, 참된 우정을 경험하며, 우리에게 깊은 관심을 기울이는 사람들을 발견할 수 있다.

교회는 유배지에서 관계로 인해 상처를 받은 사람들을 위한 해결책을 제시한다. 오늘날의 기독교 공동체는 소외라는 유행병을 치유하고, 디지털 바벨론의 원자화 효과에 대응함으로써 모두가 경험하는 불신과 소외를 줄일 수 있는 절호의 기회를 맞이했다.

무슨 말인지 알겠는가? 교회는 사회의 큰 균열(곧 사랑받고, 인정받고, 누군가에게 알려지고 싶은 욕구)을 메우도록 도울 수 있다.

역동적인 제자들은 삶의 다양한 차원에서 건전한 관계를 형성하고, 유지한다. 우리는 연구 조사를 실시하면서 특별히 교회나 신앙이나 기독교를 언급하지 않고 관계적인 연결망에 관해 물어보았다. 도표7에서 알 수 있는 대로, 역동적인 제자들은 다른 또래 집단에 비해 사람들과의 관계가 훨씬 더 원만했다.

무엇이 역동적인 제자를 만드는가?
강력한 관계적 연결망

각각의 진술문에 강한 동의를 나타낸 사람들의 백분율

	탕자	유랑민	습관적인 교회 참여자 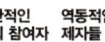	역동적인 제자들
나의 비밀을 이야기할 수 있는 친한 친구가 최소한 한 명 있다.	52%	53%	51%	83%

성장하는 동안, 성인들과 친밀한 관계를 맺었다.	62%	60%	69%	81%
가족 외에 개인적인 문제에 관해 조언을 구할 사람이 있다.	49%	45%	47%	77%
친구들이 내가 더 나은 사람이 되도록 도와준다.	34%	33%	42%	67%
나의 약점을 솔직하게 말해줄 가족과 친구들이 있다.	33%	34%	42%	66%
혼자 있을 때 매우 만족스럽다.	44%	37%	41%	58%
친한 친구들을 더 많이 사귀고 싶다.	28%	35%	34%	43%

(그리스도인으로 성장한 18세에서 29세 사이의 미국인 1,514명을 대상으로 조사했다.)

자료 제공: 바나 그룹, 2018년 2월

역동적인 제자들의 4분의 3 이상이 "나의 비밀을 이야기할 수 있는 친한 친구가 최소한 한 명 있다.", "성장하는 동안, 성인들과 친밀한 관계를 맺었다.", "가족 외에 개인적인 문제에 관해 조언을 구할 사람이 있다."라고 말했다. 아울러 역동적인 제자들의 3분의 2가 "친구들이 내가 더 나은 사람이 되도록 도와준다.", "나의 약점을 솔직하게 말해줄 가족과 친구들이 있다."라고 말했고, 절반 이상이 "혼자 있을 때 매우 만족스럽다."라고 말했다(이것은 관계적 온전성을 보여주는 또 하나의 지표다). 역동적인 제자들은 혼자 있을 때 다른 집단들만큼 자주 외로움을 느끼지 않는다. 마지막으로, 그들은 "친한 친구들을 더 많이 사귀고 싶다."라고 말했다. 이것은 그들이 적절한 수준의 '자기 불충족성'

을 인식하고 있다는 것을 보여주는 부가적인 증거다.

역동적인 제자들을 그리스도인으로 성장한 다른 젊은 성인들과 비교해 보면, 신학과 신앙의 참여에 관한 일련의 질문에 근거해 도출된 역동적인 제자의 특성이 전반적인 관계적 행복과 연관되어 있다는 흥미로운 사실을 발견할 수 있다. 앞에서 주의를 당부한 대로, 이런 연관성이 인과관계는 아니라는 점을 기억하기 바란다. 우리는 어떤 요인이 먼저인지 알지 못한다. 그러나 그리스도인이든 아니든, 모든 사람이 이런 식의 관계적 역동성을 원하고 있다. 이런 젊은 본보기들은 관계적으로 연결된 삶이 가능하다는 것을 분명하게 보여준다. 물론, 그들도 이 점에서 여전히 성장해야 할 필요성이 남아 있다.

그리스도인들은 관계를 원하는 우리 사회의 가장 깊은 갈망이 해소될 수 있도록 도울 수 있다. 사람들이 "우리는 하나님을 불신한다."가 아니라 "우리는 하나님과 그분의 백성을 신뢰한다."라고 말할 수 있게끔 이끌어야 한다. 사람들이 참된 관계를 맺도록 돕는 일은 쉽지 않다. 그러나 우리는 분명한 의도를 가지고 의미 있는 관계를 형성해 나가도록 거들 수 있다.

그런 관계적 공동체를 지향해 나갈 수 있는 실천 방법을 몇 가지 살펴보기 전에, 가장 흔히 저지르기 쉬운 잘못을 한 가지 기억해야 할 필요가 있다. 그것은 이것이 그렇게 어려운 문제가 아니라는 생각이다. 다시 말해, "관계라구? 별로 어렵지 않아."라고 생각하기 쉽다.

우리의 경험으로 미루어 보면, 교회 지도자들이나 목회자들이나 부모들은 협력적인 관계가 이미 이루어지고 있다고 생각하기가 특히나 더 쉽다. 무엇이, 왜 일어나고 있는지를 아는 것도 중요하지만 그런 생각이 스스로 생각하는 것만큼 정확하지 않다는 것도 고려해야 할 필요가 있다. 사람들이 교회 행사에 참여하면 그것으로 관계가 형성되었다고 생각하기 쉽다. 목회자와 교회 지도자들은 관계 지향적인 성향이 비교적 더 강하기 때문에 다른 모든 사람에게도 그와 똑같은 일이 일어나고 있을 것이라고 단정하기가 쉽다.

이런 사실을 염두에 두고, 의미 있는 관계 형성을 도와줄 방법을 몇 가지 생각해 보자.

1. 관계적 건강성과 온전성을 진작시켜라.

첫 번째 단계는 의미 있는 관계에 대해 건전하고, 역동적인 정의를 내리는 것이다. 우리의 연구 조사를 근거로 그런 정의를 하나 제안하면 다음과 같다.

> 우리가 함께 어울리며 본받기를 원하는 동료 신자들에게 헌신할 때 의미 있는 관계가 형성된다.

간단하지 않은가? 그러나 그런 관계는 생각보다 더 어렵다.

다른 그리스도인들을 사랑한다고 말하기는 쉽다. 그러나 그들과 어울리는 것을 진정으로 좋아하는가? 그것이 목표다. 우리는 젊은 사람들이 다른 교인들과 함께 어울리며 시간을 보내는 것을 좋아하기를 바란다. 이것은 정기적인 예배나 교육 시간 이외에도 서로 함께 어울리며 삶을 공유하는 것을 의미한다. 많은 교회가 주말에 있는 예배 행사에만 집중할 뿐, 교인들이 함께 어울리기를 좋아할 경험들을 장려하는 일에는 별다른 노력과 시간을 할애하지 않고 있다.

나이든 성인들은 (자신의 자녀나 손자가 없더라도) 어린아이들의 축구 경기나 학예회에 참석할 수 있다. 우리가 듣기로는 젊은이들이 나이든 세대와 인터뷰한 내용을 비디오로 제작해 교회의 역사를 다룬 짧은 영화를 만들도록 돕는 교회들도 있다고 한다. 그들은 서로 다른 세대들의 목소리를 반영한 영화를 주말의 예배 시간에 상영한다.

어떤 일을 함께 하면 강력한 관계가 형성될 수 있다. 마크가 이끄는 중고등부에 자원봉사자로 나선 한 나이든 여성은 유머 감각까지 갖춘 전형적인 가정주부였다. 그녀는 학생들 개개인을 위해 개별적으로 생일 케이크를 만들어 주었을 뿐 아니라 거기에 특별히 그들의 성격과 관심사를 나타내는 장식까지 곁들였다.

두 명의 소녀가 신이 난 표정으로 케이크가 너무 맛있었다고 말하면서 어떤 믹스 가루를 사용했느냐고 물었다. 그녀는 화가 난 듯한 목소리로 "믹스 가루라니? 이 케이크는 기성품 믹스 가루로 만든게 아니란다. 내가 처음부터 직접 만든 것이야."라고 말했다.

그러자 소녀들은 서로를 바라보면서, "직접이요?"라고 물었다.

그 후 그 친절한 부인의 집에서 요리 강습이 열렸다. 모든 소녀가 직접 측량하고, 체로 쳐낸 재료로 케이크를 만드는 법을 배웠다(개중에는 소년들도 몇 명 있었다). 아이들은 두 번의 강습을 받고 난 후에도 좀 더 배우기를 원했다. 따라서 그녀는 그들에게 자신들의 손으로 추수감사절 식탁을 완벽하게 차리는 법을 가르쳐 주었다.

단기 선교 여행, 봉사 여행, 멘토링, 신학기를 준비하기 위한 쇼핑, 박물관 방문 등, 세대를 연결해줄 수 있는 모든 형태의 경험을 공유하면, 사람들이 함께 어울릴 수 있는 기회가 마련된다. 역동적인 제자들이 의미 있는 관계를 형성해 나가도록 도우려면 그런 활동에 우선적인 노력을 기울여야 한다.

의미 있는 관계 형성을 도와주는 두 번째 방법은 우리가 본받기를 원하는 사람들과 함께 시간을 보내는 것이다. 젊은 그리스도인들은 나이든 사람들의 삶과 열망과 가치관을 본받기를 원한다. 우리는 최근에 우연히 우리가 추구해야 할 것을 간결하게 요약한 트윗을 발견했다. 거기에는 이렇게 적혀 있었다.[9]

"자기 교회 교인들을 둘러보며, '이들은 나의 사람들이야. 나는 여기에 속해 있어.'라고 생각하는 10대 청소년들은 '주님은 제 하나님이십니다. 저는 주님이 계신 곳에 속해 있습니다.'라고 말할 가능성이 매우 크다."

우리의 교회 공동체 안에서 그런 강력한 일이 일어나게 하려면 어떻게 해야 할까? 건전하고, 온전해지려면 상황이 여의치 않을 때, 그 사실을 솔직하게 인정해야 한다.

---

[9] Richard Ross, Twitter post(2018년 7월 22일).

어느 해, 마크가 다니는 교회의 청소년부 교역자가 그에게 상급반 학생들을 지도해 달라고 부탁했다. 당시는 학기 중에 이루어진 대다수의 청소년 행사들에 참여하는 학생들의 숫자가 크게 줄어든 상태였다. 마크는 그의 부탁을 받아들였다. 그는 첫날에 17, 18세 학생들에게 카드를 나눠주고, 말하고 싶은 것이 있는데 선뜻 말하기 어려운 것이 있으면 무엇이든 익명으로 적어내라고 말했다. 그는 학생들의 의견을 참조해 그해의 행사들을 계획할 생각이었다.

약 절반의 카드가 "나는 더 이상 하나님을 믿지 않는다. 졸업할 때까지 그냥 믿는 척하다가 가겠다."라는 식의 내용이었다. 마크는 행사와 활동을 계획하는 대신 상급반 학생들에게 귀를 기울이며, 그들의 의심에 관해 대화를 나누면서 한 해를 보냈다. 무슨 문제든 서로 솔직하게 이야기했다. 그러자 상급반 학생들의 숫자가 줄지 않고 더 늘어났다. 지금 그들은 10년이 훌쩍 지나 거의 서른 살이 다 되었지만, 대부분 여전히 주님을 잘 믿고 있다.

우리와 대화를 나눈 역동적인 제자들은 교회에 대한 환멸과 실망감을 놀라울 만큼 솔직하게 표현했다. 그러나 그들은 냉소주의로 치우치는 법이 거의 없다. 그들은 자신의 감정을 털어놓고, 처리하는 방법을 터득했다. 잘못된 교회 지도자를 경험한 적이 있는가? 주저하지 말고, 솔직한 대화를 나눠보자. 교회 안에서 무엇인가를 보고서 기대감이 산산이 깨졌는가? 흔히 있을 수 있는 일이다. 교회에 대한 환상을 철저하게 파헤쳐 실망감을 안겨준 것이 무엇인지 함께 찾아보자.

앞서 말한 대로, 짐은 교회의 선교 여행에 참여했다가 잘못된 지도자를 만났던 한 젊은 여성의 경험담을 소개했다. 불행히도 그런 일들이 실제로 일어난다. 그런 감정을 숨기거나 묻어두어서는 안 된다. 짐은 이렇게 말했다.

"아무것도 제동을 걸지 않고 마음껏 감정을 쏟아내게 했습니다. 꽤 오랜 시간 동안 귀를 기울여 듣고 나서 때로는 잘못된 지도자를 만나면 우리 자신의 행동과 생각을 올바로 살필 수 있는 계기가 되니까 이따금 그런 지도자를 만날 필요도 있다고 말해주었습니다. 나는 그 지도자를 옹호하려고 애쓰지 않고, 비난을 뛰어넘어 우리 자신의 부족한 점을 생각하려고 노력했습니다."

우리는 너나 할 것 없이 누군가를 통해 악몽에서 깨어난 경험이 있다. 그것을 극복해 성장의 계기로 삼으려면 좀 넓은 관점에서 솔직하게 논의하고, 앞으로 나아갈 길을 모색해야 한다. 상호적인 관계를 통해 실망감을 토로하는 말을 듣고, 그것을 좀 더 생산적인 결과를 낳는 방향으로 재조정하는 일은 역동성을 기르는 가장 중요한 방법 가운데 하나다.

2. 구체적인 관계적 결과를 추구하라.

유배지에서 의미 있는 관계를 형성할 수 있는 두 번째 방법은 분명한 의도를 가지고 기울인 노력이 바람직한 결과를 낳게끔 노력하는 것이다. 지금까지 논의한 대로, 관계적 건전성에 이르는 길 위에는 온갖 종류의 방해 요인이 도사리고 있다. 따라서 극심한 소외와 불신이 만연한 디지털 바벨론에서 막연히 의미 있는 관계가 이루어지기를 바라며 아무 생각 없이 세월을 허비해서는 안 된다. 목표를 의도적으로 추구하려는 노력이 필요하다.

이미 앞에서 역동적인 제자들이 보여준 관계적 건전성을 논의하는 가운데 그런 결과 가운데 몇 가지를 언급한 바 있다. 그런 구체적인 결과들이 다음 세대가 관계적 연결망을 구축하도록 돕는 방법을 고려할 때 우리가 열망해야 할 것들이다. 구체적으로 말하면, 흉금을 털어놓을 수 있는 친구, 친밀하게 어울릴 수 있는 성인, 현명한 조언자, 약점을 솔직하게 지적해 줄 사람, 자기 혼자 있을 때도 만족스러운 감정 등이다.

역동적인 제자들의 경우에는 우정이나 협력적인 관계에서 비롯하는 일반적인 결과들 외에도 습관적인 교회 참여자들과는 사뭇 다른 기독교를 경험하는 것으로 드러났다. 여기에서도 인과관계는 성립하지 않지만 그 차이는 놀라울 만큼 크다. 예를 들어, 그리스도인들의 공동체와 연결되어 있다는 것에 강한 동의를 나타낸 비율이 역동적인 제자들의 경우에는 82퍼센트에 달했지만 습관적인 교회 참여자의 경우에는 33퍼센트, 유랑민의 경우에는 고작 7퍼센트에 불과했다(도표6 참조). 이것은 굉장한 차이다. 그들의 삶의 경험은 실제로 매우 큰 차이가 난다. 역동적인 그리스도인들의 관계적 지표는 "나는 그리스도인들의 공동체와 연결되어 있다, 나는 교회에서 사랑과 존중을 받고 있다, 나는 나이든 교인들과 친밀하게 어울린다."라는 말로 간단히 압축된다.

신앙 공동체와 기독교 가정들은 결과를 염두에 두고 계획한 역동적인 공동체가 되어야 한다. 역동적인 제자들의 모범적인 특성을 몇 가지 소개하면 다음과 같다.

- 나는 교회에서 내가 맺고 있는 관계들을 신뢰한다.
- 나는 교회에서 모든 연령대의 사람들과 친밀하게 지낸다.
- 나는 나보다 나이가 많은 사람의 지도를 받고 있고, 또 나보다 나이가 어린 사람을 지도한다.
- 나는 디지털 도구들을 올바로 사용해 관계를 발전시켜 나가는 방법을 알고 있다.
- 나는 디지털 도구들이 나의 관계를 방해할 때는 그것들을 피하는 방법을 알고 있다.

우리가 이런 결과들을 제시하는 이유는 교회나 기독교 학교나 대학이나 가정 안에서 마주치게 되는 젊은이들과 더불어 그런 목표를 달성하는 방법을 찾도록 독려하기 위해서다. 증거에 따르면 역동적인 제자들을 길러내는 교회나 학교나 가정은 분명한 목표와 결과를 염두에 두고, "함께 시간을 보내면 이러이러한 결과들을 얻을 수 있을 거야."라고 생각하며 모든 것을 결정하는 습관을 지닌 것으로 나타났다.

"우리는 이런 목표들을 어디에서 성취하고 있는가?"라고 묻는 것이 좋은 출발점이 될 수 있다. 만일 그 대답이 "글쎄, 어디에도 없는 것 같아."이라면 "기존의 프로그램을 어떻게 수정하면 좋을까? 아니면 이런 목표를 성취할 수 있는 새로운 프로그램을 만들려면 어떻게 해야 할까?"라고 물어라. 예배 전이나 후에 간단히 음식을 나눠 먹는 시간을 갖는다면, 다른 사람들과 만나서 관계를 맺을 수 있는 기회의 폭과 연결망이 더 넓어질 수 있다.

새로운 것을 생각하고 싶은가? 새로운 것을 생각하는 것은 자유다. 그러나 우리는 여전히 정해진 사명을 이행해야 할 책임이 있다. 그러려면 어떻게 해야 할까?

3. 감정에 관심을 기울여라.

우리가 가고 싶어 하는 장소와 함께 어울리고 싶은 사람들은 모두 다양한 감정과 연루되어 있다. 그런 감정은 긍정적이거나 부정적이거나 중립적일 수 있다. 이것은 우리가 『나쁜 그리스도인』과 『유 로스트 미』에서 밝혀낸 인식 작용의 과정에 가장 흔하게 영향을 미치는 요인 가운데 하나다. 구체적으로 말해, 인간은 자기가 환영받지 못하고 있다는 사실을 금세 알아차린다.

이런 사실은 관계를 위한 감정적으로 건강한 상황을 잘 헤아려 구축해야 할 필요성을 암시한다.[10] 이런 일이 가정들이나 교회들 안에서 일어날 수도 있고, 그렇지 않을 수도 있다. 또한 제도적 구조나 일터 안에서 이런 일이 촉진될 수도 있고, 그렇지 않을 수도 있다. 우리는

---

10) 감정적으로 건강한 교회와 지도자에 관한 정보를 원한다면 피트 스카제로의 웹사이트를 참조하라. www.emotionallyhealthy.org.

나이나 지위에 상관없이 건강한 환경을 조성하는 데 협력해야 할 책임이 있다.

도표8의 자료를 참조하라. 역동적인 제자들은 습관적인 교회 참여자들이나 유랑민이나 탕자들에 비해 교회적 상황에서 감정적으로 긍정적인 경험을 묘사할 가능성이 훨씬 더 높다. 흥미롭게도 유랑민은 탕자와 비율이 거의 똑같다. 이것은 유랑민과 교회 사이의 감정적인 거리가 상당히 크다는 것을 보여준다.

교회의 감정적인 분위기 아래의 진술문에 강한 동의를 나타낸 사람들의 백분율	탕자	유랑민	습관적인 교회 참여자	역동적인 제자들
사랑받고, 존중받는 느낌이다.	23%	26%	50%	83%
가족의 일원인 느낌이다.	18%	21%	47%	76%
나보다 나이가 더 많은 사람들과 연결된 느낌이다.	20%	16%	31%	65%
일상생활의 불안감이 완화된 느낌이다.	12%	16%	37%	63%
또래들과 연결된 느낌이다.	15%	14%	36%	62%
삶의 도전에 맞설 수 있는 느낌이다.	11%	16%	32%	59%
나를 있는 그대로 이해받는 느낌이다.	16%	11%	29%	54%

개인적인 위기를 겪을 때 누군가의 도움을 받는 느낌이다.	12%	12%	28%	54%
다른 사람들에게 판단 받는 느낌이다.	13%	1%	16%	9%
그리스도인들의 위선에 실망감을 느낀다.	18%	17%	12%	11%
외롭고, 소외된 느낌이다.	11%	8%	8%	4%
충분히 영적이지 못한 느낌이다.	10%	18%	14%	10%

(그리스도인으로 성장한 18세에서 29세 사이의 미국인 1,514명을 대상으로 조사했다.)

자료 제공: 바나 그룹, 2018년 2월

젊은이들의 영적 상태가 어떻든 상관없이 따뜻한 감정적인 경험을 전달하는 말을 통해 감정적인 간극을 메우도록 도울 수 있다. 예를 들면, "형제는 이곳에서 사랑과 존중을 받고 있어요. 우리는 가족이고, 그리스도 안에서 형제와 자매입니다. 어떤 감정을 느끼는지 말해 보세요. 요즘에는 성장해 가는 과정이 너무나 힘들어 참으로 마음이 아프지만 이곳에서는 안전할 것입니다."라고 말하라. 앞에서 말한 대로, 실망감이나 역기능에 관해 솔직하고 정직한 대화를 나누는 것이 도움이 된다.

지금까지 말한 것 외에도 우리의 가장 귀한 자산, 즉 우리의 시간과 관심을 투자하는 것도 감정적으로 건강한 상황을 조성하는 데 도움이 된다. 교회 지도자들이 사례비를 받고 하는 일은 대부분 예배를 인도하고, 프로그램을 운영하는 것이다. 물론, 이것은 중요하고 가치 있는 일이다. 우리가 '교회'를 평가하고, 경험하는 방식도 대개 사람들과 함께 어울리는 것이 아닌 그들을 위해서 하는 일로 이루어진다. 이런 행사 중심의 불균형을 옳게 바로잡아야 할 필요가 있다. 그렇게 하면 더 건강한 감정적인 분위기를 함께 만들어나가는 데 도움이 될 것이다.

기독교 대학교에 다니는 학생들과 대화를 나눠보면 교수들이나 학교 운영자들을 알고, 또 그들이 자기를 알아주는 것이 가장 좋은 경험의 하나라고 말하는 소리를 종종 들을 수 있다. 식사에 초대해 함께 음식을 먹고, 강의실 밖에서 서로를 알고, 학생들이 겪는 어려움을 해결하는 데 도움을 줘야 한다. 학생들은 자기들에게 관심을 기울이는 사람들을 알아본다. 간단히 말해, '어울림의 사역'에 시간과 관심을 투자해야 한다.

역동적인 제자들은 심지어 평균 이상의 긍정적인 감정을 경험할 때조차도 여전히 많은 성장의 가능성을 보여준다. 그러나 그들도 부정적인 감정을 느낄 때가 있다. 그들 가운데 열 명 중 하나가 충분히 영적이지 못하다는 느낌을 받는다고 대답했고, 아홉 명 중 하나가 그리스도인들의 위선에 실망을 느낀다고 대답했다.

우리는 상황을 잘 평가해 행동을 취해야 한다. 사람들이 나의 가정이나 교회에서 느끼는 긍정적인 감정은 무엇인가? 어떻게 그런 감정을 더 많이 느끼게 할 수 있을까? 사람들이 나의 가정이나 교회에서 느끼는 부정적인 감정은 무엇인가? 어떻게 그런 감정을 줄일 수 있을까?

데이비드는 전문적인 코치의 지도를 받은 적이 있었다. 그가 부정적인 감정을 드러낼 때마다 그녀는 "데이비드, 그거 참 불쾌하구나. 어디 한 번 속 시원하게 한번 말해 보자."라고 말하곤 했다. 또 한 친구는 "데이비드, 상황을 너무 기분 나쁘게 받아들이지 마. 그것에 대해 좀 더 낫게 생각할 방법을 찾을 수 있을 거야."라고 조언했다. 이 두 경우에서 알 수 있는 대로, 코치와 멘토는 일어난 상황에 대해 내면에서 느끼는 감정을 옳게 파악해 좀 더 유연하게 반응하도록 도왔다.

이것은 교회에서 기분을 전환하는 약을 나눠주거나 주일에 억지로 얼굴에 미소를 띠는 등, 단순히 행복한 생각을 끌어내려고 노력하라는 의미가 아니다. 감정적으로 건강한 분위기란 모든 감정을 건강하게 표현하도록 허용하는 분위기를 의미한다. 성경은 "분을 내어도 죄를 짓지 말라"고 말씀한다(엡 4:26). 기쁨과 슬픔은 항상 공존한다. 감정은 소외를 덜 느끼고, 더 많이 신뢰하고, 궁극적으로는 더욱 그리스도인다워지게 만드는 과정에서 큰 역할을 담당한다.

심리학자이자 신학자인 리처드 벡은 특정 교파에서 성장한 자신의 경험담을 들려주었다. 그는 인격의 형성기에 이루어진 그런 경험들은 매우 강력했다면서, "그리스도의 교회의 일원이라는 것이 우리의 대뇌변연계에 깊이 각인된다. 어린 시절과 사춘기의 어색했던 감정을 모두 느끼고 나면 단지 지성적인 차원에서만 그리스도의 교회의 일원이 되는 것이 아니라 감정적인 차원에서도 그렇게 된다. 그런 정체성은 매우 깊고, 심원하다."라고 말했다.[11]

---

11) Richard Beck, "A Peculiar People: Emotions and Spiritual Formation," *Experimental Theology*, May 17, 2018, http://experimentaltheology.blogspot.com/2018/05/a-peculiar-people-emotions-and.html(2019년 2월 검색).

4. 부족함을 있는 그대로 드러내라.

불신과 소외의 장벽을 무너뜨리는 방법 가운데 하나는 자신의 약점을 스스럼없이 드러내고, 가식이나 겉치레를 하지 않고서 다른 사람들과 솔직한 관계를 맺을 수 있는 태도를 갖추는 것이다. '익명의 알코올 중독자 모임'(Alcoholics Anonymous)이 활발하게 이루어지고 있는 이유는 바로 이런 태도 때문이다. 그곳은 사람들이 언제라도 찾아갈 수 있고, 또 그들의 모습 그대로 인정을 받는 곳이다.

"안녕하세요. 내 이름은 아무개입니다. 나는 알코올 중독자입니다."라는 한 마디로 족하다.

그 어느 때보다 더 넓은 연결망을 갖추고 있는 사회, 전화기만 집어들면 다수의 친구들과 연락을 취할 수 있는 문화 속에서 관계적 욕구가 해소되지 않고 있다는 것은 참으로 아이러니한 일이 아닐 수 없다. 스티븐 마치는 『애틀랜틱』(The Atlantic)에서 이렇게 말했다.

> 우리는 조상들이 상상조차 할 수 없었던 소외감 속에서 살아가고 있지만 서로에 대한 접근성이 지금보다 더 원활했던 때는 일찍이 없었다. 지난 30년 동안, 기술 문명은 우리에게 잠시도 연락이 끊기지 않는 세상을 가져다주었다. 2010년에 3억 달러를 들여 '시카고 상품거래소'와 '뉴욕 증권거래소'를 잇는 약 1300킬로미터의 광섬유 케이블이 설치되어 거래 시간을 3밀리초로 단축시켰다. 그러나 시간이나 공간의 제약을 받지 않는, 이 즉각적이고,

완전무결한 소통에도 불구하고, 우리는 전례 없는 소외감으로 인해 고통받고 있다. 우리는 과거 그 어느 때보다도 더 외롭고, 서로로부터 소외되어 있다.[12]

연구 조사에 따르면, 외로움 때문에 삶이 행복하지 않다고 느끼는 미국인이 전체의 20퍼센트(약 6천만 명)에 이르는 것으로 나타났다.[13]

교회는 이 외로움을 극복하고, 고백적 공동체라는 우리의 근본으로 되돌아감으로써 서로서로 자신의 약점을 있는 그대로 고백할 수 있는 분위기를 조성해야 한다. 얽매이기 쉬운 우리의 죄를 서로에게 솔직하게 이야기할 때, '좋아요'를 몇 번 받은 것에 대한 대가로 셀피(스마트폰으로 찍은 자신의 사진)를 올려주는 것과 같은 그런 식의 관계를 훨씬 뛰어넘는 참된 관계를 맺을 수 있다.

기독교 공동체 내에서 스스로의 약점을 인정한다는 것은 의구심에 관해 말하고, 그것과 씨름하는 것을 의미할 때가 많다. 『유 로스트 미』에 따르면, 젊은이들 가운데 상당수가 교회가 확신에 차 있으면서도 정작 자신들이 느끼는 의구심을 해소하도록 도와주지 못하는 것을 보고서 교회를 떠나게 되었다고 대답한 것으로 드러났다. 그들은 교회가 자신들의 의문을 솔직하게 털어놓을 기회를 제공하지 않고, 합리적인 의심을 무시한 채 믿음을 강요하기만 한다고 느꼈다.

---

12) Stephen Marche, "Is Facebook Making Us Lonely?" *The Atlantic*, May 2012, https://www.theatlantic.com/magazine/archive/2012/05/is-facebook-making-us-lonely/308930/(2019년 2월 검색).
13) Marche, "Is Facebook Making Lonely?"

젊은이들은 자신의 의심을 솔직하게 말할 수 있는 환경이 조성된 곳을 즐겨 찾는다. 예를 들어, 기독교 학교들이 학생들에게 각자가 느끼는 의구심을 논의하고, 질문을 제기할 수 있는 토론의 장을 마련해주고, 의심이 믿음의 반대가 아니라는 개념을 심어준다면, 젊은 학생들은 자신이 인정받고 있다는 것을 알고, 소속감을 느끼게 될 것이다.

교회 안에서 의미 있는 관계들을 형성한다는 것은 단순히 격려의 말을 건네거나 긍정적인 태도를 보이는 것을 의미하지 않는다. 의미 있는 관계는 믿음의 여정을 함께 하면서 갈등과 불일치를 경험하는 동안 형성될 때가 많다. 약점을 솔직하게 드러낸다는 것은 그것을 극복할 때까지 충분히 오랫동안 함께 어울리는 것을 의미한다.

5. 디지털 안식일을 보내라.

한 친구가 최근에 휴가철에 산속 오두막집에 가족들을 데리고 가면서 모든 화상 기기를 집에 놔두었다. 그들은 두 시간의 운전 끝에 오두막집 입구에 도달했다. 그는 자녀들에게 스마트폰 게임기를 가지고 놀지 않고 오랫동안 자동차를 타고 온 기분이 어떠냐고 물었다.

미소를 머금은 아이들 가운데 하나가 "자유요!"라고 소리쳤다.

"우리가 다시 가족이 된 듯한 느낌이 들어요." 다른 아이가 말했다.

혹시 우리의 화상 기기도 우리의 교회에 그와 비슷한 영향을 미쳐 우리를 덜 가족처럼 느끼게 만들고 있지는 않은지 궁금하다.

앤디 크라우치는 『테크-와이즈 패밀리』에서 우리가 잠에서 깨어난 뒤에 화상이 깨어나고, 우리가 잠자리에 들기 전에 화상이 먼저 잠자리에 들어야 한다고 주장했다.[14] 하루에 한 시간, 일주일에 하루, 일년에 한 주간 동안 의도적으로 화상을 멀리 치워놓는다면 어떻게 될까? 교회와 청소년부에서 젊은이들에게 실제적인 삶 속에서 대화를 나누는 법을 가르치면 어떻게 될까?

물론, 그리스도인들은 스마트폰을 이용해 다양한 번역 성경, 스터디 가이드, 기도 시간을 알려주는 알람, 영적 지도자들이 전한 유익한 설교 말씀을 담은 동영상 등, 많은 유익을 누릴 수 있다. 그러나 화상 기기에 중독되는 일도 얼마든지 일어날 수 있다.

덴마크에서 실시한 한 연구 조사에 따르면, 천 명이 넘는 참여자가 일주일 동안 페이스북을 하지 않은 결과, 삶에 대한 만족도가 크게 향상된 것으로 나타났다고 한다. 그들은 또한 페이스북을 더 많이 사용하는 사람들이 덜 사용하는 사람들보다 분노(20퍼센트와 12퍼센트), 우울증(33퍼센트와 22퍼센트), 걱정근심(54퍼센트와 41퍼센트)을 더 많이 느낄 가능성이 높다는 사실을 발견했다.[15]

정신적인 여유를 확대하고, 주위 사람들과 더 유익한 관계를 맺으려면 화상을 보는 것을 중단하는 디지털 안식일의 습관을 길러야 할 필요가 있다.

---

14) Andy Crouch, *The Tech-Wise Family: Everyday Steps for Putting Technology in Its Proper Place* (Grand Rapids: Baker Books, 2017).

15) John Rampton, "8 Reasons Why Happy Couples Rarely Share Their Relationship Statuses on Social Media," Inc., May 1, 2017, https://www.inc.com/john-rampton/8-reasons-why-happy-couples-rarely-share-their-relationship-statues-on-social-m.html(2019년 2월 검색).

6. 젊은이들이 믿음의 본보기를 찾도록 도와라.

젊은 제자들은 직계 가족 외에 예수님의 충실한 제자로서 자신들의 영적 성장을 도와줄 믿음의 본보기, 곧 그들의 인격 형성을 돕고, 그들의 삶에 관해 말하고, 그들의 재능을 계발하도록 도와줄 성인들을 필요로 한다.

데이비드는 바나 그룹의 연구 조사에 근거해 이 주제를 좀 더 심화시켜 자기 자녀들에게 적용했다.

그의 딸 애니카에게는 아바라는 이름의 훌륭한 어른이 있다. 그녀는 젊은 주부다. 두 사람은 함께 달리기도 하고, 문자를 자주 주고받기도 하고, 깊고, 중요한 대화를 나누기도 한다. 애니카는 자주 그녀의 가족들과 시간을 함께 보낸다.

데이비드의 또 다른 딸 에밀리는 우리의 친구인 앤디와 캐서린과 잘 어울린다. 그녀는 그들과 함께 여러 번 여행을 다녀왔다. 그들은 음식, 여행, 예술, 문학 등을 중심으로 좋은 것들을 많이 즐긴다. 그런 과정을 거치면서 그들의 관계는 굳고, 단단해졌다.

데이비드의 아들 잭도 성인들과 다양한 관계를 맺고 있다. 그들은 잭이 인생을 잘 헤쳐나가도록 돕고 있다. 우리는 최근에 가족 위기를 겪은 적이 있다. 그들은 잭이 우리 가족이 겪었던 슬픔을 잘 극복할 수 있도록 도왔다.

가족 이외의 성인들과 이런 관계를 맺는 것의 중요성은 아무리 강조해도 지나치지 않다. 아이들이 10대 시절을 보낼 때는 이런 관계가 특히 더 중요하다. 아이들은 부모로부터 직접 듣거나 부모와 함께 해결하기 어려운 문제들을 안고 있기 마련이다. 예수님을 따르는 훌륭한 성인들은 아이들이 교회에 잘 다니도록 도울 수 있고, 그들이 어울리고 싶어 하는 사람이 되어 줄 수 있으며, 그들에게 본받을 만한 본보기를 제시할 수 있다.

7. 멘토의 중요한 역할을 실현하라.

세대 간의 관계는 우리가 지금까지 논의해 온 개념에 매우 중요하다. 그런 식의 관계는 우연히 일어나지 않는다. 그것은 관련된 모든 사람의 일관된 노력과 의도적인 계획이 필요한 일이다.

도표9는 역동적인 제자들이 또래 집단에 비해 세대 간의 관계를 형성할 가능성이 더 높다는 것을 보여준다. 그러나 역동적인 제자들도 이 점에서 더욱 성장해야 할 여지가 남아 있다.

무엇이 역동적인 제자를 만드는가?
세대 간의 관계가 형성된 공동체
아래의 진술문에 강한 동의를 나타낸 사람들의 백분율

 탕자 유랑민 습관적인 교회 참여자 역동적인 제자들

나보다 나이가 더 많은 사람들에게 존중받는 느낌이다.	24%	26%	37%	65%
나보다 나이가 더 많은 사람들의 긍정적인 비판을 기꺼이 받아들인다.	29%	30%	35%	60%
어려운 결정을 내려야 할 때 나보다 나이가 더 많은 사람들의 조언을 구한다.	21%	25%	37%	56%
나와 같은 연령대의 사람들에게 주로 조언과 통찰력을 구한다.	12%	9%	20%	24%
나이든 사람들이 나의 세대가 겪는 압박감을 이해하지 못하는 것처럼 보인다.	33%	24%	25%	24%

(그리스도인으로 성장한 18세에서 29세 사이의 미국인 1,514명을 대상으로 조사했다.)

자료 제공: 바나 그룹, 2018년 2월

    역동적인 제자 열 명 가운데 네 명이 교회에서 성인 멘토(즉 교역자 이외의 성인 신자)와 관계를 맺고 있다고 대답했다(이 비율은 다른 집단들에 비해 두 배가 넘는다). 어려운 결정을 내려야 할 때, 나이든 사람에게 조언을 구한다고 대답한 역동적인 제자들도 전체의 절반이 넘었다.

    물론, 이런 관계가 형성되려면 극복해야 할 요인들이 있다. 그 가운데 하나는 성인들이 젊은이들의 세대를 본받으려고 노력해야 할 필요가 있다는 것이다. 그들은 자기 세대가 가지고 있지 않은 젊은 세대의 장점을 보고, 새로운 세대가 또 다른 돌파구를 제시할 수도 있다는 사실을 인정해야 한다. 우리는 이를 '상호적 멘토링'으로 일컫는다. 교회가 젊은 유배자들을 필요로 하는 이유는 그들을 세뇌하기 위해서가 아니라 그들을 통해 디지털 바벨론에서 성장한다는 것이 무슨 의미인지를 배우기 위해서다.

유배자들은 '본도, 갈라디아, 갑바도기아, 아시아, 비두니아에 흩어진 나그네…택하심을 받은 자들'이라는 베드로전서와 같은 상황, 곧 과거와는 크게 다른 상황에서 우정을 나누고, 관계를 맺어야 한다. 고향 땅이 아닌 곳에서 사는 삶에는 많은 도전이 뒤따르기 때문에 베드로는 그들을 격려하려고 노력했다. 그는 하나님의 백성에게 끝까지 충실하며 거룩한 삶을 살고, 고난에 대비하라고 당부했다. 그러면서 그는 상호적 관계를 독려했다.

> "무엇보다도 뜨겁게 서로 사랑할지니 사랑은 허다한 죄를 덮느니라 서로 대접하기를 원망 없이 하고 각각 은사를 받은 대로 하나님의 여러 가지 은혜를 맡은 청지기같이 서로 봉사하라 만일 누가 말하려면 하나님의 말씀을 하는 것 같이 하고 누가 봉사하려면 하나님이 공급하시는 힘으로 하는 것 같이 하라 이는 범사에 예수 그리스도로 말미암아 하나님이 영광을 받으시게 하려 함이니 그에게 영광과 권능이 세세에 무궁하도록 있느니라"(벧전 4:8-11).

그리스도인 유배자들은 시대를 막론하고 불평을 토로하기보다 호의를 베풀고, 책임 있게 말하고, 서로를 잘 섬기고, 은사를 올바르게 활용해야 한다. 이것이 유배지에서 의미 있는 관계라는 새로운 삶을 함께 형성해 나가는 길이다.

■■■

　데이비드 메더스는 매우 호의적이고, 참된 매력을 지니고 있다. 그는 너무나도 친절하다. 앨라배마 억양을 구사하는 그의 말소리를 듣는 사람은 즉시 경계심을 풀고, 가까이 다가가게 된다. 그는 가족들과 손자들을 사랑하고, 그들을 잘 보살피며, 그들을 위해 기도하고, 그들의 슬픔과 기쁨을 함께 나눈다. 그가 예수님을 사랑하고 있다는 것이 그의 말과 행동을 통해 여실히 드러난다. 그는 한 어린 소녀가 신앙에 대해 제기한 의문을 풀어주기 위해 오후의 콘퍼런스를 송두리째 건너뛴 적도 있었다. 그는 전에 애니카를 만난 적이 없었지만 그녀를 마치 자신의 손녀처럼 여겨 깊은 관심을 기울여 주었다.
　나(데이비드)는 데이비드 메더스를 거의 10년 전에 플로리다주 올랜도에서 처음 만났다. 그와 그의 동료인 랠프는 내게 기독교 대학에 다니는 학생들을 위해 세미나를 인도해 달라고 부탁했다. 나는 세미나에 모든 열의를 기울였다. 나의 강연은 오전과 오후 내내 계속되었다. 내가 통계자료가 가득한 '파워포인트' 슬라이드를 보여주며 '표본 오차'에 관해 설명할 때 학생들은 흥미를 느끼며 집중하는 듯 보였다.
　자료를 보여주며 끝없이 이어지던 강연이 거의 막바지에 이르렀을 무렵, 청중들은 피곤해하는 기색을 드러냈다. 그 순간, 데이비드가 세미나실에 앉아 있는 일흔다섯 명의 젊은 지도자들 앞으로 걸어나가서 몇 마디 농담으로 수많은 자료를 지켜보느라 지친 청중을 깨웠다. 그 효과는 매우 컸고, 강의실에는 즉시 웃음이 만발했다.

그러고 나서 데이비드는 화제를 바꾸어 "나는 개인적으로 우리 세대, 곧 베이비붐 세대를 위해 회개하고 싶습니다. 우리가 이런 부정적인 인식이 싹트도록 방치했습니다. 여러분의 세대가 교회에 대해 어떤 부정적인 인식을 지니고 있는지 잘 아시죠? 오늘날 교회는 위선적이다, 남을 판단하기 좋아한다, 동성애를 무작정 단죄한다는 비판을 듣고 있습니다."

그는 할 말을 생각하려고 잠시 숨을 고르고 나서 이렇게 덧붙였다.

"이런 일이 우리 세대가 지켜보고 있는 상황에서 일어났습니다. … 참으로 유감스러운 일입니다."

단조로운 말소리로 자료만을 열거하며 강의하는데도 학생들이 모두 조용히 귀를 기울여 준 것은 말할 것도 없고, 그런 말까지 듣게 된 것은 참으로 뜻밖이었다. 청중은 자신이 듣는 것을 믿을 수 없었다. 나도 그러기는 마찬가지였다. 데이비드는 자기 세대의 잘못에 대해 사과했다. 그의 말은 거의 10분 동안 계속되었다. 그는 젊은 세대의 딜레마와 미래와 신앙을 진정으로 염려했다. 많은 학생이 감정에 북받쳐 눈물을 글썽거리기 시작했다. 데이비드는 기도했다. 그는 학생들에게 기도하자고 말했다. 그 날 오후, 올랜도의 호텔 세미나실이 거룩한 장소로 변했다. 서로의 부족함을 솔직히 인정하고, 공동체로서 함께 고백하자 예수님께서 모두의 마음속에서 역사하셨다.

한 가지는 내 친구의 남부지방 특유의 느린 말투만큼이나 분명했다. 그것은 바로 데이비드 메더스가 그리스도의 제자이며, 함께 어울리며 본받고 싶은 마음을 갖게 만드는 사람이라는 것이다.

Faith For Exiles 디지털 바벨론 시대의 그리스도인

실천 원리 4

야심적인 세대에게 굳센 신념을 심어주고, 동기를 부여하기 위해 소명적 제자도를 훈련하라

> 소명적 제자도란 특히 직업 활동의 분야에서 하나님의 소명을 알고, 실천하며, 우리의 야심을 그분의 목적에 맞게 조절하는 것을 의미한다.

어느 날, "원더 우먼", "다크 나이트", "아메리칸 허슬"의 제작자 찰스 로벤이 마크가 집전하는 결혼식에 참석했다. 마크의 아들 닥스 매틀록이 최근에 할리우드에 있는 찰스의 영화 제작 회사에서 여름철 인턴 과정을 마쳤다. 마크는 아들의 성장을 도와준 찰스에게 감사의 마음을 전하고 싶었다. 그것은 닥스로서는 결코 잊을 수 없는, 직업 활동을 위한 좋은 예비 훈련이었다.

찰스와 마크는 다음 세대에 관해 대화를 나누기 시작했다. 찰스의 관점은 마크를 매료시켰다. 바나 그룹에서 실시되고 있는 세대적, 소명적 연구 조사에 비춰 보니 특히나 더 그랬다. 찰스는 젊은 세대가 좋아하는 영화들을 제작했는데도 불구하고 자기는 전통적인 할리우드의 가치관을 신봉하고 있다고 생각했다. 그는 오랫동안 자신의 삶을 위해 열심히 노력해 왔다(찰스는 대학 생활을 시작하기 전에 1년간의 갭이어 시간을 갖고, 수사 드라마 〈하와이 5-0〉에서 서핑 스턴트맨으로 활동했다). 그는 회사에 들어가서 그 안에서 성장하려면 그에 상응하는 대가를 충분히 치러야 한다고 생각했다. 이것은 인턴 생활을 시작하는 사람이 꼭 알아야 할 놀라운 사실이 아닐 수 없다. 닥스의 경험이 이 사실을 보여주는 좋은 본보기다. 그는 커피를 타고, 복사기를 돌리면서 인턴 시절을 시작했지만 나중에는 대본을 읽고, 영화 제작을 위해 그것의 가치를 평가하는 법을 배웠다.

대가를 치른다는 것에 대한 찰스의 견해는 베이비붐 세대가 사업이나 리더십, 소득이나 행복, 결혼이나 교회 등 삶의 모든 영역에 적용하는 철학적 가치관의 '표준 문항'과도 같은 것이었다. 사회의 초년생이라면 아무도 하고 싶어 하지 않을 일도 기꺼이 하면서 다른 누구보다도 더 열심히 일해야 하고, 그런 노력을 계속해서 기울여 나가야 한다. 젊은 사람의 경우는 초보 단계의 직책 외에는 다른 것을 감당할 자격이 없다. 사회적 사다리를 오를 수 있는 방법은 단 하나, 거기에 맞는 대가를 충분히 치르는 것뿐이다. 찰스와 그의 세대는 그런 식의 삶을 사는 것을 경험을 통해 지식을 쌓는 기회, 곧 다른 방식으로는 얻을 수 없는 지식을 얻는 기회로 간주한다. 어떤 사람들은 이것을 지혜로 일컫는다.

마크는 최근에 베이비붐 세대의 회사 중역들이 가득 모여 있는 자리에서 대가를 치르며 밑바닥에서부터 자신의 삶을 형성해 나가야 한다는 것에 관한 찰스의 견해를 전했고, 그들은 연신 고개를 세차게 끄덕였다. 그들은 다음의 진술문에 모두 동의했다.

- 젊은 세대는 응당 치러야 할 대가를 치르려고 하지 않는다.
- 밀레니얼 세대는 자신의 분수를 넘어선 직책을 원한다.
- 그들은 준비도 하기 전에 기회부터 넘본다.

그로부터 얼마 지나지 않아, 마크는 아들 닥스와 그의 영화학과 친구들과 함께 노동절 주말에 느긋한 시간을 보내면서 그들의 입장에서 회사 중역들의 견해를 평가해 보라고 말했다(닥스의 친구들은 밀레니얼 세대와 제트 세대에 걸쳐 있는 연령대였다). 대부분 막 인턴 생활을 마치고, '전통적인 사고방식'을 직접 경험해 본 상태였다. 그들은 시간을 투자하고, 줄을 서서 기다리고, 대가를 치르는 것에 관해 과연 어떤 생각을 지니고 있을까?

한 학생이 대수롭지 않다는 듯 어깨를 으쓱이며 "전통적인 사고방식은 오늘이 아니면 앞으로 5년이면 종말을 고할 거예요."라고 말하며 차츰 말꼬리를 흐리면서 "이제는 규칙이 달라졌어요."라고 덧붙였.

일터에서 세대 간의 충돌이 빚어질 것을 알리는 신호였다.

역동적인 제자도의 네 번째 요소는 일의 세계, 곧 우리의 삶을 통해 이룩해야 할 것을 생각하고, 계획하는 법을 배우는 것이다. 다시 말하면 우리의 소명을 발견하고, 의미를 찾고, 사회적 사다리를 오르고, 야심을 이루고, 성공적인 삶을 사는 문제다. 일터의 삶은 우리의 믿음을 시험하고, 정화하는 용광로다. 우리는 일과 소명의 현장에서 우리의 정체성을 따라 살고, 분별력을 발휘하고, 관계를 맺고, 의미를 추구한다. 디지털 바벨론에서 역동성을 기르는 네 번째 방법은 소명적 제자도를 실천하는 것이다.

지금까지 이 책을 읽으면서 어느 정도는 수긍할 수 있었을 것이다. 예수님을 경험하기, 문화적 분별력, 의미 있는 관계 등, 모두 옳고, 충분히 이해가 가는 말들이다. 그런데 갑자기 소명적 제자도라니? 도대체 이것이 무슨 말인가? 이 말은 다음과 같이 정의할 수 있다.

> 소명적 제자도란 우리가 창조된 목적을 옳게 이해해 특히 직업 활동의 분야에서 하나님의 소명을 알고, 실천하며, 우리의 야심을 그분의 목적에 맞게 조절하는 것을 의미한다.

이것은 전에 한 번도 들어보지 못한 개념일 수 있다. 왜냐하면 바나 그룹의 연구조사원들이 지난 십 년 동안 제자도를 연구하면서 새로 창안한 개념이기 때문이다. 그러나 이것이 새로운 개념이라 하더라도 모두 이미 그것이 의미하는 것을 실천하고 있을 것이 틀림없다. 아무튼, 이 개념에 관해 들었든 듣지 못했든 이것은 더할 나위 없이 중요하다.

교회는 복잡한 삶의 소명과 관련해 믿음과 충실함을 더욱 세밀하게 다룬 신학을 구축해야 할 필요가 있다. 언뜻 서로 이질적인 것처럼 보이는 소명에 관한 세대 간의 차이를 통합해야 할 필요가 있다. 소명적 제자도는 밀레니얼 세대와 제트 세대의 젊은이들을 제자로 양육하는 과정에서 매우 중요한 비중을 차지할 뿐 아니라 나이든 세대의 믿음을 견고하게 하는 데도 중대한 영향을 미친다. 세대들은 서로를 필요로 하지만 서로의 견해가 크게 다르다.

이런 상황에서 교회 공동체 안에서 소명적 제자도를 촉진하려면 어떻게 해야 할까?

18세와 29세 사이의 역동적인 제자들을 중심으로 한 연구 조사의 결과를 살펴보면 다음과 같다(도표 10, 11 참조).

무엇이 역동적인 제자를 만드는가?
잘 발달 된 일과 소명에 관한 신학
아래의 진술문에 강한 동의를 나타낸 사람들의 백분율

탐자   유랑민   습관적인 교회 참여자   역동적인 제자들

나의 독특한 재능과 은사를 활용해 하나님을 영화롭게 하기를 원한다.	13%	31%	51%	94%
그리스도인들은 일의 종류와 상관없이 성실하게 자기의 일을 해야 한다.	17%	37%	53%	89%
하나님은 독특한 소명을 통해 각 사람의 삶을 계획하신다.	23%	42%	56%	87%
내가 하는 일은 무엇이든 하나님께 중요하다.	17%	32%	46%	82%
교회는 일터에서 나의 믿음을 실천하는 법을 옳게 이해하도록 도와준다.	7%	11%	41%	72%
꼭 사역에 종사하지 않더라도 얼마든지 하나님의 나라를 위해 일할 수 있다.	33%	46%	51%	69%

(그리스도인으로 성장한 18세에서 29세 사이의 미국인 1,514명을 대상으로 조사했다.)

자료 제공: 바나 그룹, 2018년 2월

- 역동적인 제자들은 일과 소명을 생각할 때 하나님 중심적인 입장을 견지한다. 그들 가운데 "독특한 재능과 은사를 사용해 하나님을 영화롭게 하기를 원한다."라고 대답한 사람들이 94퍼센트에 달했다. 이것은 동의를 표한 역동적인 제자들의 비율 가운데서 가장 높은 수치를 기록한 것 가운데 하나다. 그들은 믿음과 관련된 많은 것들에 관해 큰 열정을 드러냈다. 거의 열 명 중 아홉 명이 "하나님은 독특한 소명을 통해 각 사람의 삶을 계획하신다."라는 진술문에 동의했고, 열 명 중 여덟 명이 "내가 하는 일은 무엇이든 하나님께 중요하다."라는 진술문에 동의했다. 역동적인 제자들은 이런 하나님 중심적인 관점을 통해 또래 집단과 구별된다.

- 역동적인 제자들은 일터에서 성실하게 일하는 것이 중요하다고 생각한다. 이것은 결코 사소한 문제가 아니다. 역동적인 제자들은 어떻게 해서든 성공하는 것을 중요시하는 문화 속에서 일반적인 사회 풍조와는 다른 입장을 보인다. 그들 가운데 89퍼센트가 "그리스도인들은 일의 종류와 상관없이 성실하게 자기의 일을 해야 한다."라는 말에 동의했다. 그에 비해 습관적인 교회 참여자는 약 절반, 유랑민은 3분의 1, 탕자는 6분의 1에 그쳤다. 역동적인 제자들은 다른 사람들이 지켜보고 있다는 것을 알고 일터에서 올바로 처신하려고 노력한다고 말할 가능성이 매우 높다. 만일 우리가 고용주라면 어떤 젊은이를 고용하기를 원하겠는가?

- 역동적인 제자들은 교회가 일터에서 믿음을 실천하도록 도와준다고 말한다. 역동적인 제자들 가운데 거의 4분의 3에 달하는 숫자가 교회가 그런 식으로 자기를 도와준다고 대답했다. 그에 비해 습관적인 교회 참여자는 다섯 명 가운데 둘, 유랑민은 열 명 가운데 하나만 그렇게 말했다. 우리의 연구 조사를 통해 밝혀지지 않은 문제 가운데 하나는 "역동적인 제자들이 또래 집단에 비해 교회로부터 더 많은 도움을 얻는 이유가 믿음에 대한 그들의 근본적인 태도 때문인가, 아니면 교회가 그런 태도를 기르도록 도움을 주었기 때문인가?"하는 것이다. 아마도 그 두 가지 이유가 모두 해당되는 듯하다.

- 성속(聖俗)의 구분은 역동적인 제자들의 사고에 큰 영향을 미치지 않는다. 어떤 직업은 다른 직업에 비해 하나님께 더 중요하다고 생각하는 그리스도인들이 많은 듯하다. 예를 들어, 사람들은 사역자들과 선교사들은 회계사나 연구조사원보다 더 중요한 일을 하고 있다고 생각한다. 그러나 대다수 신학자는 이런 생각에 동의하지 않는다. 무슨 일을 하든 선하고, 참되고, 아름다운 결과를 염두에 두고 올바른 동기로 행한다면 하나님은 그 일을 귀하게 여기신다. 다른 많은 사람들과는 달리 역동적인 제자들은 "꼭 사역에 종사하지 않더라도 얼마든지 하나님의 나라를 위해 일할 수 있다."라고 말한다.

- 역동적인 제자들은 자신의 직업 활동을 통해 다른 사람들보다 더 큰 만족을 얻는다. 역동적인 제자들은 올바른 노동 신학을 지니고 있을 뿐 아니라 직업 활동을 통해 다른 사람들보다 더 큰 만족을 누리는 경향이 있다. 예를 들어, 그들은 또래 집단보다 자신의 직업에 더 큰 열정을 보일 뿐 아니라(61퍼센트) 자신의 직업 활동을 통해 세상에 긍정적인 영향을 미칠 수 있다고 믿으며(60퍼센트), 하나님이 주신 재능을 활용하기 때문에 일터에서 충분한 만족을 느낀다고 말한다(57퍼센트). 그들도 이 분야에서 여전히 더 성장해야 할 여지가 남아 있지만 습관적인 교회 참여자들에 비하면 이미 월등히 더 낫다. 그들은 믿음과 노동을 분리하지 않고, 하나로 통합할 준비가 되어 있다. 이것이 바로 소명적 제자도다.

역동적인 제자들은 직업 활동에 대한 열의가 높다

아래의 진술문에 강한 동의를 나타낸 사람들의 백분율

	탕자	유랑민	습관적인 교회 참여자	역동적인 제자들
다른 사람들이 나를 지켜보고 있다는 것을 알고 일터에서 올바로 처신하려고 노력한다.	37%	40%	48%	80%
지금 내가 하는 일이 곧 하나님이 주신 소명이다.	12%	15%	31%	64%
내가 직장에서 하는 일이 하나님이 나를 창조하신 목적과 일치한다.	13%	17%	36%	63%
나의 직업 활동에 열의를 느낀다.	41%	34%	44%	61%
나의 직업 활동이 세상에 긍정적인 영향을 미치고 있다.	34%	24%	39%	60%
하나님이 주신 재능을 활용하기 때문에 일터에서 충분한 만족을 느낀다.	15%	18%	36%	57%

(그리스도인으로 성장한 18세에서 29세 사이의 미국인 1,514명을 대상으로 조사했다.)

자료 제공: 바나 그룹, 2018년 2월

왜 소명적 제자도가 필요한가?

우리 친구 가운데 키튼이라는 이름의 아들을 둔 친구가 있다. 그의 아들은 여덟 살의 나이에 파워포인트를 사용해 삶의 계획을 세웠다. 우리가 생각하기에 이것은 놀라운 일이 아닐 수 없다.[1] 우리는 '그에게' 일자리를 제공하고 싶다고 키튼의 아버지에게 말했다. 여기에서 '그'는 키튼의 아버지가 아닌 키튼이다.

키튼은 열 가지 인생의 목표를 세웠다. 그의 말을 그대로 옮기면 다음과 같다.

1. 훌륭한 그리스도인으로 성장하고 싶다.
2. 훌륭한 아내를 얻고 싶다.
3. 좋은 직업, 내가 좋아하는 직업을 갖고 싶다.
4. 두 살 터울의 자녀(아들)를 둘 낳고 싶다.
5. 하나님과 친밀하게 지내고 싶다.
6. 자라면서 더 많은 친구를 사귀고 싶다.
7. 학교에서 열심히 공부하고 싶다.
8. 어디에 있든지 하나님을 믿겠다.
9. 자녀들에게 하나님에 관해 가르치고, 최선을 다해 자신들의 삶을 살아가도록 돕겠다.
10. 삶을 포기하지 않겠다.

위의 계획을 세울 당시 키튼은 고작 여덟 살이었다.

---

[1] 키튼과 그의 가족은 이 이야기를 공개하도록 허락했다. 이 이야기는 다음의 책에서도 찾아볼 수 있다. Bob Goff, *Multi-Careering*(Grand Rapids: Zondervan, 2014). 키튼은 책을 펴낸 저자다.

키튼은 다음으로는 가능한 직업을 나열했다. 그것은 공학자, 건축가, 하키 선수, 플로리다나 캘리포니아의 레고랜드에서 일하는 레고 디자이너였다.

이런 말을 하는 이유가 무엇인지 궁금할 것이다. 여덟 살 된 아이의 직업적 소명의 목록이 제자도와 무슨 관련이 있다는 것일까?

우리는 예수님을 더 많이 닮기를 원하기 때문에 몇 가지 질문을 제기함으로써 그런 의문에 대답하고 싶다. 만일 키튼의 가족이 우리 각자가 다니는 교회에 나온다면 공학자나 건축가나 레고 디자이너가 되기를 원하는 그가, 적절한 멘토링을 통해 원하는 사람이 될 수 있는 도움을 받을 수 있을까? 그런 식의 멘토링이 우연히 이루어질 수 있을까? 키튼이 몇 살이 되어야만 교회에서 그가 창조된 목적이나 일이나 섬김과 관대함에 관한 관점이나 일터에서의 성실함 따위에 관한 가르침을 받을 수 있을까?

산더미 같은 자료를 근거로 분명하게 말하지만, 대다수 교회는 어린 아이들을 상대로 그런 주제들을 가르치지 않는다. 이것은 참으로 커다란 맹점이 아닐 수 없다. 교회는 이미 성공을 거둔 사람들에게 교회를 섬기는 방법을 가르칠 때만 직업적 소명에 관심을 기울일 때가 많다. 우리는 사람들이 원하는 목표를 이루도록 도와야 한다. 18세 이하의 젊은이들과 어린아이들을 비롯해 교회 안에 있는 모든 사람이 세상에서 하나님의 일을 하기 위해 그분에 의해 창조되었다. 그렇다면 기독교 공동체가 사람들이 각자 자신의 소명을 찾아 이루도록 도와야 할까? 물론이다.

이것은 21세기 교회에 주어진 중요한 기회 가운데 하나다. 교회는 직업적 소명을 선택해야 할 젊은 세대에게 하나님의 목적을 일깨워주고, 그들이 분명한 목적을 위해 하나님에 의해 창조되었다는 사실을 이해하도록 돕고. 역동적인 제자들이 보여준 대로 믿음과 노동이 하나로 통합된 삶을 살아가도록 이끌어주어야 한다.

야심 있는 세대

명성을 얻는 것을 인생의 목표로 정한 젊은이들이 많다. 바나 그룹의 조사팀이 발견한 사실에 따르면, 10대 청소년 가운데 26퍼센트가 스물다섯 살이 될 무렵이면 확실하게 유명해지거나 유명해질 가능성이 크다고 생각하는 것으로 나타났다. 이것은 디지털 바벨론에서 발생하는 삶의 부작용 가운데 하나다. 유튜브를 통한 '인생 대박'의 꿈은 많은 관심을 끌기에 충분하다(명성과 부를 거머쥘 가능성이 희박하다고 웃어넘길지도 모르지만 사실 젊은 세대 가운데는 부자가 되거나 유명해질 사람들이 더러 있다. 실제로 마크의 교회에는 20대에 이미 백만장자가 된 사람들이 있다. 닥스와 그의 친구들이 지적한 대로 세상은 변하고 있고, 규칙이 다시 쓰이고 있다. 이 점은 나중에 올바른 크기의 야심에 관해 말할 때 좀 더 자세히 살펴볼 생각이다).

젊은 세대에게 성공은 매우 중요하다. 10대 청소년들은 대부분 교육을 마치고, '돈을 많이 벌 수 있는 직업'을 선택해 '삶을 변화시킬 것'이라고 말한다. 밀레니얼 세대와 제트 세대는 일반적으로 생각하는 것과는 달리 직업적 소명을 매우 중요한 문제로 간주한다. 일, 사업, 직장 생활, 자영업, 소득과 같은 문제가 가장 중요하게 취급되는 이유는 젊은 성인들이 성년의 인구통계학적인 수치를 갈수록 더 빠르게 앞당기고 있기 때문이다. 20대 젊은이들은 결혼과 출산은 나중으로 미루고, 20대와 30대를 일하는 것에 더 많이 할애해 일터를 자신의 일차적인 사회적 중심축으로 만들어나가기를 원한다.[2]

젊은 세대가 종사하게 될 노동의 세계가 시시각각 달라지고 있다. 사실, 이 점은 우리 모두도 마찬가지이지만 가장 젊은 세대가 이런 변화를 가장 강력하게 느끼고 있다. 그들은 '긱 경제'(gig economy)라는 경제 방식에 따라 종종 자영업자의 신분이나 계약직을 통해 여기저기에서 돈을 조금씩 벌어들이면서 여러 분야를 시험해 보고, 자신의 소명 가운데 어떤 측면이 중요한지를 평가하는 데 시간을 할애한다. 그들은 전통적인 근로자의 길을 걷지 않고, 자체적인 브랜드를 창출해 자기가 가는 곳마다 그것을 드러내는 것에 더 많은 관심을 기울인다. 그들은 '경제 대침체'(the Great Recession) 시대에 태어났기 때문에 경제 하강 상황이 자신들의 직업적 경력에 어떤 영향을 미칠 것인지에 대해 매우 예민하다.

그들은 자신의 삶에 의미를 가져다줄 직업이나 사업에서 성공을 거두려는 욕구가 매우 강하다. 그들은 고용되기보다 스스로 사장이 되어 일하고 싶어 한다. 그들은 부모들이 경험했던 경제적 재난에 이르

---

[2] "Teenager Want Successful Careers and Global Travel, Expect to Delay Marriage and Parenting," Barna, May 10, 2010, https://www.barna.com/research/teenagers-want-successful-careers-and-global-travel-expect-to-delay-marriage-parenting/.

게 만드는 일을 피하려고 애쓴다.

젊은 세대는 야심적이다. 그들의 그리스도인 부모가 그들을 위해 세운 목표는 그리스도인이 아닌 부모가 그들의 자녀를 위해 세운 목표와 크게 다르지 않다.[3] 경력과 성공, 좋은 성적과 훌륭한 성과에 관한 10대 청소년들과 젊은 성인들의 야심은 주변 환경으로 인해 형성된 것이다. 자녀들을 위한 교육적, 직업적 희망과 관련해서는 그리스도인이나 그리스도인이 아닌 사람들이나 차이가 거의 없다.

젊은 세대를 이끌 영적 지도자인 우리는 자라나는 제자들에게 믿음을 더 어려운 것으로 만들고 있지는 않은지 조심스레 살펴야 한다. 젊은 세대를 위한 우리의 목표는 무엇인가? 하나님이 그들에게 주신 소명과 그들을 만드신 목적에 초점을 맞출 것인가, 아니면 자녀들이 우리의 감정을 어떻게 충족시켜주는가에 초점을 맞출 것인가? 역동적인 젊은 제자들을 육성하려면, 우리는 역동적인 나이든 제자들이 되어야 한다. 자녀들과 손자들을 향한 우리의 열망이 경건한 야심에서 비롯한 것이 아니라면 그들의 삶 속에서 하나님의 목적을 이루는 일이 한층 더 어려워질 수밖에 없다.

이런 요인들이 디지털 바벨론의 소비자주의와 출세지상주의와 맞물려 성공을 중시하는 야심적인 세대를 만들어냈다. 그들을 소명적인 제자들로 육성하기 위해 노력하지 않으면 그들의 마음과 생각을 바른 길로 인도할 수도 없고, 기독교 공동체에 헌신하도록 이끌 수도 없을

---

[3] 우리는 '고등성경교육협회(the Association of Biblical Higher Education)'와 함께 일하면서 이런 사실을 발견했다. 발견된 사실은 다음 두 개의 보고서에 게재되었다. *What's Next for Biblical Higher Education*(Barna 2017), *What's Nest for Christian Higher Education*(Barna, 2018).

것이다.

그러나 그들에게 소명적 제자도를 훈련시켜 하나님 나라 중심적인 직업 활동을 할 수 있는 준비를 갖추게 한다면, 그들의 일터 문화는 물론, 궁극적으로는 세상을 변화시키고, 복되게 하는 모습을 보게 될 것이다. 이것은 참으로 막중한 책임이자 엄청난 기회가 아닐 수 없다.

소명적 제자도에 해당하지 않는 것

논의를 본격적으로 개진하기에 앞서, 한 가지 분명히 해둘 것이 있다. 그것은 소명적 제자도가 성공을 가르치지 않는다는 것이다. 구체적으로 말해, 젊은이들이 돈 많이 버는 직업을 찾아 부유하고 안락하게 살며, 좋은 물건들을 사서 즐기고, 온갖 놀거리를 다 장만하고 나서 일찍 은퇴하도록 돕기 위해 진로를 상담해주는 것과는 아무런 상관이 없다.

그들은 이미 야심적이다. 그들은 비성경적인 조언으로 자신들의 욕망이 더 활활 불타오르도록 부채질해주기를 원하지 않는다. 그들이 필요로 하는 것은 스스로 원했던 만큼 성공적이지 못했을 때의 상황을 잘 대처해 나갈 수 있는 준비를 갖추는 것이다. 예를 들면, 직장에서 승진하지 못했을 때, 일터에서 갈등이 불거졌을 때, 실패하고 다시 시작해야 할 때(그들은 때로 실패를 경험할 것이 분명하다) 등이다.

앞서 말한 대로, 데이비드의 가족은 전도서에 관심이 많다. 그들은 매우 역동적인 가족이다. 학교 성적이나 스포츠를 비롯해 어떤 활동과 관련해서도 그들은 항상 이기려고 노력한다.

하지만 그들은 저녁 식사 시간에 전도서를 읽으면서 세상에서 하는 일이 대부분 마치 '초기화 버튼'을 누를 때처럼 삽시에 덧없이 사라지고 말 것이라는 사실을 상기한다. 그것은 인간의 야심이 얼마나 역기능적인 결과를 초래할 수 있는지를 볼 수 있게 해주는 안경을 쓰는 것과 비슷하다.

이것이 곧 야심을 적절하게 조절하는 것이다. '적절하게'라는 용어는 앞서 소명적인 제자도를 정의한 문장의 한 요소다. 우리 세대든 다음 세대든 그리스도인이라면 누구나 성공에 관한 예수님의 가르침에 귀를 기울여야 한다. 그분은 먼저 하나님의 나라를 구하면 모든 것이 더해질 것이라고 말씀하셨다(마 6:33).

나의 소명은 무엇인가?

바나 그룹에서 일하는 우리는 거의 15년 동안 직업에 관한 질문을 던지고, 생각하는 일을 해왔다. 우리는 초창기부터 소명과 관련된 제자 훈련이 교회에 많은 기회를 가져다줄 것이라고 생각했고, 그런 생각은 세월이 흐르면서 점차 더 큰 확신으로 발전했다.

최근에 우리는 역동적인 제자 양육에 필요한 요소들을 다루면서 문제에 초점을 맞춰 밀레니얼 세대에게 "어떤 직업을 갖고 싶은가?"라고 물었다. 그들의 대답을 유형별로 나눠 분석한 결과는 우리를 놀라게 하기에 충분했다.

첫 번째 유형은 기업가였다. 응답자 가운데 기업가 활동에 관심을 보인 사람들이 거의 절반에 달했다. 그들은 마케팅 전문가, 기업가, 경제 전문가, 경영주를 원했고, 비영리단체 대표나 자영업자가 되어 전통적인 고용 구조에서 벗어난 활동을 하고 싶어 했다.

두 번째 유형은 과학적 사고를 지닌 사람들, 곧 과학과 기술과 공학과 수학에 관심이 있는 사람들이었다. 젊은이들 가운데 거의 절반이 이 분야의 일에 관심을 드러냈다.

마지막 세 번째 유형은 디자인, 영화 제작, 저널리즘, 문학, 미술, 행위 예술과 같은 창조적인 직업에 관심을 기울였다(응답자들은 한 가지 이상의 직업을 선택할 수 있었다. 이것이 합계된 수치가 100퍼센트를 넘게 된 이유다).

직업 소명에 관해 상당히 많은 글을 쓴 스카이 제서니는 하나님이 노동의 법칙을 세우신 것은 세 가지 중요한 이유 때문이라고 말했다. 스카이는 우리가 젊은이들의 대답을 유형별로 나눈 것을 보고서, 다음과 같이 말했다.

"이것이 흥미로운 이유는 각각의 유형이 노동의 법칙이 주어진 세 가지 이유와 맞물려 있기 때문입니다. 하나는 아름다움을 창조하기 위해서고, 또 하나는 삶을 풍성하게 하기 위해서이며, 나머지 하나는 질서를 구축하기 위해서지요."

이것은 하나님이 인간의 직업 소명을 어떤 식으로 설계하셨는지를 설명하는 한 가지 방법이다. 직업 소명의 목적은 아름다움을 창조하고(창조적인 직업), 삶을 풍성하게 하고(기업가적인 직업), 질서를 구축하기 위해서다(질서를 세우는 직업). 젊은이들이 하나님이 정하신 직업 소명에 응하려고 준비할 때 교회가 가장 먼저 나서서 그들에게 필요한 조언을 제시해야 마땅하지 않겠는가?

직업 소명과 노동을 기독교의 독특한 관점에서 바라볼 수 있는 방법이 있다. 이것은 단지 다음 세대만이 아니라 우리 모두에게 해당한다. 기독교적 직업 소명은 하나님이 우리에게 어떤 일을 요구하셨는지를 이해하고, 그분이 이미 하고 계시고, 또 하기를 원하시는 일에 어떻게 협력할 수 있는지를 배우는 것과 관련이 있다(여기에는 우리의 일터에서 이루어지고 있는 하나님의 사역도 아울러 포함된다). 그리스도인들은 모든 일터에서 갈등을 해결하고, 동료들이 슬픔과 상실의 아픔을 잘 극복하도록 돕는 사람이 되어야 한다. 또한 우리는 사장이나 직원이나 동료로서 일할 때 우리의 연약함을 솔직하게 드러낼 수 있어야 한다.

젊은 그리스도인들은 우리 시대의 문제들을 영적인 관점에서 생각하려는 열망이 강하다. 그들은 일터에서 예수님을 따른다는 것이 무슨 의미인지를 알고 싶어 한다. 소명적인 생각을 새롭게 일깨우는 것은 영적 사역에 해당한다. 젊은 제자들의 생각을 새롭게 일깨우면 그들의 역동성을 더 많이 길러줄 수 있다.

하나님이 정하신 노동의 법칙과 젊은이들이 원하는 직업 활동의 관계

소명적인 제자 훈련에는 10대 청소년들과 젊은 성인들의 직업적 열망을 파악해 그들이 원하는 목표를 하나님이 세우신 노동의 법칙과 연관시키는 방법을 알려주는 작업이 포함된다. 10대 청소년들과 젊은 성인들 가운데 기업가적인 직업 활동에 관심을 보이거나 과학적인 사고를 토대로 한 직업 활동에 관심을 보인 사람들이 각각 절반에 이르는 것으로 조사되었고, 저널리즘, 예술, 음악, 그래픽 디자인, 요리, 패션, 실내 디자인과 같은 창조적인 직업 활동에 관심을 보인 사람들이 3분의 1에 해당하는 것으로 나타났다.

기독교를 믿는 10대 청소년들이 원하는 직업 활동

- 기업가적인 직업 활동(2분의 1),
- 과학적인 사고를 토대로 한 직업 활동(2분의 1),
- 창조적인 직업 활동(3분의 1)

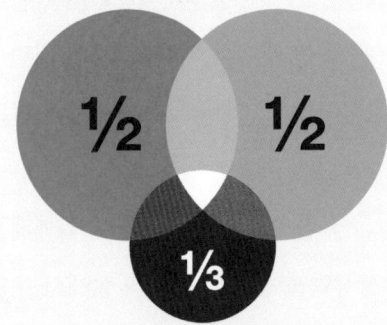

스카이 제서니는 "창세기에 따르면 하나님이 노동의 법칙을 세우신 이유는 크게 세 가지, 곧 아름다움을 창조하고, 삶을 풍요롭게 하고, 질서를 세우기 위해서였다."라고 말했다. 기독교 공동체가 젊은이들이 하나님이 노동의 법칙을 세우신 이유를 이해하도록 돕고, 노동이 잘못 왜곡되는 것에 옳게 반응하도록 이끈다면 어떻게 될까?

* 응답자들은 한 가지 이상의 직업을 선택할 수 있었다. 이것이 합계된 수치가 100퍼센트를 넘게 된 이유다.

하나님이 노동의 법칙을 세우신 세 가지 이유

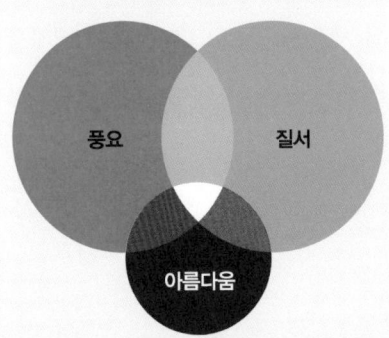

직업 소명의 힘

대다수 어린아이들은 아홉 살이나 열 살쯤 되면 가능한 직업에 관한 관심을 상당히 많이 드러낸다(예를 들어, 데이비드는 40대 중반이면 프로 농구계에서 성공적인 업적을 이루고 나서 은퇴할 수 있을 것이라고 생각했다. 그것은 운동 능력만 갖추었다면 충분히 실현될 수 있는 계획이었다). 아무 아이나 붙잡고 나중에 커서 무엇을 하고 싶으냐고 물어보라. 그러면 세 가지 유형(실질적인 유형-의사, 법률가, 교사, 통계적인 예외 변칙에 해당하는 유형-우주 비행사, 전문 운동선수, 공상적인 유형-유니콘 훈련사, 시간 여행자, 초인적 영웅, 나비 상점 주인) 가운데 한 가지 유형에 해당하는 답변을 듣게 될 것이다. 우리 각자의 내면에는 이미 일찍부터 장차 무엇을 하며 살아갈 것인지를 생각하게 만드는 요인이 간직되어 있다.

그렇다면 이와 관련해 교회가 해야 할 일은 무엇일까? 우리에게는 다음 세대의 젊은이들이 경건한 상상력을 동원해 장래의 삶에서 무엇을 이룰 것인지를 생각하도록 도울 수 있는 기회가 주어졌다. 다시 말하지만, 이것은 참으로 놀라운 기회가 아닐 수 없다.

모든 하나님의 자녀들의 생각을 새롭게 일깨워, 역동적인 제자들이 자신의 삶에 관해 말하는 것과 똑같이 말할 수 있도록 이끈다면 어떻게 될까?

- 나는 나의 믿음과 일이 서로 밀접한 관계를 지닌다는 것을 알고 있다.
- 나는 다른 사람들을 도와 하나님이 그들을 어떤 사람이 되도록 만드셨는지를 깨우쳐 줄 수 있는 방법을 알고 있다.
- 나는 단지 소비자가 아닌 창조자이다.
- 내가 미래를 확신하는 이유는 하나님이 필요한 것을 모두 공급해 주실 것을 알고 있기 때문이다.

교회가 지향해야 할 가치 있는 목적은 모든 젊은이들이 나중에 성장해서 "나는 하나님이 나를 창조하신 목적과 나의 목적이 세상을 위한 그분의 계획과 어떤 관계를 맺고 있는지 알고 있어."라고 말할 수 있게 하는 것이다. 믿음의 공동체 안에 있는 모든 젊은이들이 자신 있게 그렇게 말할 수 있도록 이끌려면 어떻게 해야 할까?

소명적인 제자도를 제자 훈련을 위한 계획에 온전히 통합해 운영하는 교회를 찾아보기는 매우 어렵다(이런 개념이 생소하게 들릴지 모르지만 그렇게 들릴 사람이 한둘이 아닐 것이다). 그러나 다행히도 이 분야에 관심을 기울여 소명과 경력과 직업에 관해 분명하고, 구체적인 도움을 베푸는 교회들이 점차 늘고 있다. 청소년들과 대학생들을 지도하는 지도자들 가운데 과학, 기업 활동, 창조적인 직업과 같은 문제를 언급하는 사람들이 평소보다 더 많아졌다. 교회에서 청소년들과 젊은 성인들을 지도하는 지도자들도 전문가들을 초청해 자신들의 사역을 논의하며 멘토링 그룹을 형성하는 일을 돕게 하고 있다. 10년 전과는 달리 삶의 목적이 개인의 신앙 여정과 연관되어야 한다는 개념이 이제는 더 이상 그렇게 생소한 것은 아니다. 물론, 앞으로도 아직 해야 할 일이 많다.

역동적인 제자들은 대부분 교회와의 관계를 통해 네 가지 유익을 얻었다고 말한다. 1) 그들은 자신의 삶의 목적을 더 잘 이해하게 되었다. 2) 그들은 자신의 은사와 열정을 하나님이 주신 소명의 일부로 인식하게 되었다. 3) 그들은 자신의 분야나 관심 영역에 성경을 적용하는 법을 배우게 되었다. 4) 그들은 일터에서 자신의 믿음을 더 잘 실천할 수 있게 되었다(도표12 참조). 다시 말하지만, 이 조사만으로는 역동적인 제자들이 교회로부터 그런 유익을 얻은 이유가 그들이 뭔가 독특한 면이 있기 때문인지, 아니면 교회가 이 점과 관련해 의도적으로 노력한 결과인지는 분명하게 알 수 없다. 어쩌면 두 가지 요인이 모두 작용했는지도 모른다.

교회가 소명적 차원에서 다음 세대를 육성하는 방법

아래의 것들 가운데 자신의 교회나 교구나 믿음의 공동체 안에서 개인적으로 경험하는 것은 무엇인가? 해당하는 것이 있으면 표시하고, 해당하는 것이 없으면 없다고 표시하라.

	탕자	유랑민	습관적인 교회 참여자	역동적인 제자들
삶의 목적을 더 잘 이해하게 되었다.	24%	27%	46%	74%
나의 은사와 열정을 하나님이 주신 소명의 일부로 인식하는 법을 배웠다.	19%	21%	35%	67%

성경을 나의 분야나 관심 영역에 적용하는 법을 배웠다.	10%	14%	26%	57%
일터에서 나의 믿음을 더 잘 실천할 수 있게 되었다.	13%	12%	29%	56%
어떤 학교나 대학에 다녀야 할 것인지에 대해 도움을 받았다.	9%	9%	19%	28%
교회에서 나의 직업 활동을 위한 리더십 훈련을 받았다.	8%	6%	15%	25%
교회에서 대학 교육 장학금을 받았다.	4%	4%	13%	11%

(그리스도인으로 성장한 18세에서 29세 사이의 미국인 1,178명을 대상으로 조사했다.)

자료 제공: 바나 그룹, 2018년 2월

역동적인 제자들 가운데 교회에서 대학 교육 장학금을 받았다거나 직업을 위하여 리더십 훈련을 받았다거나 어떤 학교나 대학에 다녀야 할 것인지에 대해 도움을 받았다고 대답한 사람들의 숫자는 흔히 생각하는 것보다 적었다. 흥미롭게도, 그런 결과들은 역동적인 제자들이 습관적인 교회 참여자들에 비해 큰 차이를 나타내지 않은 몇몇 경우 가운데 하나였다. 다시 말해, 이것은 많은 교회가 소명적 제자도를 생각할 때 교육과 직업 훈련이라는 실천적 측면을 고려하고 있지 않다는 방증이다.

교회가 소명적 차원에서 다음 세대를 육성하는 방법을 몇 가지 소개하면 다음과 같다.

1. 직업 소명 학교를 운영하라.

교회는 대부분 계절 성경 학교를 운영한다. 그들은 방학 기간에 대략 한 주간 동안 동네 아이들을 초청해 성경의 이야기들을 중심으로 그들이 오랫동안 기억하게 될 삶의 교훈을 가르친다.

여기에 착안해 '직업 소명 학교'를 개설하면 어떨까?

어린아이들과 청소년들과 젊은 성인들을 대상으로 앞으로 어떤 직업을 선택할 것인지를 논의하고, 계획하면서 소명에 관한 성경의 가르침을 소개하고, 의미 있는 직업 활동을 하도록 이끌어줄 수 있다. 예수님을 따름으로써 얻어지는 영적 생명력과 하나님이 그들을 창조하신 목적을 발견함으로써 느끼는 삶의 활력을 경험하도록 도와줄 수 있지 않을까?

오늘날의 젊은이들은 〈샤크 탱크〉(미국 리얼리티 텔레비전 쇼 가운데 하나-역자주)를 보면서 성장한 세대다. 그들은 우리의 생각으로는 도저히 따라잡을 수 없는 새로운 아이디어와 기발한 생각들로 가득하다. 물론, 모든 밀레니얼 세대나 제트 세대가 기업 활동에 관심을 기울이는 것은 아니지만 그런 사람들이 그들 가운데 큰 비중을 차지하는 것은 사실이다. 따라서 그들이 그런 일을 할 역량을 기를 수 있도록 도와야 한다. 그들을 불러 모아 하나님의 나라를 확장하고, 강화할 수 있는 조직과 사업과 상품을 창안해 낼 수 있는 기회를 제공해야 한다.

직업 소명 학교는 초등학교에서부터 중학교, 고등학교, 대학교에 이르기까지 다양한 단계에 속한 학생들의 관심을 자극할 수 있어야 한다. 성인들은 직업 소명 학교를 통해 그들이 하고 있는 일을 왜 하는지 그 이유를 설명해줄 수 있다.

우리는 직업 소명에 관해 이전보다 더 많이 말해야 한다. "앞으로 무엇을 하고 싶나요?"라는 단순한 질문을 제기하는 것만으로는 충분하지 않다. 복잡하고, 다양한 삶의 소명 앞에서 어떻게 충실함을 유지할 수 있을 것인지에 관한 대화를 나누려고 노력해야 한다.

이것이 소명을 옳게 정의한 것이다. 소명이란 단지 우리가 하는 일이나 경력이나 직업이나 일자리를 의미하지 않는다. 소명이란 복잡하고, 다양한 삶의 소명 앞에서 충실함을 유지하는 것을 의미한다.

2. 젊은 지도자를 육성하는 일에 실질적인 자산을 투자하라.

교회, 기독교 비영리단체, 사역 조직을 기꺼이 이끌 생각과 능력을 지닌 젊은 지도자들의 숫자가 갈수록 줄어들고 있다. 이런 식으로 일이십 년이 지나고 나면 과연 누가 미디어, 출판, 교육, 구조와 개발 활동을 비롯해 기독교 공동체를 섬기고, 형성하는 단체들을 인도할 수 있을지 참으로 궁금하다.

좀 더 견실한 젊은 지도자들의 공급망을 구축해야 할 필요가 있다. 테리 스톡스베리와 스티브 무어는 '퍼시픽 노스웨스트 국립 연구소'에서 오랫동안 이 일을 해오면서 좋은 본보기를 보여주었다. 그들은 '비전과 소명'이라는 프로그램을 개발해 2년간의 인턴십 과정을 통해 기독교 대학교에 다니는 학생들 수백 명을 훈련했다. 이 학생들은 다양한 기독교 단체에서 일하면서 함께 모여 훈련을 받고, 발전을 도모한다. 데이비드가 누려온 가장 풍요로운 시간 가운데 하나는 그 과정에 교사로 참여해 젊은 지도자들의 정직하고, 열정적이고, 희망에 찬 질문들에 대답하는 것이었다.

소명적 차원에서 다음 세대를 제자로 육성할 수 있는 한 가지 방법은 적절한 재정 지원을 통해 그들이 공부하며 세상을 경험할 수 있도록 도움으로써 고등부를 졸업하고 난 후에 젊은 지도자들로서 각자 제 위치를 찾게끔 이끌어주는 것이다. 데이비드의 아내 질은 자기 교회가 속한 교단과 관련된 대학에 다니는 동안, 교회로부터 여러 해 장학금을 지원받았다. 장학금은 매년 증액되었고, 그 덕분에 그녀는 같은 학교에 그대로 머물면서 학위 과정을 잘 마칠 수 있었다. 그리스도인이자 지도자로서의 그녀의 현재 위치는 그녀를 미래의 지도자로 육성하기 위해 교회가 투자했던 것의 결과다.

우리도 이 일과 관련해 새로운 결심을 다지며 미래를 위해 비슷한 투자를 할 수 있어야 한다.

3. 기독교 교육을 포기하지 말라.

직업 소명과 관련된 가장 중요한 특징 가운데 하나는 교육 제도다. 여기에는 교육과 관련된 사람들, 즉 교사들과 학생들, 배운 자들과 배우는 자들, 교육자들과 제자들은 물론, 초중고등학교, 대학교, 훈련 프로그램, 온라인 강좌 등이 포함된다. 훌륭한 교육 기관에서는 전자와 후자, 곧 교육하는 자와 교육받는 자들의 소통이 원활하게 이루어진다.

우리는 기독교 교육이 젊은이들의 마음과 생각을 형성하는 데 특별한 역할을 한다고 굳게 믿게 되었다. 공립학교는 충실한 그리스도인들을 위한 좋은 훈련장이 될 수 있다. 공립학교 교육자들 가운데는 예수님을 따르는 삶의 모범을 보여줄 수 있는 충실한 사람들이 많다. 데이비드의 친구 라돈나와 에디 라모스가 그런 사람이다. 그들은 캘리포니아주 옥스나드에서 학생들을 위해 피와 땀과 눈물을 쏟아붓고 있다. 우리를 오해하지 말기 바란다. 공립학교는 적이 아니다.

그러나 이 책에 실린 도표, 곧 젊은이들이 일 년에 영적 콘텐츠를 소화하는 시간과 다른 콘텐츠를 소화하는 시간이 얼마인지를 보여주는 도표를 기억하는가? 공립학교들은 학생들이 기독교적인 관점에서 사고의 훈련을 쌓을 수 있는 시간을 늘릴 방법을 가르쳐주지 않는다. 그와는 달리, 기독교 학교들은 더 깊고, 더 견실한 기독교적 사고를 형성할 수 있는 기회를 훨씬 더 많이 제공할 수 있다. 문화적인 분별력을 길러주고, 소명적 제자도를 가르치는 일은 기독교적 교육 환경이 조성된 곳에서 더 원활하게 이루어질 수 있다.

4. 멘토를 찾고, 멘토가 되어라.

마크는 두어 개의 사역 단체로부터 스카우트 제의를 받은 적이 있다. 여러 가지 칭찬이 있었지만 마크는 "왜 30대의 젊은 사람이 아닌 50대가 거의 다 된 나 같은 사람을 찾는 것인가요?"라고 물었다.

이유가 무엇일까? 그것은 바로 경험과 진지함과 지혜 때문이다. 40대 중반이나 후반을 지난 사람들은 타고난 재능이나 교육에 상관없이 살아온 세월 자체만으로도 많은 지혜를 쌓을 수 있다. 지혜에 관한 우리의 정의 가운데 하나는 '유형의 인식'이다. 15년, 20년, 35년 동안 일해온 사람들은 인식하고, 참조할 수 있는 유형들을 더 잘 알 수 있다.

많은 젊은 유배자들이 놀라운 아이디어와 추진력을 지니고 있지만 유형 인식의 능력은 갖추지 못하고 있다. 그렇다면 나이든 세대가 실제 능력보다 더 높고, 빠르게 움직이기를 원하는 젊은 세대를 도우려면 어떻게 해야 할까? 그들이 가장 좋은 방식으로 그들의 시간을 투자하고, 치러야 할 대가를 치르도록 도우려면 어떻게 해야 할까?

사람들이 하나님이 정하신 목적을 발견하고, 그들의 소명과 관련한 문제에 대한 지혜로운 대답을 발견할 수 있도록 도와줄, 인간적이고, 교회 중심적인 방법이 한 가지 있다. 그것은 다름 아닌 멘토링이다. 멘토링을 통해 지혜, 곧 유형 인식의 능력이 전달된다. 바꾸어 말해, 의미 있는 세대 간의 관계를 통해 지혜가 전수된다.

제자 훈련과 관련해 멘토링이 지니는 잠재력은 이번 장의 끝에 특별한 항목을 마련해 다루어야 할 만큼 강력하다. 우리는 이 항목에서 멘토링이 필요한 이유와 그 내용을 살펴볼 생각이다.

지금까지 살펴본 대로, 역동적인 제자들은 또래 집단에 비해 지혜를 발견하고, 추구할 가능성이 훨씬 더 크다. 그들은 어려운 결정을 내려야 할 때 나이든 성인들의 긍정적인 비판과 조언을 달갑게 받아들인다. 물론, 다른 영역에서와 마찬가지로 여기에서도 그들은 더 성장해야 할 필요가 있다. 그러나 그들은 나이든 세대의 지혜를 기꺼이 받아들일 뿐 아니라 멘토를 찾고, 스스로 멘토가 되려는 욕구가 또래 집단에 비해 훨씬 강하다(도표13 참조).

역동적인 제자들은 멘토링을 반긴다
아래의 진술문에 강한 동의를 나타낸 사람들의 백분율

	탕자	유랑민	습관적인 교회 참여자	역동적인 제자들
나보다 나이가 많은 사람들이 나를 소중하게 생각하는 듯한 느낌이다.	24%	26%	37%	65%
나보다 나이가 많은 사람들의 긍정적인 비판을 달갑게 받아들인다.	29%	30%	35%	60%
어려운 결정을 내려야 할 필요가 있을 때 나보다 나이가 많은 사람에게 종종 조언을 구한다.	21%	25%	37%	56%
목회자나 교회 사역자로부터 나의 교육에 관해 유익한 조언을 받고 있다.	9%	11%	19%	43%
교회에서 나의 직업적 소양을 알고, 잘 이끌어줄 사람과 교제를 나누고 있다.	14%	15%	22%	40%
교회에서 목회자나 교회 직원 외에 나를 지도해 줄 다른 성인 멘토가 있다.	7%	8%	17%	39%

나의 멘토인 사람과 정기적으로 만난다.	9%	6%	21%	38%
내가 멘토링을 하고 있는 사람과 정기적으로 만난다.	9%	5%	17%	27%

(그리스도인으로 성장한 18세에서 29세 사이의 미국인 1,514명을 대상으로 조사했다.)

자료 제공: 바나 그룹, 2018년 2월

세대 간의 관계는 "그래, 젊은 사람들과 나이든 사람들이 서로 잘 어울리는 것은 참 좋은 일이야."라는 차원을 넘어서는 것이어야 한다. 멘토링은 서로를 귀여워하는 것이 아니다. 그것은 지혜롭게 되는 것을 의미한다. 간달프는 귀엽지 않다. 요다도 귀엽지 않다(물론 스타워즈의 요다가 귀여울 수도 있다. 그러나 그는 신비로우면서도 섬뜩해 보인다. 그는 필요할 때는 시스를 궁지에 몰아넣을 수도 있다. 게다가 그는 그 작은 체구 안에 900년의 지혜를 간직하고 있다). 세대 간의 관계는 서로를 친절하게 대하는 얕은 차원을 뛰어넘어 의도적인 멘토링이 이루어지는 깊은 차원을 향해 나아가야 한다.

이 점에 대해서는 고전적인 영웅 이야기가 도움이 될 수 있다.

영화 제작자 척 로븐과 같은 멘토는 "이 아이가 삶의 요령을 터득하고, 인생의 대가를 기꺼이 감수하도록 도우려면 어떻게 해야 할까?"라는 질문에서부터 시작할 수 있다. 이것은 매우 합리적인 질문이지만 충분히 위대하거나 영웅적이지는 않다.

고전적인 영웅 이야기를 보면, 영웅이 자신의 사명을 추구하려고 하지만 아직 그것을 이룰 만한 기량을 갖추지 못해 힘들어하는 순간에 지혜로운 멘토가 등장하는 것을 알 수 있다. 영웅의 멘토는 "이 영웅이 자신이 태어난 목적을 이루도록 도우려면 어떻게 해야 할까?"라는 질문에서부터 시작한다.

루크 스카이워커를 생각해 보라. 그는 어둠의 세력에 맞서 싸워 악의 제국을 정복하기를 원하지만 너무나도 무력해서 아무것도 할 수가 없었다. 그러나 그의 진정한 약점은 자신의 한계를 모르는 것이었다. 그는 자신의 사명을 추구하려는 의지가 있었고, 분명한 재능을 지니고 있었지만 그 이상의 무엇이 필요했다.

그것은 바로 겸손이었다. 굴종과 겸손의 차이를 깨닫는 데는 지혜로운 멘토의 도움이 필요했다. 요다가 루크에게 힘을 사용하는 방법을 모두 가르쳐주기 전에 그는 먼저 겸손해져야 했다. 요다는 "분노, 두려움, 공격성은…그 힘의 어두운 측면이란다. 그것들은 쉽게 흘러와 싸울 때 신속하게 너를 지배하게 된다. 일단 어둠의 길을 걷기 시작하면 그것이 네 운명을 영원히 지배할 것이고, 너를 삼켜버릴 것이다."라고 설명했다.[4]

요다의 첫 번째 과제는 루크를 겸손하게 만들어 그의 어두운 본능에 그릇 이끌리지 않고, 타고난 영웅의 면모를 유감없이 드러내게 하는 것이었다.

영웅의 멘토가 물어야 할 두 번째 물음은 "내가 무엇을 주어야 할까?"이다.

---

4) *The Empire Strikes Back*, directed by Irvin Kershner (San Francisco: Lucasfilm Ltd, 1980).

멘토는 누구나 영웅의 삶을 획기적으로 변화시킬 수 있는 신성한 유물이나 비밀스러운 지식을 가지고 있다. 오비완 케노비는 간직하고 있던 아나킨 스카이워커의 광검을 루크에게 주었고, 나니아 연대기에 나오는 산타클로스는 '페번시 가문'의 아이들에게 선물을 주었다. 그 선물이 없으면 그들은 백마녀와의 싸움에서 이길 수 없었다. 덕 허드슨은 라이트닝 맥퀸에게 흙 위에서 차를 회전시키는 비결을 알려주었고, 요정은 신데렐라에게 유리 구두와 결코 잊지 못할 밤을 선물했다.

우리는 무엇을 주어야 할까?

우리가 가지고 있는 통찰력이나 아이디어나 도구나 의미 있는 목표는 우리 자신에게는 더 이상 중요하지 않은 것처럼 보일 수 있지만 삶의 여정을 이제 막 시작한 누군가에게는 삶을 변화시키는 좋은 선물이 될 수 있다. 그런 것들을 주는 것이 멘토링이다.

소명적 제자도의 효력

데이비드가 좋아하는 성탄절 행사 가운데 하나는 대학생들을 위한 '주빌리'라는 콘퍼런스다. 이 콘퍼런스는 매년 2월에 피츠버그에서 열린다. 서부 펜실베이니아의 겨울철 날씨를 고려하면 좀 더 나은 계절을 고를 수도 있었을 텐데 좀 아쉬운 면이 없지 않다. 그러나 밖은 혹독하게 춥지만 안에서 진행되는 발표나 실습이나 소개되는 책들은 그야말로 대단하다. 금요일에 시작해서 일요일에 마치는 이 행사는 학생들을 창조-타락-구원-회복이라는 기독교적 이야기의 줄거리 속으로 끌어들여 주제별 논의와 강연을 통해 문화적인 분별력을 갖추도록 돕는 것에 초점을 맞춘다.

이 행사의 내용은 다양한 분야에 종사하는 그리스도인 전문가들이 제시하는 내용으로 이루어져 있다. 수십 명의 강사들이 학생들에게 기독교적 방식으로 생각하는 방법과 특정한 직업 분야에서 그리스도인으로서 활동하는 방법을 가르친다. 콘퍼런스를 통해 많은 깨우침을 얻은 학생들이 책들을 양팔 가득 안아 들고, 소명과 목적과 믿음에 관한 중요한 문제들을 진지하게 논의하는 모습은 보기가 참 좋다.

데이비드는 에밀리가 고등학교 2학년에 다닐 때 '주빌리'에 데려갔다. 그녀가 좋아하는 프로그램 가운데 하나는 물리학과 신앙을 주제로 다룬 캐서린 크라우치의 강연이었다. 대학교수인 캐서린은 과학적 사고를 지닌 데이비드의 딸에게 직업 소명에 관한 조언을 제공한 멘토가 되었다. 에밀리는 몇 년이 지나서도 여전히 캐서린에게 자신의 직업 활동 계획과 열망과 관심사는 물론, 과학자로서의 소명을 받은 제자로서 예수님을 따르는 삶과 관련된 여러 가지 의문점들에 관해 조언을 구하고 있다.

소명적인 제자도는 실질적인 효력을 발휘한다. 우리는 그것을 통해 교회가 새롭게 부흥될 수 있다고 믿는다. 과거의 영적 부흥을 묘사한

글들을 읽어보면, 사회가 예수님께로 돌이키는 것이라기보다 교회가 예수님께 좀 더 충실하게 되고, 사회 안에서 성령의 인도를 받아 살아가는 것이 영적 부흥의 참된 의미였다는 사실을 알 수 있다.

소명적인 제자도를 진지하게 수행하는 교회는 젊은이들이 다음과 같은 심층적인 질문에 대한 대답을 찾도록 도울 수 있다.

- 하나님이 나를 어떤 사람으로 창조하셨는가?
- 나의 삶은 중요한가?
- 내가 창조된 목적은 무엇인가?

그런 일들이 이루어지면 그리스도의 몸이 디지털 바벨론에서 새롭게 부흥할 수 있다.

...

교회의 제자 훈련이 문제가 있다면 새로운 것을 시도해 볼 방법을 찾아야 한다. 가장 역동적인 젊은 제자들은 제자도와 소명을 함께 연관시킬 때 더욱 강해질 수 있다.

그렇게 하면 그들은 한층 더 통합된 삶을 살 수 있을 뿐 아니라 더욱 깊고, 본질적인 차원에서 하나님이 자신들의 삶을 통해 이루어나가는 일에 관심을 기울이신다는 것과 그분이 자신들을 걸작품이 되도록 창조하셨다는 사실을 이해할 수 있다.

사람들, 특히 우리 주위에서 성장하고 있는 젊은이들의 삶 속에서 일어나는 소명의 불꽃에 깊이 관심을 기울이는 것은 큰 특권이요, 그 자체로 하나의 소명이다.

우리는 앞으로 하고 싶은 일들을 목록으로 만들게 하거나 단순히 직업 시장에서의 경쟁을 독려하는 것을 뛰어넘어 믿음과 일과 소명을 하나로 통합하도록 도움으로써 다음 세대의 역동적인 제자들을 육성하는 일에 힘을 보태야 한다.

디지털 바벨론에서의 멘토링

Faith For Exiles

거칠게 질주하는, 복잡한 오늘날의 사회 속에서 역동적인 제자가 되고, 또 그런 제자를 길러내려면 우리의 일을 향상시킬 수 있는 방법을 함께 찾아봐야 한다. 새로운 모델을 창조하는 것이 필요할 때도 있고, 과거의 방법을 현대적인 삶에 새롭게 적용하는 것이 필요할 때도 있다. 멘토링을 예로 들어보자. 멘토링은 초시간적인 측면도 있고, 시간적인 측면도 있다. 우리의 새로운 상황 속에서 멘토링을 시도할 수 있는 방법을 몇 가지 생각해 보면 다음과 같다.

첫째, 멘토링 과정을 통해 무엇을 전달할 것인지 생각해봐야 한다. 멘토링은 인생의 교훈이나 간단한 금언을 가르치는 것이 아니다(젊은이들은 우리의 도움이 없이도 인스타그램을 통해 성경의 정보를 공유할 수 있다). 그들은 하나님의 말씀에서 비롯하는 지혜를 필요로 한다.

마크는 언젠가 색인 카드에 성경의 잠언을 모두 적어 주제별로 분류했다. 그렇게 해놓고 보니 금언들이 대략 일곱 가지 범주로 나뉘는 것을 알 수 있었다. 잠언에 따르면 지혜로운 사람은 다음과 같은 일곱 가지 특징을 지니는 것으로 나타난다.

1) 지혜로운 사람은 하나님을 믿는다.
2) 지혜로운 사람은 건전한 관계를 맺는다.
3) 지혜로운 사람은 올바른 조언을 구한다.
4) 지혜로운 사람은 말을 지혜롭게 사용한다.
5) 지혜로운 사람은 자제력을 발휘한다.
6) 지혜로운 사람은 자산을 잘 운용한다.
7) 지혜로운 사랑은 평화롭게 살아간다.

이것은 멘토는 물론, 멘티가 추구해야 할 좋은 삶의 기준이다. 멘토링 관계를 통해 이런 자질들을 기르는 일은 크게 두 가지로 나눠 생각할 수 있다.

지혜에 이르는
세 가지 길

지혜를 어떻게 정의하든 상관없이 경험은 지혜의 필수 요건이다. 이것이 사람들이 나이를 먹으면서 지혜로워지는 이유다(물론, 항상 그러는 것은 아니다). 경험을 대체할 수 있는 것은 없지만 모든 경험을 의도적으로 더욱 깊게 발전시켜 더 큰 지혜를 얻는 계기로 삼게 함으로써 멘티가 얻는 지혜를 더욱 빠르게 촉진하고, 더욱 크게 증폭시킬 수 있다. 세대 사이에서 이루어지는 지혜의 전수가 어느 때보다 더 중요해진 이유는 의도적인 노력을 기울이지 않으면 젊은 그리스도인들이 우리가 아닌 그들의 기기와 알고리즘의 영향을 받으며 성장할 것이기 때문이다.

멘토링의 과정을 통해 지혜를 전할 수 있는 세 가지 방법은 성찰, 선택, 예상이다(지혜로운 멘토링의 한 가지 중요한 측면은 어느 길을 취해야 할지를 아는 것이다). 성찰은 이미 일어난 것, 곧 과거로부터 지혜를 얻는 기회를 제공한다. 선택은 현재를 다루며, 경험이 아직 미숙한 상태에서도 지혜로운 것을 선택할 수 있는 기회를 멘티에게 부여한다. 예상은 미래의 길이다. 젊은 제자는 이를 통해 어떤 일이 일어날 수 있는지 예측하고, 앞으로의 일에 관한 지혜를 얻을 수 있다.

성찰

성찰은 과거로부터 배우는 길이다. 예수님은 제자들에게 "사람들이 나를 누구라 하느냐?"라고 물으셨다. 그것은 군중 사이에서 그들이 경험했던 것을 되돌아보라는 말씀이다. 제자들은 자신들이 듣고, 본 것을 말씀드렸다. 그러자 예수님은 다시 "너희는 나를 누구라 하느냐?"라고 물으심으로써 그들 스스로 질문에 대한 대답을 찾게 하셨다(마 16:13-16; 막 8:27-29; 눅 9:18-20 참조). 이것이 성찰이다. 이 길을 찾는 경우는 매우 드물다.

지혜를 얻는 효과적인 성찰이 이루어지려면 우리가 하는 일을 잠시 멈추고, 이미 한 일을 되돌아봐야 한다. 그것은 시간이 걸리는 일이며, 또 불편할 때도 많다. 왜냐하면 성공보다는 실수를 통해 더 많은 것을 배울 때가 많기 때문이다. 지혜로운 멘토는 멘티가 "무슨 일이 일어났지? 나 자신과 다른 사람들에 대해 무엇을 발견했지? 어디에서 하나님이 역사하시는 것을 보았지? 언제 하나님과 함께 일했고, 언제 그분의 뜻을 거스렸지? 이런 선택들이 하나님이 나를 부르신 목적과 그분이 내게 주신 소명과 어떤 관계가 있지?"와 같은 문제들을 생각하도록 도와야 한다.

유형 인식이 지혜를 정의하는 한 가지 방법이라면 성찰은 과거로부터 유형들을 식별해 냄으로써 현재와 미래 속에서 그것들을 인지하는 것을 의미한다.

선택

성찰은 뒤를 돌아보는 것이고, 예상은 앞을 바라보는 것이라면 선택은 지금 현재 지혜롭게 되어가는 것과 관련이 있다. 훌륭한 멘토는 멘티가 현재의 선택을 앞으로 더 큰 성장과 발전의 기회로 삼도록 이끈다. 멘토는 자신의 경험을 들려줌으로써 젊은 제자가 내려야 할 선택에 대해 조언을 제공해야 한다. 그 이유는 다른 사람의 경험으로부터 배우는 것이 가능하고, 또 더 효율적이기 때문이다. 벤저민 프랭클린은 『가난한 리처드의 연감』(Poor Richard's Almanack)에서 "경험은 소중한 스승이지만 어리석은 자들은 무엇을 통해서도 배우지 못한다."라고 함축성 있게 말했다.[5]

멘티가 스스로 어리석음을 고집하지만 않는다면 그렇게 되도록 놔두어서는 안 된다. 경험을 가르치는 데 인색하지 말라. 어렵게 터득한 지혜를 기꺼이 나눠주라. 멘티에게 선택을 가르칠 때 유형을 인식해 결과를 예측할 수 있도록 도와라. 물론, 자신이 마치 수학책 뒷장에 있는 해답지나 되는 것처럼 대답을 제시할 필요는 없다. 단지 자신이 현재의 위치에 이르게 된 경위를 말해주고, 그 비결을 그들 스스로 깨우쳐 알게 하라. 그들이 그들 자신의 선택을 할 때 설혹 그것이 그릇된 선택일지라도 항상 곁에서 도움을 주려고 힘써라.

예상

예상은 미래의 길이다. 멘토는 멘티가 아직 경험해 보지 못한 상황이나 관계를 '예상하도록' 도와야 한다. 그들에게 과제를 내주거나 역할 연기를 하거나 모의실험을 하거나 이야기를 꾸며보거나 사례 연구를 시도하는 등, 현실 세계에서 실질적인 결과가 나타나지 않는 상황

---

[5] Benjamin Franklin, *Poor Richard's Almanack*, December 1743.

에서 그렇게 할 수 있다.

예상이란 같은 소속의 선수들이 유니폼만 서로 다르게 입고 경기를 하는 연습 경기와 비슷하다. 선수들은 연습 경기를 통해 다른 방식으로는 얻을 수 없는 기술과 직관력을 기를 수 있고, 코치는 앞으로 있을 큰 경기에서 정신적 압박감을 견디며 어떤 기량을 펼칠 수 있을 것인지를 예측할 수 있다.

예수님도 비유를 통해 그렇게 하셨다. 그분은 청중을 이야기 속에 투영시켜 그에 대한 반응을 끌어냄으로써 자신의 나라나 그들의 마음에 관해 더 깊은 진리를 보여주셨다. 또한 예수님은 제자들이 자기가 그들의 곁을 지켜주지 않는 상황에서 그들이 어떻게 반응하는지를 보기 위해 폭풍우가 일 때 배에서 잠을 주무시기도 하셨다. 그것은 예수님의 죽음과 부활 이후에 그들에게 무엇이 필요한지를 가르쳐주기 위한 일종의 모의실험이었다. 제자들은 하나님이 자연적인 세력이나 초자연적인 세력을 막론하고 모든 세력을 다스리는 권능을 지니고 계신다는 사실을 온전히 믿지 못한 채 크게 두려워했다. 예수님은 바람과 파도를 꾸짖어 잔잔하게 하심으로써 그 권능을 보여주셨고, 그로써 자기에 대한 제자들의 믿음을 강화하고, 용기를 북돋아 앞으로 닥칠 일에 대비하게 하셨다.

우리도 어떻게 젊은 제자들이 미래를 위한 지혜를 얻도록 도울 수 있을지 진지하게 생각해 보자.

상호적인
멘토링

디지털 바벨론에서 효과적인 멘토링이 이루어지려면 한 가지 더 고려해야 할 중요한 사항이 있다. 그것은 멘토링이 나이든 사람이 젊은 사람을 상명하달식으로 가르치는 것이 아니라는 점이다. 요즘의 멘토링은 젊은 제자만이 아니라 나이든 그리스도인에게까지 영향을 미칠 수 있는 잠재력을 지닌다. 우정의 관계가 위계적이 아니고 상호적인 성격을 띨 때는 특별히 더 그렇다. 젊은 세대가 나이든 세대에게 지식과 지혜를 배우는 것처럼, 나이든 세대도 젊은 세대를 통해 배워야 할 필요가 있다.

물론, 그렇게 해야 할 이유는 젊은 사람들이 나이든 성인들보다 기술 문명에 관해 더 많이 알고 있어서가 아니다. 거기에는 그보다 훨씬 더 깊은 이유가 있다. 유배자들은 부차적인 존재들이 아니다. 그들은 디지털 바벨론에서 교회를 형성하는 도구 역할을 해야 한다. 다니엘은 바벨론에서의 시간을 헛되이 보내지 않았다. 하나님은 그를 도구로 사용해 자기 백성의 충실함을 독려하셨다. 에스더도 부차적인 역할에 그치지 않았다. 그녀는 실제로 자기 백성을 구원했다. 베드로가 초대 교회의 신자들을 거류민으로 일컬은 이유는 그렇게 처신하는 것이 현명하기 때문이 아니라 하나님이 거류민을 도구로 사용하시기 때문이다. 이것이 사실이라면 우리가 유배지에 사는 이유는 하는 일 없이 빈둥거리기 위해서가 아니라 주위 사람들로부터 무엇인가를 배우기 위해서다.

오늘날의 젊은이들을 생각해 보라. 그들은 똑똑하고, 관계 지향적이고, 야심적이고, 창의적이다. 그들이 유튜브나 다른 통로를 통해 무엇인가를 신속하게 배우는 것을 보면 놀라움을 금할 수가 없다. 그들은 우리가 생각하는 것보다 더 많은 정보와 지혜를 알고 있을 때가 많다. 그들은 모든 것을 알지는 못하지만 우리는 그들과 더불어 성찰, 선택, 예상을 연습하는 방법을 배워야 한다. 다음 세대의 유배자들이 우리를 필요로 하는 것처럼 우리도 그들을 필요로 한다는 사실을 기꺼이 인정할 수 있어야 한다.

이런 식의 주고받기식 관계를 '상호적 멘토링'으로 일컬을 수 있다.

— 상호적 멘토링은 지혜가 한 세대에서 다음 세대로 자연스레 흘러가게 하고, 그것이 다시 역으로 흘러오게 만드는 기능을 한다.
— 상호적 멘토링은 나이든 성인들에게 새로운 도구와 판단의 틀을 깨우칠 수 있는 기회를 제공한다.
— 멘토는 상호적 멘토링을 통해 새로운 유형이나 개정된 유형을 요구하는 새로운 상황을 예측할 수 있다.
— 상호적 멘토링은 나이든 세대에게 젊은이들의 경험에 공감하고, 새로운 통찰력을 얻을 수 있는 기회를 제공한다.
— 상호적 멘토링은 더 이상 '기독교적'이 아닌 사회적 상황을 올바로 분석할 수 있는 도구를 제공한다.

— 상호적 멘토링은 의견이 다른 사람들과 어려운 대화를 나눌 수 있는 용기를 부여한다.
— 상호적 멘토링은 교회 안팎에 있는 사람들과의 관계를 사랑으로 이끌어 갈 수 있도록 도와준다.
— 상호적 멘토링은 열정과 가치관을 올바로 갖추고 세상에 참여할 수 있도록 도와준다.
— 상호적 멘토링은 멘토의 고정 관념을 깨우쳐 그것에서 벗어날 수 있게끔 도와준다.
— 상호적 멘토링은 멘토를 겸손하게 만들어 자기 자신의 영웅적인 여정을 계속할 수 있게끔 도와준다.

상호적 멘토링의 관계는 순조롭거나 매끄럽지 않다. 실수를 저지를 때도 있고, 자아가 상처를 입을 때도 있으며, 어려움을 감수해야 할 때도 있다. 그러나 예수님은 이렇게 말씀하셨다.

"누구든지 나를 따라오려거든 자기를 부인하고 자기 십자가를 지고 나를 따를 것이니라 누구든지 제 목숨을 구원하고자 하면 잃을 것이요 누구든지 나를 위하여 제 목숨을 잃으면 찾으리라"(마 16:24, 25).

Faith For Exiles 디지털 바벨론 시대의 그리스도인

실천 원리 5

시대 풍조를 거스르는 사역에 참여시켜 권리 주장과 자기중심적인 성향을 제어하라

> 시류를 거스르는 사역에 참여한다는 것은 하나님의 능력을 의지하고, 문화적 풍조와 다른 태도를 취함으로써 충실한 삶을 사는 것을 의미한다.

숲속을 거니는 것은 영혼에 유익하다. 데이비드의 가족에게 국립 공원을 여행하는 것은 하나님이 만드신 성전에서 예배를 드리는 것과 같다.

2016년 봄이었다. 우리 가족 다섯은 그랜드캐니언의 깊은 곳을 향해 내려갔다. 계곡의 남쪽 가장자리에서 '팬텀 랜치'까지는 대략 16킬로미터의 거리다. 우리는 계곡 아래에서 야영할 생각이었다. 처음에 약 1.6킬로미터쯤 내려가면 16킬로미터에 달하는 길이 나온다. 하지만 우리처럼 그렇게 용감하지 않은 여행자들은 처음에 내려갔던 1.6킬로미터를 다시 걸어 올라와야 한다. 괜히 '그랜드캐니언'이라는 명칭이 붙은 것이 아니다.

장녀인 에밀리가 재킷을 가져오는 것을 잊었기 때문에 여행을 막 시작하려고 할 즈음에, '그랜드캐니언 로지'에서 마지막 쇼핑을 했다. 그곳의 가게에서 일하는 20대 중반쯤 되어 보이는 여성이 재킷을 고를 수 있도록 도와주었다. 그런데 다리를 절뚝거리는 그녀의 모습이 눈에 띄었다.

이따금 이상한 순간에 ,바나 그룹에서 실시한 조사 결과가 머릿속에 떠오를 때가 있다. 재킷을 사는 그 순간에도 그런 생각이 떠올랐다. 그 점원이 재킷을 우리에게 보여주는 순간에, 공적인 공간에서 낯선 사람을 위해 소리를 내어 기도하는 사람을 광신자로 생각하는 사람들이 성인들 가운데 52퍼센트에 달한다는 조사 결과가 생각났다.

그러나 어색한 상황이 벌어질지도 모르는 위험에도 불구하고 그녀를 위해 기도해 주겠다고 말하고 싶은 강한 충동이 일었다.

나는 "알맞은 크기의 재킷을 찾게 도와주어서 감사합니다."라고 말하고 나서, 잠시 속으로 이럴까 저럴까를 고민하다가 일단 시험 삼아 "다리를 절뚝거리던데 괜찮습니까?"라고 물었다.

"아뇨, 다리가 너무 아파요. 어제 너무 많이 걸었더니 무리가 갔나 봐요."

"저런, 안 됐군요."

"그래도 오늘 일하러 나올 수밖에 없었어요."

나는 그녀가 사장의 눈치를 봐야 했고, 또 지불해야 할 청구서가 있을 것이라고 생각하며 고개를 끄덕였다. 나는 태도를 최대한 부드럽게 하려고 노력하면서, "조금 이상하게 들릴지 모르지만 괜찮다면 아가씨의 다리를 위해 함께 기도하고 싶은데 어떤가요?"라고 말했다.

그녀는 고개를 한쪽으로 갸웃하면서 나를 바라보았다. 내가 조금 전에 그랬던 것처럼 속으로 생각을 저울질하고 있는 기색이 역력했다. 내 곁에 서 있던 열두 살 된 나의 아들 잭이 "대체 무슨 말을 하는 거예요, 아빠?"라는 의미가 담긴 눈길을 건넸다.

그녀는 진지하게 미소를 지으며 "좋아요, 괜찮아요."라고 말했다.

나는 푸른 눈을 휘둥그레하게 뜨고 나를 바라보고 있는 잭을 흘끗 쳐다보았다.

"좋아요. 기도합시다."

나는 그렇게 말하고 나서 머리를 조아린 채 "하늘에 계신 하나님, 새로운 친구 섀넌 양의 다리가 많이 아픕니다. 주님은 치유의 능력을 지니고 계십니다. 구하오니, 그녀를 치료해 주소서. 그녀의 고통을 말끔히 없애주셔서 오늘 일을 잘할 수 있게 도와주소서. 예수님의 이름으로 기도합니다. 아멘."이라고 기도했다.

내가 눈을 뜨자 그녀도 곧 눈을 떴다. 그녀는 다시 미소를 지으며 고맙다고 말했다. 그녀는 "좋아요, 괜찮아요, 아무 문제 없어요."라는 의미가 담겨 있는 말이었다. 그 순간에 당장 기적적인 역사가 일어난 것은 아니었지만 그녀는 고마워하는 눈치였다.

우리가 가게를 나설 때, 잭은 약간 속삭이는 목소리로 이렇게 말했다.
"아빠, 우리가 정말로 이런 것을 믿고 있는 것인가요?"

하나님이 명령하신 일

그때의 경험을 되돌아보면, 기독교가 아무런 목적 없이 기계적으로 살아가는 삶과 정면으로 배치된다는 사실을 생각하지 않을 수 없다(여행을 마친 후 종아리 근육이 아팠던 사실도 기억하지 않을 수 없는 일이었지만, 이것은 별개의 문제다). 대다수 사람은 공적인 상황에서 낯선 사람을 위해 기도하는 것을 종교적인 광신주의로 생각하지만, 우리는 그리스도인으로서 올바른 종류의 광신자가 되어야 할 의무가 있고, 또 그런 기회를 가질 수 있다.

기독교를 이상하게 보이게 하라.

이것은 역동적인 젊은 제자들을 육성하기 위한 마지막 다섯 번째 실천 원리(시류를 거스르는 사역에 참여하는 것)와 관련이 있다. 이것을 좀 더 자세히 설명하면 다음과 같다. '시류를 거스른다'라는 개념은 엄격한 채식주의, 퇴비 만들기, 홀치기 염색하기, 나팔바지를 입는 것과 같은 다양한 이미지를 떠오르게 만든다. '시류를 거스른다'라는 것은 시대의 풍조를 따르지 않고 예수님 안에서 살아가는 삶의 방식을 가리킨다. 이것은 앞 장에서 다룬 제자도에 관한 정의(문화적인 압력에 직면해 역동적으로 충실하게 살아가며 성령 안에서 활기찬 삶을 영위하는 예수님의 제자들을 육성하는 것)와 밀접하게 맞물려 있다.

충실한 기독교 공동체는 권력과 성애와 돈을 추구하는 세상의 체제와 구조와는 반대되고, 구별되는 삶을 지향한다. 우리에게는 시류를 거슬러 공동선을 추구하라는 소명이 주어졌다.[1] 성경은 "너희는 이 세대를 본받지 말고 오직 마음을 새롭게 함으로 변화를 받아 하나님의 선하시고 기뻐하시고 온전하신 뜻이 무엇인지 분별하도록 하라"(롬 12:2)라고 말씀한다. 이것이 시류를 거스른다는 것의 의미다.

'사명'을 뜻하는 '미션(mission)'은 (톰 크루즈가 비행기에 낙하하는 것과 같은) 불가능한 업적에서부터 올바른 신발 한 켤레를 사기 위해 가게를 다섯 곳이나 찾아다니는 일에 이르기까지 거의 모든 일을 생각나게 한다. 이 말은 믿음의 영역에서는 먼지가 풀풀 나는 오지에서 선교 사역을 하는 것을 가리키기도 한다. 그러나 여기에서 우리가 말하려는 '사명'의 개념은 하나님은 강력하고, 적극적이고, 의도적이시며 자기를 믿는 자들이 사람들을 구원하고, 세상을 회복하는 일에 참여하기를 원하신다는 의미를 지닌다. 성경적으로 말하면, 여기에는 다른 사람들을 섬기고, 피조 세계를 돌보고, 하나님의 축복을 받아 다른 사람들을 복되게 하고, 예수님의 이름으로 잃어버린 자를 찾아 구원하는 등,

---

1) David Kinnaman, *Good Faith* (Grand Rapids: Baker, 2016).

다양한 종류의 열망이 포함된다.

하나님이 자기 백성을 통해 자신의 사역을 이루기로 작정하셨다는 것은 참으로 놀라운 일이 아닐 수 없다. 우주의 하나님은 우리가 자신의 사역에 참여하기를 원하신다. 그분은 우리가 없어도 능히 자신의 사역을 이루실 수 있지만, 우리에게 자기와 함께 일할 수 있는 특권을 부여하셨다. 그 덕분에 우리는 세상을 그분과 화목하게 하는 일에 참여할 수 있게 되었다. 하나님이 우리의 참여를 원하시는 이유는 무엇일까?

자기가 하고 싶은 일을 누군가와 함께(예를 들면 자녀 중 하나와 함께) 해 본 적이 있는가? 등산은 혼자서도 재미있지만 가족과 함께 하면 훨씬 더 재미있다. 하나님은 자신의 원대한 사역을 우리와 함께 하신다. 그분은 우리가 다른 사람들과 함께 자신의 사역을 하기를 원하신다. 그 이유는 그분이 우리와 함께 사랑을 베푸는 일을 하기를 좋아하시기 때문이다.

역동적인 제자도의 다섯 번째 실천 원리를 좀 더 자세하게 정의하면 다음과 같다.

> 시대 풍조를 거스르는 사역에 참여한다는 것은 하나님의 능력을 의지하고, 문화적 풍조와 다른 태도를 취함으로써 충실한 삶을 사는 것을[2] 의미한다.

---

2) James Davison Hunter, *To Change the World* (Oxford University Press, 2010).

참으로 굉장한 일이 아닐 수 없다. 그러나 이것은 유배지의 사람들에게는 특별히 어렵고, 힘든 일이다. 이것에 비하면 그랜드캐니언 여행은 동네 공원을 산책하는 것에 지나지 않는다.

단호하면서도 역동적인 삶

다섯 번째 실천 원리는 다섯 가지 원리 중에서 이해하기가 가장 어렵다. 우리는 이것을 가장 잘 이해할 수 있는 방법을 찾기 위해 수십 가지의 요인이 하나로 결합된 것을 유심히 관찰해야 했다. 우리 팀은 다양한 증거와 자료들을 걸러내면서 실질적인 요인들을 찾아내 분리할 수 있는 최선의 방법을 모색했다. 분석가들은 먼저 외부 지향적인 요소들, 곧 젊은 제자들이 내부자들이 아닌 외부자들을 향해 기독교를 나타내고, 표현하는 방식에 관심을 기울이고 있다는 것을 보여주는 요소들에 초점을 맞추었다. 그 결과, 우리는 그런 요소를 세상에서 그리스도의 대의를 좇으려는 사명감과 문화적 풍조를 거스르는 단호한 성향으로 가장 잘 묘사할 수 있다는 결론에 도달했다. 이것은 쉽지 않지만 연구 조사에 따르면, 역동적인 젊은 제자들은 이미 그런 일을 하고 있는 것으로 드러났다(도표14 참조).

시류를 거스르는 사역은 이 책에서 지금까지 논의해온 다른 실천 원리들과 어떤 관계를 맺고 있을까? 예수님과의 친밀감은 현세와 내세에서 우리의 정체성을 결정하는 원천이고, 문화적 분별력은 우리 자신과 세상에 관해 기독교적으로 생각하기 위해 함께 배양해 나가야 할 건전한 관점과 사고방식을 의미하며, 의미 있는 관계는 우리가 그리스도를 더 많이 닮도록 도와주는 다른 신자들과의 헌신적인 교제를 가리키고, 소명적인 제자도는 개인적인 소명과 하나님이 우리 각 사람을 창조하신 목적을 발견하는 것을 의미한다. 시류를 거스르는 사역이란 이 모든 실천 원리(곧 세상을 위해 그리스도의 몸으로서 우리가 함께 해나가야 할 일)를 외부적으로 드러내 나타내는 것을 가리킨다. 이것은 하나님의 백성이 세상 사람들에 영향을 미쳐 그분의 본래의 선한 의도를 깨우쳐주기 위해 함께 노력해 나가는 것을 의미한다.

우리는 역동적인 제자들을 대상으로 연구 조사를 실시한 결과, 몇 가지 놀라운 사실을 발견했다.

역동적인 제자들은 강한 사명감을 느낀다 아래의 진술문에 강한 동의를 나타낸 사람들의 백분율	탕자	유랑민	습관적인 교회 참여자	역동적인 제자들
다른 사람들이 나의 말과 행위를 통해 반영된 예수님을 볼 수 있기를 원한다.	11%	29%	50%	90%

다른 사람들에게 나의 종교적인 신념을 전해야 할 책임감을 느낀다.	7%	11%	34%	76%
세상 안에서 교회의 사명을 이행하는 것이 즐겁다.	5%	8%	32%	67%
다른 사람들을 구원하는 것이 내 삶의 가장 중요한 목표다.	21%	20%	35%	66%

(그리스도인으로 성장한 18세에서 29세 사이의 미국인 1,514명을 대상으로 조사했다.)

자료 제공: 바나 그룹, 2018년 2월

- **역동적인 제자들은 사명감을 가지고 살아간다.** 시류를 거스르는 사역이라는 범주 안에 포함된 40개가 넘는 진술문과 요소들 가운데 역동적인 제자들이 가장 공통적으로 동의한 것은 "다른 사람들이 나의 말과 행위를 통해 반영된 예수님을 볼 수 있기를 원한다."였다. 역동적인 제자들 가운데 10분의 9가 강한 동의를 드러냈고, 4분의 3은 "다른 사람들에게 나의 종교적인 신념을 전해야 할 책임감을 느낀다."고 말했으며, 3분의 2는 "세상 안에서 교회의 사명을 이행하는 것이 즐겁다."라고 대답했다.

- **역동적인 제자들은 하나님이 세상에서 일하고 계신다는 것에 대해 강한 믿음을 드러냈다.** 이것은 그들이 삶의 초자연적인 차원을 굳게 확신하고 있다는 증거다. 역동적인 제자들 가운데 대다수가 "오늘날 우리의 세상에서 기적들이 실제로 일어난다."라고 믿었다(여기에는 "예수님이 오늘날에도 사람들을 치유하실 수 있다."라는 항목도 포함되었다). 또한 그들은 "성령께서 매일 나를 인도하신다."라고 믿었고,

그리스도인들이 "마귀라고 불리는 실제적인 영적 대적자와 맞서고 있다."라고 확신했다. 언젠가 예수님의 재림이 이루어질 것이라고 믿는 역동적인 제자들도 전체의 5분의 4를 웃돌았다.

- **역동적인 제자들은 믿음을 실천하는 일과 관련해 교회가 많은 도움을 준다고 느낀다.** 우리는 시류를 거스르는 사역의 요소들 가운데 교회가 다음 세대에게 가르칠 수 있는 것들을 스무 가지 이상 살펴보았다. 그 가운데서 가장 공통적인 요소는 '나의 믿음을 공적인 상황에서 실천할 수 있는 용기'였다. 그러나 역동적인 제자들이 교회의 도움을 받는다고 말하는 요소들은 그 외에도 많았다. 이 점에 대해서는 뒤에서 좀 더 자세히 살펴볼 생각이다.

- **역동적인 제자들은 자신이 믿는 것에 대해 강한 확신을 가지고 있다. 하지만 그 믿음을 실제로 표현하는 방법은 명확하게 알고 있지 못했다.** 이것은 역동적인 제자들이 앞으로 성장해야 할 여지가 가장 크고, 목적의식이 가장 일관되지 않은 분야에 해당한다. 예를 들어, 그들은 성(性)에 관한 하나님의 목적과 같은 문제들에 대해 강한 확신을 드러냈지만 신념이 다른 또래 친구들과 어려운 대화를 나누는 방법을 알지 못해 고민할 가능성이 높다.

- **역동적인 제자들은 섬기기를 원한다.** 역동적인 제자들은 이렇다 할 영적 동기가 주어지지 않은 상태에서도 다른 사람들에 비해 사람들을 돕고 싶어 하는 열정이 특별히 강한 것으로 나타났다. 그들은 영적으로 중립적인 상태에서 솔직하게 대답해 보라는 질문에도 "다른 사람들을 구원하는 것이 내 삶의 가장 큰 목표다."라

는 것에 강한 동의를 나타낸 숫자가 3분의 2에 달했다. 이에 비해 습관적인 교회 참여자는 3분의 1에 그쳤고, 유랑민과 탕자는 고작 5분의 1에 불과했다.

역동적인 제자들은 기꺼이 희생을 감수하며 다른 사람들을 섬기겠다는 단호하고, 강력한 의지를 내보인다. 이것이 우리가 양육하기를 원하는 젊은 제자들이다. 물론, 우리 자신도 그런 제자가 되기를 원한다. 이것은 일반적인 일이 아니다. 이들은 대다수 사람이 인식하는 젊은이들의 모습과는 사뭇 다르다.

권리 주장과 자기중심적 성향

밀레니얼 세대와 제트 세대를 생각하면 무슨 단어가 떠오르는가? 데이비드는 목회자들과 기독교 사역자들 앞에서 강연할 때면 항상 이 질문을 한다. 새크라멘토에서 한 무리의 목회자들과 교회 지도자들이 제시한 단어를 몇 가지 소개하면 다음과 같다(아래의 내용은 당시의 기록에 근거한 것이다).

이기적이고

길 잃은

최신 유행에 민감한

기술에 대한 적응력이 뛰어난

괴짜

컴퓨터 게임을 좋아하는

권리 주장을 잘하는

식도락가

게으른

외모가 잘 생긴(밀레니얼 세대 가운데 한 사람이 제시한 것이다.)

용기 있는(강의실에 있던 나이든 성인이 내린 최초의 긍정적인 평가. 이때부터 다른 평가가 이어지기 시작했다.)

열정적인

진지한

희망적인

압박감을 많이 느끼는

부모의 보살핌을 받지 못한

부모의 보살핌을 과도하게 받은

아마도 밀레니얼 세대를 평가한 이런 부정적인 말들을 더러 들어보았을 것이다. 역사를 돌아보면 이런 일이 많은 것을 알 수 있다. 심지어는 고대의 아테네에서도 나이든 사람들이 다음 세대를 걱정하는 일이 있었다. 젊은 세대를 걱정하는 일은 예로부터 이어져 내려온 문제다.

그러나 이 특별한 순간, 곧 디지털 바벨론의 시대에 밀레니얼 세대를 걱정하는 베이비붐 세대와 노인 세대가 이토록 많다는 것은 매우 흥미로운 일이다. 그렇다면 누가 밀레니얼 세대를 키웠을까? 어떻게 그들을 키운 사람들이 가장 거친 불평을 쏟아내는 사람들이 되었을까? 우리는 참가 트로피를 나눠주는 것에 대해 불만을 토로한다. 그런데 그런 참가 트로피를 가져다가 나눠주는 사람은 과연 누구인가?

세대들이 서로를 백안시하고, 폄하하는 이유는 삶의 경험이 다르기 때문이다. 하지만 교회는 그런 파괴적인 생각을 용인하는 곳이 되어서는 안 된다. 우리의 사명을 계속해서 이루어나가려면 서로의 도움이 필요하다.

1. 권리 주장을 제어하라.

부모라면 누구나 자기 권리만 주장하는 자녀를 키우고 싶지 않다고 말할 것이 틀림없다. 그러나 그런 말은 우리가 절대로 우리의 부모처럼 되지 않겠다는 맹세와 별반 다르지 않다. 우리가 거부하는 것이 계속 지속된다. 이를테면 일종의 '자기충족적 예언'(self-fulfilling prophecy)으로 변해버리는 셈이다. 전에 한 이웃은 데이비드의 아들 잭이 집안에서 황태자처럼 대우받는 것을 목격했다(당시 잭은 어린아이였다). 당시에 데이비드는 그렇지 않다며 상당히 방어적인 태도를 취했다. 그러나 그것은 뼈 아픈 진실이었다.

조금 전에 참가 트로피를 언급하며 농담을 했지만, 모든 사람이 인정받을 자격이 있는 학교나 모두가 놀라운 기량을 발휘하는 일터를 만들려면 무엇인가 권리와 권한을 부여하는 작업이 필요할 것이 틀림없다. 우리는 다음 세대의 젊은이들이 스스로의 운명을 잘 개척해 나가기를 바라는 마음에서 그들이 원하는 것은 무엇이든 이룰 수 있고, 그들이 꿈꾸는 것은 무엇이나 될 수 있으며, 그들이 마음으로 가장 바라는 것을 찾을 수 있을 것이라는 등등의 문제와 관련해 온갖 종류의 신화를 그들에게 주입하는 경향이 있다. 20대 젊은이들은 대부분 5년 안에 자신이 꿈꾸던 직업을 갖게 될 것이라고 기대하지만, 그렇게 되기 위해 분명한 목표를 정했다고 말하는 사람들은 고작 절반에 지나지 않는다.

나이든 성인들이 젊은 성인들이나 10대 청소년들을 상대하는 것을 짜증스럽게 생각하는 이유 가운데 하나는 서로가 참된 관계를 맺을 수 없기 때문이다. 나(데이비드)는 조지 바나와 일하는 동안, 그가 나를 은근히 잘난 척하는 사람으로 생각할까 봐 늘 조심하며 부족한 듯 느끼면서 지냈다. 나는 오랫동안 그런 감정을 느꼈다. 밀레니얼 세대 출신인 나의 직원 가운데 하나는 자신의 경력이 답보상태에 있는 듯한 생각이 든다고 말했다. 또 다른 20대 팀원 가운데 한 사람은 고객들을 위한 발표를 마치고 나서 "제가 상당히 잘했죠, 그렇죠?"라고 말했다. 내가 그 나이일 때는 그런 자신감을 드러낼 생각조차 하지 못했.

유명한 음악가이자 음악 제작자요 작사가 겸 작곡가인 한 사람이 안타깝다는 어조로 이렇게 말했다.

"밀레니얼 세대의 젊은이들이 내 스튜디오에 와서는 나를 마치 또래 친구처럼 다룹니다. 나이가 아닌 경험과 업적의 관점에서 말이죠. 요즘에는 자신이 스타가 될 자격이 없다고 생각하는 음악가나 가수를 찾기가 하늘의 별 따기처럼 어려워요."

누구나 성공할 수 있다고 생각하게 만드는 유튜브 시대의 독특한 현상이 아닐 수 없다.

30년 동안 비행기를 조종해 온 경험 많은 조종사 한 사람은 최근에 요즘 젊은 조종사들과 다른 점을 발견하고는, "모두가 자신이 왕 같은 대우를 받을 자격이 있다고 생각합니다."라고 말했다.

물론, 밀레니얼 세대 가운데 그런 권리를 주장할 만한 사람들이 많다. 그러나 그들은 자신들을 둘러싼 환경의 산물일 가능성이 높다. 그들은 자기 자식을 누구보다도 아름답고, 뛰어난 존재로 여기는 부모 밑에서 성장했다.

우리 그리스도인들은 나이의 고하를 막론하고 이 점과 관련해 시류를 거스르는 사역을 실천해야 한다. 우리는 우리 자신의 권리 주장을 제한해야 한다. 우리의 웹 브라우저에서 숨어서 작동하는 디지털 쿠키처럼 몰래 잠식해 들어오는 시대정신과 맞서 싸워야 한다. 시류를 거스른다는 것은 우리의 삶 속에서 권리 주장을 단호하게 자제하는 것을 의미한다. 그렇게 하려면 희생과 섬김의 정신을 기르려고 열심히 노력해야 한다. 우리는 작아지고, 예수님은 커져야 한다(요 3:30). 먼저 된 자가 나중 되고 나중 된 자가 먼저 된다(마 20:16). 온유한 자가

복이 있다. 왜냐하면 땅을 기업으로 받을 것이기 때문이다(마 5:5).

2. 자기중심적인 성향을 극복하라.

권리 주장의 문제 외에 사회를 괴롭히는 또 하나의 문제는 자기 중심주의다. 이 문제들은 은행 강도와 도주 차량 운전자의 관계처럼 서로 밀접하게 관련된다. 앞서 언급한, 진 트윈지는 '자기도취증'을 길게 논의했다.[3] 자기도취적인 특성을 나타내는 사람들이 과거보다 요즘에 더 많다는 것을 보여주는 확실한 연구 조사 결과가 있다(사회학자들이 자아도취증과 같은 것을 측정할 수 있다니 참으로 멋지지 않은가?).

트윈지는 이 현상이 부분적으로 화상 사용이 만연한 현상과 맞물려 있다고 생각한다. 물론, 화상 자체가 우리를 자기중심적으로 만드는 것은 아니다. 우리가 그것을 사용하는 방식이 우리를 그렇게 만든다. 화상 기기들은 매일, 온종일 우리 자신에게만 맞춘 경험을 창출하는 수단으로 사용된다.

자기중심적이고, 자기도취적이며, 내가 먼저라는 사고방식의 징후가 도처에서 확인된다. 그런 사고방식은 종종 '행복 추구'로 위장될 때가 많다.

데이비드의 아버지 게리 키네먼은 피닉스에서 수십 년 동안 목회자

---

3) Jean Twenge and W. Keith Campbell, *The Narcissism Epidemic: Living in the Age of Entitlement* (New York: Atria Books, 2009).

로서 일했던 분이다. 이혼하고 재혼을 원하는 한 여성이 그에게 이렇게 말했다.

"성경은 하나님이 내가 행복하기를 원하신다고 가르치죠, 그렇죠?"

제트 세대를 대상으로 연구 조사를 실시한 결과, 오늘날의 10대 청소년 가운데 51퍼센트가 행복을 인생의 가장 중요한 목표로 생각하는 것으로 나타났다.

자기중심주의는 사회 전체의 관점으로 위장되기도 한다. 예를 들면, 다른 사람에게 해를 끼치지만 않는다면 원하는 것은 무엇이든 믿을 수 있다는 것이 대다수의 신념이다. 또한 앞서 말한 대로, 성인들의 대부분이 자신의 내면을 들여다보면 가장 참된 자아를 발견할 수 있다고 생각한다. 그러나 그런 신념들은 옳지 않다.

사실, 다른 사람들의 자기중심적인 태도를 탓하기 전에 우리 자신을 먼저 돌아봐야 한다. 강단과 기독교 사역에서도 자기중심적인 성향을 발견할 수 있다. 거기에서도 타락한 인간의 본성이 똑같이 발견된다. 시류를 거스르는 사역을 실천하려면 교회 안에 숨어 있는 자기중심적인 성향을 옳게 진단해 시정해야 한다. 생각해야 할 것을 몇 가지 나열하면 다음과 같다.

- 전부는 아니더라도 많은 목회자가 지성적으로 겸손하게 행동하지 못하는 경향이 있다. 예를 들어, 그들은 스스로가 일반 대중보다 더 옳다고 생각할 때가 많다.
- 젊은 지도자들을 육성하는 것을 좋아하지 않는 목회자들이 많다.

그러나 지도자직을 다음 세대에게 물려주는 것은 선택이 아닌 필수다.

- 미국 내의 수많은 목회자가 여러 가지 이유로 지나치게 오랫동안 지도자직을 고수하고 있는 탓에 의욕도 있고, 능력도 있는 많은 젊은 지도자들의 앞길을 가로막고 있다. 한 가지 이유는 그들이 경제적으로 은퇴해서 살 만한 능력이 없기 때문이다. 그러나 그런 경우일지라도 미래의 목회자들의 성장을 가로막고 있는 것은 분명한 사실이다.

- 제자도는 전인을 육성하는 것이고, 단지 주일 오전에 강단에서 이루어지는 것 이상의 노력이 필요하다는 것을 보여주는 수많은 증거에도 불구하고, 설교하고, 가르치는 것은 좋아하지만 사람들을 육성하거나 목회적 측면에서 교회를 인도하는 일은 별로 좋아하지 않는 목회자들이 대다수를 차지한다.

- 사역 관련 잡지들이나 교회 지도자 콘퍼런스도 대부분 많은 참석자들을 매료시키는 본보기들이나 인물들을 부각시키려고 애쓸 뿐, 공동체를 대신해 이름 없이 희생과 섬김의 수고를 감당하는 지도자들에게는 별다른 관심을 기울이지 않는다.

이런 말을 하는 이유는 목회자들을 비난하기 위해서가 아니라 건강한 사역을 펼치도록 교회를 독려하기 위해서다. 그렇게 하려면 자기 자신에게 초점을 맞추지 않는 지도자들, 곧 시류를 거슬러 하나님 나라의 방식을 따르며 오직 예수님에게만 관심을 기울이는 강력한 지도자들이 필요하다. 이것은 흔히 생각하는 것과는 다르게 들릴 수 있다. 그러나 오늘날에는 전면에 나서서 각광을 받으려고 하기보다 막후에서 다음 세대의 마음과 생각과 영혼을 양육하려고 애쓰는 지도자들이 더 많아져야 한다. 우리 자신을 내세워서는 하나님 나라를 드러낼 수 없다. 그렇게 해서는 그런 결과가 나타나지 않는다.

이것은 지도자와 평신도, 젊은이와 노인, 부모와 자녀와 손자를 막론하고 모두에게 주어진 책임이다. 디지털 바벨론, 곧 유튜브, 트위터, 자기 홍보, 은근한 자랑이 난무하는 시대에서 우리는 자아를 내려놓는 법을 배워야 한다. 이것이 예수님이 보여주신 시류를 거스르는 삶의 방식이다.

자기중심적인 태도를 버리려면 어떻게 해야 할까? 권리 주장을 제한할 때 사용할 수 있는 유익한 방법들을 이 문제와 관련해서도 똑같이 적용할 수 있다. 그것은 섬김, 희생, 침묵, 홀로 있는 시간, 지배욕을 버리는 것, 우리 자신에 대해 덜 생각하는 것 등이다. 마음으로 서로를 돌아보고, 다른 사람들을 위해 헌신해야 한다. 성경에 관한 가장 주목할 만한 사실 가운데 하나는 아버지의 마음을 자녀에게로 돌이키게 하고, 자녀들의 마음을 그들의 아버지에게로 돌이키게 하겠다는 말씀을 끝으로 구약성경이 끝나고 예수님의 이야기가 시작된다는 점이다.

우리 자신에 대해 덜 생각할 수 있는 방법 가운데 하나는 서로가 한마음이 되어 사역을 이루어나가는 것이다.

유배지에서 살아가는
하나님의 백성들

성경에서 가장 아름다운 구절 가운데 하나는 유배 생활이 임박했다는 예레미야 선지자의 예언이다. 그의 언어는 강력하고, 시적이었지만 청중의 마음을 움직이지는 못했다. 모든 사람이 그가 전한 경고가 정확하다고 생각한 것은 아니었다. 오히려 그의 정신이 이상해졌다고 의심하는 사람들이 많았다. 예루살렘의 안락한 삶을 포기할 마음이 조금도 없었을 테니까 그렇게 생각하는 것도 무리는 아니었다.

그러나 결국 예레미야가 옳았다는 것이 입증되었다. 그의 예언은 하나님의 백성들의 유배 생활에 관한 실천적인 통찰력을 제공한다. 그가 제공한 통찰력을 몇 가지 열거하면 다음과 같다(렘 29장 참조). 다니엘을 비롯해 다른 유배자들은 시류를 거스르는 이런 사역의 원리들을 몸소 실천해 보였다.

- **유배자들은 기도해야 할 사명이 있다.** 예레미야는 하나님이 보내신 유배지의 평화와 발전을 위해 기도하라고 당부했다. 다니엘의 기도는 그가 탁월한 지위에 올라 여러 왕들을 지혜롭게 보필하고, 말년에 직면한 여러 가지 정치적 압력을 극복하는 발판이 되었다.
- **유배자는 충실하고, 거룩해야 한다.** 유배자들이 살았던 삶과 시대는 하나님께 대한 충실함과 거룩함을 요구했다. 하나님의 백성이

유배 생활을 하게 된 이유 가운데 하나는 거룩함을 추구하지 않았기 때문이다. 이것은 구약성경 안에 거듭 등장하는 주제다. 예레미야는 그것을 다시 되풀이했다. 하나님의 백성이 그 고유한 삶의 특성을 잃고, 구별된 삶을 살지 못하면 그들을 정화하는 때가 반드시 닥치기 마련이다. 유배지에서 영적으로 성장하며 문화적인 영향력을 발휘하려면 먼저 거룩함을 추구해야 한다. 베드로전서 1장 17절은 "외모로 보시지 않고 각 사람의 행위대로 심판하시는 이를 너희가 아버지라 부른즉 너희가 나그네로 있을 때를 두려움으로 지내라"라고 말씀한다. 다른 번역 성경들은 충실한 유배자의 자세를 묘사하기 위해 '두려움'을 '공경심에서 우러난 두려움'으로 번역했다.

- **유배자들은 열매를 맺어야 한다.** 예레미야의 예언은 백성들에게 나무를 심고, 밭을 일구고, 집을 짓고, 결혼해서 자녀를 낳아 가정을 꾸리라고 요구했다. 유배지에 '오래 머물 계획'을 세우라는 예레미야의 말은 당시의 사람들이 듣고 싶어 했던 메시지와는 정반대였다. 고향으로 돌아오기를 원하지 않을 사람이 누가 있겠는가? 그러나 다른 사람들을 복되게 할 수 있는 생산력 있는 공동체를 건설하는 것이 유배자들의 사명이다.

- **유배자들은 다른 사람들을 위해 살아야 한다.** 유배자들이 감당해야 할 '열매 맺는' 사역의 하나는 다른 사람들을 복되게 하는 것이다. '다른 사람들'에는 불신자들도 포함된다. 예레미야는 상호 유익을 강조했다. 즉 바벨론의 행복을 추구하면 바벨론 사람들과

유배자들 모두가 유익을 얻는다. 과거의 유배자들도 그렇게 했다. 아브라함을 통해 많은 나라가 복을 받았다. 요셉의 지혜로운 행위를 통해 애굽인들을 비롯해 많은 사람이 목숨을 구원받았고, 다니엘도 이방 철학자들의 목숨을 구원했다. 베드로는 교회가 박해를 받는 와중에서도 권세자들을 위해 기도해야 한다고 말했다.

- **유배자들은 신중하고, 현실적이고, 희망적이어야 한다.** 아버지가 대학에 진학하는 자녀에게 특별한 주의를 당부하는 것처럼 예레미야는 유배자들에게 속지 말라고 경고했다. 그들은 거짓 선지자들이나 점술가들의 말에 귀를 기울여서는 안 되었다. 그들은 늘 깨어 경계하는 마음으로 유배 생활을 해야 했다. 예레미야는 신중함을 당부하는 것으로 그치지 않고, 성경에서 가장 자주 인용되는 말씀으로 풍성하고도 구체적인 희망을 제시했다. "너희를 향한 나의 생각을 내가 아나니 평안이요 재앙이 아니니라 너희에게 미래와 희망을 주는 것이니라"(렘 29:11).

- **유배자는 큰 위험이 뒤따르더라도 옳은 것을 말하고, 행해야 한다.** 예레미야는 자신의 목숨이 위태롭게 될 것을 알면서도 항상 히브리 백성을 향해 환영받지 못할 불편한 진실을 서슴없이 전했다. 유배자들도 하나님의 정의로운 대의를 믿고 따르는 사람들이기 때문에 그런 위험을 기꺼이 감수할 각오를 해야 한다. 에스더의 삶이 이 원리를 잘 보여준다. 그녀는 히브리 백성을 구원하기 위해 죽음의 위험을 감수했다.

- **유배자들은 하나님이 심지어 유배지에도 모든 것을 섭리해 선을**

이루신다는 사실을 깨달아야 한다. 예레미야의 유명한 명령은 하나님이 친히 그런 가르침을 베푸셨다는 개념에서부터 시작한다. 다니엘은 자신의 삶을 통해 이 개념을 분명하게 보여주었을 뿐 아니라 느부갓네살을 향해 "지극히 높으신 이가 사람의 나라를 다스리시며 자기의 뜻대로 그것을 누구에게든지 주시며"(단 4:17)라고 구체적으로 말하기까지 했다. 신약성경에서도 이와 똑같은 원리를 확인할 수 있다. 하나님이 보이지 않으신다고 두려워할 필요 없다. 그분은 자기 백성이 소수일 때도 배후에서 항상 역사하고 계신다.

- **유배자들은 하나님 안에서 안식처를 찾아야 한다.** 예레미야는 인간의 마음속에 들어가기를 원하시는 하나님을 대신해 말씀을 전했다. "너희가 내게 부르짖으며 내게 와서 기도하면 내가 내가 너희들의 기도를 들을 것이요 너희가 온 마음으로 나를 구하면 나를 찾을 것이요 나를 만나리라"(렘 29:12, 13). 베드로가 바벨론(로마)의 압제를 당하는 '거류민들'에게 편지를 보낸 이유는 예수님과 그분이 그들을 위해 행하신 일 안에서 그들의 정체성을 찾도록 돕기 위해서였다.

이런 말을 하는 이유는 무엇일까? 그것은 예수님의 제자로서 유배지에서 사는 것이 궁극적으로 큰 보상이 뒤따르는 고귀한 소명이라는 것을 일깨워주기 위해서다. 하나님의 백성으로서 성령의 능력을 통해 그분의 아들을 따르며 살아가려면 선택을 해야 한다. 유배지에서 아무런 선택 없이 홀로 살아간다는 것은 불가능하다. 우리는 날마다 누구를 섬길 것인지를 선택해야 한다.

오늘날 그리스도인들은 기독교 시대 이후의 강력한 압력을 받고 있다. 지금, 이 순간에도 수많은 젊은 역동적인 제자들이 선택을 하고 있다. 그들은 자신의 삶을 통해 시류를 거스르는 단호한 믿음, 곧 하나님이 역사하고 계신다는 믿음을 보여준다. 그들은 유배지에서 하나님의 백성으로 살아가는 법을 이해하려고 노력하고 있다(도표15 참조).

여기에서 주의할 것이 있다. 기독교 공동체 안에 있는 부모들과 교회 지도자들을 비롯해 선의의 이해 관계자들이, 젊은 제자들이 시류를 거스르는 사역에 참여하는 것에 반대되는 입장을 가질 수도 있다.

우리는 그들을 사회와 격리시키려고 애쓴다. 부모들은 그들에게 지대한 관심을 기울여 모든 일에 관여한다. 우리는 안전과 안정이 하나님 나라의 중요한 가치인 양 생각한다. 우리는 젊은이들이 주변 세상을 변화시키기를 원하지만 항상 적당한 거리를 유지하면서 그렇게 해주기를 바란다. 우리는 시류를 거스르는 사역이라는 개념을 좋아하면서도 실제로는 그것을 두렵게 생각한다. 모든 것이 예측 가능한 상태로 깔끔하게 정리된 예루살렘에서 충실하게 사는 것과 바벨론에서 충실하게 사는 것은 그 성격이 전혀 다르다. 우리의 사역들 가운데는 존재하지도 않는 세상을 위해 사람들을 준비시키는 데 초점을 맞춘 것들이 너무나도 많다. 그런 실효성 없는 사역들로 인해 우리의 증언은 약화되고, 다음 세대에는 무력한 신앙이 전수된다. 이런 일이 발생하는 이유는 우리가 두려워하기 때문이다.

교회가 시류를 거스르는 사역에 기여하는 방법

아래의 것들 가운데서 자신의 교회나 교구나 믿음의 공동체 안에서 정기적으로 경험하는 것은 무엇인가? 해당하는 것이 있으면 표시하고, 해당하는 것이 없으면 없다고 표시하라.

역동적인 제자들

용기와 대화를 나누려는 기꺼운 마음을 독려하기
세상 앞에서 믿음을 실천하며 사는 용기.	73%
다른 사람들에게 내가 믿는 것을 말할 수 있는 용기.	64%
나와 다른 신념을 지닌 사람들과 함께 어울려 사는 지혜.	56%
다른 사람들과 어려운 대화를 나눌 수 있는 준비.	49%

동정심의 발현
가난한 사람들의 필요를 더 잘 이해하게 되었다.	65%
공동체 안에서 가난한 사람들을 섬길 수 있는 기회를 가졌다.	58%
열정을 기울일 수 있는 문제나 대의를 발견했다.	53%
이 세상에 있는 가난한 사람들에게 어떤 일이 일어나고 있는지를 더 잘 이해하게 되었다.	50%
사회 정의를 더 잘 이해하게 되었다.	44%
소외된 사람들의 필요를 더 잘 이해하게 되었다.	37%

기여할 수 있는 실제적인 기회를 제공하기
교회를 위해 기여할 수 있는 실제적인 기회를 가졌다.	73%
사역팀의 일원이 된다는 것이 어떤 느낌인지 알게 되었다.	57%
교회를 통해 사역을 위한 지도자 훈련을 받았다.	48%

시류를 거스르는 태도를 길러주기
세속 사회에서 충실하게 사는 법을 가르쳐주는 지혜.	70%
주변 문화와 다르게 사는 법을 가르쳐주는 지혜.	61%
기독교 이후 시대의 문화 속에서 충실한 삶을 사는 데 뒤따르는 어려움을 위해 기도하기.	55%
섹스와 성애와 관련해 지혜롭게 사는 법을 일깨워준 도움.	52%

충실함의 본을 보여주기
교회에서 다른 교인들을 보고 너그럽게 사는 법을 배웠다.	61%
교회에서 다른 교인들을 보고 지도자가 되고 싶은 마음을 갖게 되었다.	51%
교회에서 다른 교인들을 보고 선교사가 되고 싶은 마음을 갖게 되었다.	31%

(그리스도인으로 성장한 18세에서 29세 사이의 미국인 1,178명을 대상으로 조사했다.)
자료 제공: 바나 그룹, 2018년 2월

1. 용기를 내라.

용기는 우리가 디지털 바벨론에서 길러야 할 가장 중요한 덕목 가운데 하나다. 우리의 두려움을 솔직히 인정하고, 그럼에도 불구하고 하나님을 온전히 신뢰하는 것이야말로 가장 중요한 일이 아닐 수 없다. 용기가 있어야만 제자도에 관한 우리의 정의(문화적 압력에 직면해 역동적으로 충실하게 살며 성령 안에서 활력 있는 삶을 살아가는 예수님의 제자들을 육성하는 것)가 실질적인 효력을 발휘할 수 있다. 용기가 없으면 거센 문화적 압력과 유혹 앞에서 구별된 삶을 살아가기가 불가능하다. 용기가 없으면 세상과 다르게 생각하며 살아갈 수 없다. 용기가 없으면 화상을 이용하는 방식에 관해 다른 사람들과 똑같은 태도를 보일 수밖에 없다. 용기가 없으면 올바른 때에 올바른 것을 옹호할 수 없다.

역동적인 제자들은 교회에 참여함으로써 용기를 얻는다. 그들 가운데 열 명 중 일곱 명이 교회를 통해 '세상 앞에서 믿음을 실천하며 사는 용기'와 '세속 사회에서 충실하게 사는 법을 가르쳐주는 지혜'를 발견한다고 대답했다.

용기는 저절로 생겨나지 않는다. 용기는 배우는 것이고, 가르침을 통해 강화되는 것이다. 여호수아는 하나님을 통해 거듭 강하고, 담대해야 한다는 사실을 상기해야 했다. 예수님도 "세상에서는 너희가 환난을 당하나 담대하라 내가 세상을 이기었노라"(요 16:33)라는 말씀으로 제자들의 용기를 북돋아 주셨다.

2. 안전을 제일로 삼지 말라.

바나 그룹의 조사에 따르면, 많은 10대 청소년들의 부모들이 자녀의 안전을 매우 중시하는 것으로 나타났다.[4] 이것은 자녀들이 성적 비행을 저지를 가능성이 없는 곳에서 지내기를 바라는 것 이상의 의미를 지닌다. 부모들은 물론, 학생들도 그런 안전한 장소를 원하기는 마찬가지다. 그러나 어떤 부모들이 원하는 안전은 하나님 나라를 지향하는 사고방식의 한계를 훨씬 넘어선다. 교회에서 이탈한 밀레니얼 세대 가운데 많은 사람들이 교회의 과잉보호를, 교회를 그만 다니게 된 중요한 이유 가운데 하나로 손꼽았다.

교회는 세상으로부터 안전한 피난처와 휴식을 제공해야 한다. 유배지의 제자들은 거침없이 질주하는 문화적 압력을 피할 수 있는 안식처와 성소를 원한다.[5] 그들에게는 그런 곳이 필요하다. 하지만 그럼에도 유배지는 여전히 안전하지 않다. 하나님이 명령하신 일은 안전하지 않다. 시류를 거스르는 하나님의 사역에 참여하는 것은 절대로 안전하지 않다. 안전제일주의를 내세우는 것은 젊은 제자들을 이롭게 할 수 없다. 우리는 디지털 바벨론에서 살아가는 예수님의 제자들에게 위로와 힘을 제공해야 하고, 한마음 한뜻을 지닌 공동체가 되어 유배지에서 선교적 사명을 수행함으로써 풍성한 열매를 맺을 수 있도록

---

4) 자녀들의 안전을 중시하는 부모들을 대상으로 한 연구 조사의 결과는 '청소년 사역의 실태(The State of Youth Ministry)'라는 바나 그룹의 보고서에서 확인할 수 있다. 이 연구 조사는 '유스 스페셜티스(Youth Specialities)'와 '유스웍스(YouthWorks)'와 협력해 실시되었다.

5) 다음 자료를 참조하라. Barna's report, *Making Space for Millennials* (2015).

그들을 준비시켜야 한다.

우리 두 사람이 최근에 이런 불편한 교훈을 깨닫게 된 이유는 둘 다 대학생 자녀를 두었기 때문이 아니라 그들이 기독교 시대 이후의 바벨론 문화가 만연한 도시에서 고도로 세속화된 학교(버클리대학교와 파슨스 디자인학교)에 다니기로 결정했기 때문이다. 만일 안전을 먼저 고려했다면, 에밀리와 스카이는 지금 고향이 있을 것이다. 그러나 우리는 그들이 훨씬 더 역동적인 제자로 성장하기를 원했기 때문에 안전을 가장 우선시하지 않았다.

우리의 친구인 프랭크하우저(존과 베스) 부부는 라이베리아에서 의료 선교사로 봉사하기 위해 캘리포니아 남부에서의 편안한 삶을 버리고 떠났다. 그들은 자녀들(조시, 베서니, 베카)도 함께 아프리카로 데려갔다. 에볼라 위기가 발생했을 때 그들 가족은 모두 그곳에 있었다. 그들은 신중했지만 그렇다고 해서 안전을 가장 중요한 결정 요인으로 생각하지 않았다.

유배지에서 충실한 삶을 살려면 어떻게 해야 할까? 부모들이여, 삶은 안전하지 않다. 항상 사명을 먼저 생각하라.

3. 어려운 대화를 나눌 준비를 하라.

용기가 가장 중요한 덕목 가운데 하나라면, 어려운 대화를 나눌 수 있는 능력은 디지털 바벨론에서 살아가기 위한 실천적인 삶의 기술운데 하나일 것이다. 우리는 과거의 바벨론과 마찬가지로 종교적인 다원주의를 신봉하며, 서로의 차이를 공개적으로 드러내는 사회 속에 살고 있다. 오늘날의 젊은 그리스도인들은 어려운 대화를 나누어야 할 상황(종교적인 다양성이 인정되고, 무신론이 기승을 부리며, 배타적인 이해집단이 난무하고, 소셜 미디어가 유행하며, 귀를 기울여 듣기보다 일방적으로 자신의 주장만을 펼치기를 좋아하는 상황) 속에서 사람들과 관계를 맺으며 살아가야 한다.

이런 상황에서 발견되는 한 가지 긍정적인 측면은 역동적인 제자들이 어려운 대화를 나누어야 할 상황과 관련해 올바른 태도를 보여주고 있다는 것이다. 그들 가운데 3분의 2가 교회를 통해 '다른 사람들에게 내가 믿는 것을 말할 수 있는 용기'를 배운다고 말했다. 그들은 다른 사람들의 견해가 자신의 견해와 다를지라도 그것을 배우는 데 관심이 있다고 말할 가능성이 다른 또래들에 비해 더 높다. 이것이 매우 바람직한 이유는 그릇 치우친 거대한 세상에 둘러싸여 있으면서도 조금도 두려워하지 않을 젊은 제자들이 필요하기 때문이다. 또한 그들은 자신의 견해나 관점에 동의하지 않는 사람과도 기꺼이 대화를 나눌 생각이 있다고 말할 가능성이 다른 또래들에 비해 더 높다. 이것은 불안감에서 비롯한 '정치적 공정성'을 중시하는 시대에서 흔히 발견하기 어려운 덕성이다.

그러나 역동적인 제자들도 어려운 대화를 나눌 준비를 갖추려면 외부의 도움이 필요하다. 그들 가운데 교회가 어려운 대화를 나눌 준비를 갖추도록 도와주지 못했다고 말하는 사람들이 많다. 그들 가운데 거의 절반이 다른 사람의 삶의 선택을 비판해서는 안 된다는 것에 동의했다. 이것은 시류를 거스르는 사역과 일치하지 않는 신념이다. 그 이유는 하나님이 모든 그리스도인에게 예수님 안에서 진리를 말하라고 명령하셨기 때문이다. 만일 다른 사람들이 멸망의 구렁텅이를 향해 전속력으로 질주하고 있다면 그들의 삶의 선택에 이의를 제기하는 것은 결단코 나쁜 일이 아닐 것이다.

게이브 라이언스와 데이비드가 어려운 대화를 나눌 준비를 갖추도록 돕기 위해 『좋은 신앙』이라는 책을 펴냈을 때, 이견이 난무하는 문화 속에서 사랑으로 자신의 신념을 말해야 한다는 생각 때문에 크게 고민하던 많은 젊은 그리스도인들이 큰 호응을 나타냈다. 그들은 편협하다거나 구태의연하다는 인상을 주는 것을 원하지 않았다. 이런 사실은 자신들이 무엇을 믿는지 알고, 또 그것을 예의를 갖춰 사랑의 정신으로 다른 사람들에게 전하는 방법을 깨닫도록 거드는 일이 교회가 사역의 효율성을 극적으로 향상시켜야 할 분야 가운데 하나라는 것을 보여주는 또 하나의 증거였다.

4. 경건한 성 윤리를 실천하라.

성적인 문제는 인간이 해결해야 할 가장 복잡한 문제 가운데 하나다. 그것은 종종 매우 복잡하고, 가슴 아픈 대화를 유발시킨다. 역동적인 제자들은 이 점에서 시류를 거스르는 것이 매우 힘들다는 것을 느낀다. 사회의 대다수가 "성인들끼리 합의된 성적 표현은 어떤 형태의 것이든 용납될 수 있다."라는 생각에 동의하지만, 역동적인 제자들은 그렇게 생각하지 않는다.

"하나님은 결혼한 부부 사이에서만 성이 허용되도록 정하셨다."라는 진술문에 대한 동의 여부를 물었을 때, 역동적인 제자들의 대다수가 강한 동의를 나타냈다(81퍼센트).

이와는 대조적으로 습관적인 교회 참여자나 탕자들 가운데서 성에 관한 전통적인 성경의 가르침을 받아들인 사람들은 각각 전체의 26퍼센트와 12퍼센트에 그쳤다. 역동적인 제자들의 경우는 기독교의 전통적인 성 윤리가 비현실적이라는 진술문에 대해서도 동의한다는 대답보다 동의하지 않는다는 대답이 훨씬 우세했다(그 차이는 74퍼센트와 26퍼센트로 3배가 더 많았다). 이에 비해 습관적인 교회 참여자의 경우는 동의함과 동의하지 않음이 서로 거의 비슷하게 나타났고(48퍼센트와 53퍼센트), 유랑민과 탕자들의 경우는 대다수가 기독교의 성 윤리가 비현실적이라는 것에 동의를 나타냈다.

역동적인 제자들은 성 문제과 관련해 매우 다른 가치관을 지녔다. 시대 상황이 자신들을 압박하고 있는데도 불구하고(디지털 바벨론의 고도로 해이해진 성에 관한 교회의 신념이 갈수록 약화되고 있는 상황) 그런 태도를 보인다는 것은 참으로 놀라운 일이 아닐 수 없다. 젊은 그리스도인들이 그런 견고한 신념을 지닌 것은 칭찬받아야 마땅하다. 그러나 역동적인 제자들 가운데 교회를 통해 성(性) 문제와 관련된 구체적인 도움을 받았다고 대답한 사람들은 고작 절반에 지나지 않았다. 이 수치는 그렇게 나쁘지는 않지만 더 높아져야 할 필요가 있다. 그 이유는 성과 관련된 것은 무엇이든 허용해야 한다는 오늘날의 시대 풍조에 적절하게 대처하는 것이 역동적인 믿음과 밀접하게 관련되어 있기 때문이다.

우리가 발견한 어떤 교회들은 젊은이들에게 사려 깊고, 의도적인 태도로 성의 문제를 처리하도록 돕고 있을 뿐 아니라 단지 주일 오전 설교에만 의존하지 않고 그런 문제들을 진지하게 다루려고 애쓰고 있는 것으로 나타났다. 그런 교회들은 (책을 읽고, 강연을 듣고, 공손한 태도로 의견이 다른 사람들의 말에 귀를 기울이는) 많은 젊은이들에게 다양한 질문을 제기할 뿐 아니라 해도 되는 것과 해서는 안 될 것을 목록화시켜 이론적으로 제시하는 피상적인 차원의 성 윤리를 뛰어넘어 그 문제를 더욱 깊이 있게 다루려고 노력하고 있다. 그 이유는 무엇일까? 그것은 성과 관련해 시류를 거스르는 기독교적 윤리를 실천하는 것이 충실하고, 결실 있는 사역을 실천하는 데 꼭 필요한 요소이기 때문이다.

5. 사랑으로 이끌어라.

디지털 바벨론에서는 경험과 관점과 집단이 서로 다른 다양한 사람들이 함께 어울려 살아간다. 결국, 세상을 바라보고, 해석하는 하나의 주된 방식은 없는 셈이다. 유배자들은 이전 세대와 다른 상황 속에서 서로 관계를 맺고, 우정을 나눠야 한다. 역동적인 젊은이들은 서로의 차이를 극복하고 친구가 되는 법을 배우고 싶어 한다. 그들은 다양성을 존중한다. 그들은 다른 사람들을 배척하기를 원하지 않는다.

우리는 앞에서 그리스도인과 그리스도인의 관계에 대해 말했다. 그 이유는 그 관계가 신자인 우리의 성장에 핵심적인 역할을 하기 때문이다. 그러나 유배지의 젊은이들이 경험하는 관계는 그것만이 아니다. 젊은 그리스도인들은 종교적으로나 문화적으로나 고도로 다원화된 사회 안에서 살고 있다. 오늘날의 세상은 너무나도 다양하다.

밀레니얼 세대와 제트 세대의 그리스도인들은 이런 문화적 상황을 헤쳐나갈 수 있는 방법을 찾으려고 애쓴다. 그들은 자신과 다른 사람들과 공감하기를 원한다. 이것은 선하고, 경건한 마음 자세가 아닐 수 없다. 바울은 몇 사람이라도 더 구원하기 위해 여러 사람에게 여러 모양이 되었다고 말했다(고전 9:21, 22). 그는 '알지 못하는 신'을 언급하면서 헬라인 청중과 의사를 소통하려고 노력했고(행 17:22, 23), 불신자들과 마음을 사로잡는 은혜로운 대화를 나누라고 당부했을 뿐 아니라(골 4:6), 심지어는 기독교적 규범을 불신자들에게 무조건 강요해서는 안 된다고까지 말했다(고전 5:9-13).

유배자들은 다른 사람들을 사랑으로 이끌고, 공감대를 형성하고, 그들을 있는 그대로 받아들이고, 그들 안에 있는 하나님의 형상을 인정함으로써 주어진 사명을 충실하게 감당해 나가야 한다.

우리의 경험을 돌아보면, 그리스도인들이 복음의 전진을 가로막는 유익하지 못한 장벽과 장애물을 스스로 쌓을 때가 너무나도 많았다. "그리스도인들은 성소수자들과 무조건 어울려서는 안 된다."라거나 "정치적인 진보주의자들이나 정치적인 보수주의자들의 견해에 무조건 동의해서는 안 된다."라고 주장하는 사람들도 있다. 이것은 아이러니한 일이다. 왜냐하면 그리스도인들도 자신의 두려움이나 혐오감을 나타내는 말을 많이 하기 때문이다. 디지털 바벨론에서도 다른 사람들에 대한 사랑과 용서를 표현하는 일이 드물기는 마찬가지다. 어쩌면 더 드문 일이 되었는지도 모른다(보기 흉한 것들이 트위터와 페이스북에서 어떻게 다루어지고 있는지를 본 적이 있는가?).

유배자들은 요즘처럼 관계적 긴장감이 극심한 상황에서 하나님의 사역에 참여할 수 있는 다양한 기회를 맞이할 수 있다. 그것은 또한 그들이 마땅히 감당해야 할 책임이기도 하다. 우리들은 세상에 있으면서 세상에 속하지 않는 삶을 살아야 한다. 정치적인 견해나 종교적인 입장과 상관없이 예수님의 십자가 사역을 통해 상처를 입은 채 구원의 손길을 기다리는 세상을 향해 하나님의 사랑을 나타내야 한다.

6. 다른 사람들을 위해 함께 일하라.

노력을 기울여야 할 또 하나의 사역은 동료 신자들과 협력해 다른 사람들, 특히 어려움에 처한 사람들을 돕는 일이다. 예를 들어, 역동적인 제자들은 교회가 지역 사회나 온 세상에 살고 있는 가난한 자들의 필요를 이해하는 데 큰 역할을 했고, 실제로 가난한 자들을 섬길 수 있는 기회를 제공했다고 말한다. 그들은 자신이 교회 사역팀에 속해 있다고 생각한다. 역동적인 제자들 가운데 73퍼센트가 "교회를 위해 기여할 수 있는 실제적인 기회를 가졌다."라고 말했다. 또한 교회 참여를 통해 "사역팀의 일원이 된다는 것이 어떤 느낌인지 알게 되었다."라고 말한 사람들도 절반이 훨씬 넘었고, "교회를 통해 사역을 위한 지도자 훈련을 받았다."라고 말한 사람들도 거의 절반에 달했다. 이 수치는 다른 집단들에 비해 역동적인 제자들 가운데서 상당히 높게 나왔다. 물론, 이 점과 관련해 더 향상되어야 할 여지가 많이 남아 있지만, 시류를 거스르는 사역이 교회 공동체 안에서 잘 형성되고 있다는 것을 알 수 있다.

일부 역동적인 제자들은 교회 안에서 다른 신자들을 보고 너그럽게 사는 법을 배웠고(61퍼센트), 지도자나 선교사가 되고 싶은 마음을 갖게 되었다고 대답했다(51퍼센트와 36퍼센트). 이 세 가지 결과는 참으로 고무적인 일이 아닐 수 없다. 다른 그리스도인들(대개는 나이든 사람들)이 보여준 충실한 믿음이 세상 속에서 기독교 사역을 감당하는 좋은 본보기가 되고 있다. 이런 가능성은 역동적인 제자들이 습관적인 교회 참여자들에 비해 두 배나 더 높았고, 유랑민과 탕자들에 비해서는 몇 배나 더 높은 것으로 나타났다.

함께 힘을 합쳐 사역에 임한다면 다음 세대의 젊은이들을 크게 독려할 수 있다.

7. 변화를 일으켜라.

지금까지 이 책을 읽어왔다면, 다섯 가지 실천 원리가 모두 인간의 실존적인 물음에 상응한다는 점을 알아차렸을지도 모른다. 우리는 이 책을 통해 예수님을 따르는 삶을 통해 우리의 마음속에 있는 가장 깊은 갈망을 해소할 수 있다는 주장을 제기했다.

우리는 시류를 거스르는 사역이 남겨 놓고 갈 유산과 삶의 의미에 관한 중요한 문제에 대한 해답을 제시한다고 생각한다.

- 내가 변화를 일으킬 수 있을까?
- 무엇이 진정으로 중요한가?
- 인생을 잘 살려면 무엇이 중요한가?

오늘날의 젊은 세대도 다른 모든 세대처럼 진정으로 중요한 일, 곧 오래도록 남을 일을 하고 싶어 한다. 권리 주장, 자기도취, 자기 중심주의, 소비자주의는 배고픈 하마처럼 우리의 시간과 관심과 동정심을 집어삼킨다. 디지털 바벨론은 우리의 귀한 시간을 헛되고, 사소한 일에 허비하게 만든다. 상품화된 예수를 파는 무력한 기독교는 아무런 가망이 없다.

그러나 시류를 거스르는 예수님의 사역에 참여하면 변화를 일으킬 수 있고, 다른 사람들을 위해 제대로 된 삶을 살아갈 수 있다.

- 우리 자신을 희생할 수 있다.
- 이기적인 야심을 버릴 수 있다.
- 우리가 사는 도시의 평화와 번영을 위해 기도할 수 있다.

- 예수님의 기적을 경험할 수 있다.
- 하나님의 능력을 신뢰하며 문화적 풍조와 다르게 살아갈 수 있다.

현실은 물리적이며 영적이다. 예수님은 만물을 다스리는 권위를 부여받으셨기 때문에 우리도 그분과 함께 물리적인 차원과 영적 차원에서 회복자의 역할을 할 수 있다. 우리는 세상을 위해, 세상 안에서 선을 행할 수 있다. 우리는 다른 사람들을 복되게 할 수 있다. 우리는 잃어버린 자를 찾아 구원하고, 포로된 자를 자유롭게 하고, 예수님의 사역에 동참할 수 있다. 이것이 중요하고, 오래 남는 일이다.

■ ■ ■

데이비드는 『유 로스트 미』를 출판할 무렵, 케이티 데이비스의 『엄마라고 불러도 돼요?』(Kisses From Katie)를 우연히 발견했다. 이것은 케이티 데이비스의 선교 여행을 묘사한 것이다(그녀의 현재 이름은 케이티 데이비스 메이저스다). 그녀는 열여덟 살이었을 때 내슈빌 고등학교 졸업반 반장이자 동창회의 여왕이었다. 그러나 그녀는 대학에 진학하는 대신 선교 여행을 떠나기로 결정함으로써 부모와 교사들을 실망시켰고, 많은 친구들을 잃었으며, 연인과 결별했다. 그 무엇도 그녀를 막을 수 없었다. 그녀는 졸업 후에 곧장 우간다로 향했다. 그녀는 그곳의 언어를 알지 못했고, 아는 사람이라고는 단 한 사람뿐이었다.

그녀는 짧은 선교 여행을 마치고 난 후에, 우간다 사람들에게 마음이 끌려 그곳으로 다시 돌아가지 않을 수 없었다. 우간다에 다시 돌아간 그녀는 즉시 열세 명의 우간다 고아들을 입양했다. 그녀는 열악한 상황에서 홀로 아이들을 키우면서 필요한 모든 것을 오로지 하나님께 전적으로 의존했다. 그녀는 봉사의 삶을 통해 큰 기쁨을 느꼈다. 다른 사람들이 볼 때는 영락없는 광신자였다.

케이티는 '아마지마 미니스트리'(Amazima Ministries)를 설립해 기부자들과 고아들을 연결해 교육비, 학용품, 양식, 가벼운 의료 치료, 영적 격려를 제공하게 했다.

이런 일이 일어나는 이유는 무엇일까? 누군가가 그렇게 평범하지 않은 일을 하게 되는 이유가 무엇일까? 그녀는 왜 전도유망한 미래를 포기하고 시류를 거슬러 행동했을까?

그 이유는 케이티가 그리스도의 역동적인 제자였고, 시류를 거스르는 하나님의 사역에 참여하는 것이 인생을 잘 사는 길이었기 때문이다.

■ ■ ■

데이비드의 친구 더들리 챈시는 청소년 사역 전문가이자 교수로 활동하면서 가난한 온두라스 사람들을 돕는 사역을 주관하고 있다. 그는 유배지에서 믿음을 실천하며 살아가는 또 하나의 역동적인 제자, 곧 시류를 거스르는 사역에 삶을 헌신한 사람이다. 어린아이들을 섬기는 활동과 자신의 사역에 미국인들의 동참을 끌어낸 과정을 전하는 그의 이야기를 듣고 있노라면 가슴이 먹먹해지지 않을 수 없다.

나는 이 책의 원고를 마무리하고 약 한 달 뒤에 더들리를 만나러 온두라스에 갈 예정이다. 나의 아이들, 곧 잭과 애니카를 함께 데려가서 더들리하고 있는 일들을 돕게 할 생각이다. 우리가 하게 될 여러 가지 일들과 더들리와 그의 팀원들이 하는 일을 바라보는 아들 잭의 얼굴 표정을 머릿속에 그려본다.

캘리포니아의 집으로 돌아오면서 나의 아들에게 가까이 몸을 기울이며, "잭아, 봤지? 우리는 정말로 이런 것을 믿는단다."라고 속삭일 생각을 하니 벌써부터 가슴이 설렌다.

Faith For Exiles 디지털 바빌론 시대의 그리스도인

앞으로 해야 할 일

유배지에서 희망을 발견하기

우리 두 사람은 오랫동안 다음 세대의 신자들을 옹호해 왔다. 우리는 나이든 지도자들에게 밀레니얼 세대나 제트 세대가 세상이나 교회를 파괴하지 않을 것이라는 사실을 주지시키려고 노력해 왔다. 물론, 때로는 세대 간에 서로에 대해 실망하는 일이 일어날 수도 있다. 그러나 오늘날의 젊은 성인들과 10대 청소년들은 똑똑하고, 관계 지향적이고, 재미있고, 창의적이고, 솔직하고, 야심적이고, 낙관적이다. 그들은 희망의 세대다. 기독교 공동체인 우리는 그들을 신뢰해야 한다.

우리는 지난 몇 년 동안 국내의 역동적인 제자들, 곧 성경을 사랑하고, 사역의 열정이 뜨겁고, 예수님 중심적인 삶을 살아가는 젊은이들을 대상으로 연구 조사를 실시하고, 그들의 말에 귀를 기울여왔다. 그 일을 마치고 나니 충실한 유배자들, 곧 예수님의 젊은 제자들에 대한 사랑과 존경심이 세차게 솟구쳤다. 사실, 그들은 아직 젊고, 실수가 많다. 그러나 우리도 한때는 그런 젊은이들이었다. 우리도 실수를 저질렀고, 지금도 여전히 많은 실수를 저지른다.

다음 세대의 역동적인 제자들은 불확실한 시대에 직면해 있다. 디지털 바벨론의 문화는 믿음과 상반될 때가 많고, 인간성을 가차 없이 짓밟고 있다. 젊은 제자들은 화상 시대의 현란한 효과로 인해 현기증을 느낀다. 그들은 유배지에서 충실하게 살아가면서 씁쓸함과 달콤함을 동시에 느낀다. 그들을 교회에 대해 우려와 좌절감과 실망감을 나타낼 때가 많다. 그들도 세찬 맞바람을 맞고 있는 다른 젊은 지도자들처럼 자신의 일이 쉽지 않다는 것을 알고 있다. 사회는 혼란스럽고, 기독교 공동체는 복잡하다.

그러나 그들은 향후 몇십 년 동안 교회를 섬기며, 잘 이끌어나가기를 원한다. 우리는 그들에게 희망을 두어야 한다. 우리의 궁극적인 희망은 부활하신 그리스도와 새 생명에 관한 그분의 약속이다. 역동적인 제자를 양육해 그들에게 교회를 위탁하는 것이 곧 주님을 신뢰하는 것이다.

사실, 희망과 현실의 균형을 이루는 일은 그리 쉽지 않다.

■ ■ ■

데이비드의 아버지 게리 키네먼은 애리조나주 피닉스에서 약 30년 동안 목회자로 일했다. 그는 1980년대 중반에 메사의 교외 지역에 교회를 개척한 뒤 2008년까지 줄곧 교회를 이끌었다. 교회는 그의 인도 아래 매년 성장을 거듭하더니 나중에는 주일 예배 출석 인원이 5천 명이 넘어섰다. 그러나 그 후 몇 년 동안 출석 인원과 헌금이 계속해서 줄어들기 시작했다. 그러자 그는 하나님이 자기를 위해 예비하신 다음 단계의 일을 시행하기로 결정했다. 당시 그의 나이는 50대로 연봉과 직업 안전도가 높은 성공적인 지도자들 대다수가 생각하는 것보다 훨씬 더 일찍 결정을 내린 셈이었다.

그는 항상 하나님의 나라를 생각하며 살았다. 그는 교세가 약해지는 것을 자신의 잘못으로 생각하지 않았다. 바꾸어 말해, 그는 하나님의 백성을 이끄는 책임이 오로지 자기에게만 있다고 생각하지 않았다. 물론, 그는 놀라운 성장이 이루어진 것도 자기가 한 일로 생각하지 않았다. 그는 하나님이 행하신 위대한 일을 자기의 공로로 치부하지 않았다. 그는 사역의 기복에 관해 현실적인 생각을 지니고 있었기 때문에 하나님께 기꺼이 영광을 돌릴 수 있었다.

나(데이비드)는 아버지에게 최근에 일찍 은퇴한 이유를 물어보았다. 이유는 많지만 그 가운데서 특별히 두 가지가 흥미롭게 느껴졌다. 첫째, 아버지는 내가 언젠가 바나 그룹의 조사 결과를 토대로 현직에 있는 목회자를 통해 교회의 쇠퇴 현상이 호전된 사례는 어디에도 없다고 말하는 소리를 들었다고 말했다. 나는 그런 대화를 나눈 기억이 나지 않지만 성령께서 아버지의 삶에 역사하심으로 무엇이 효과적인지를 현실적으로 정확하게 판단할 수 있도록 도우셨던 것이 분명하다.

둘째, 아버지는 레기 맥닐의 『현재적 미래: 교회를 위한 여섯 가지 어려운 질문』(The present Future : Six Tough Questions for the Church)을 읽

었다. 그는 그 책을 통해 깨달은 것을 이야기하면서 내게 다음과 같이 말했다.

"호주에서 긴 여행을 하는 동안 내내, 그 책을 읽었기 때문에 내용을 곰곰이 생각할 기회가 많았지. 나로서는 레기가 제기한 물음에 대한 대답을 발견하기가 어렵더군. 나의 지도력으로는 이런 문제들과 관련해 교회를 이끌 방법을 찾을 수가 없었어. 그런 생각을 하니 마음이 공허해졌고, 뭔가 변화가 필요한 때가 되었다는 결심이 서더구나."

■ ■ ■

자유는 현실을 직시함으로써 생겨난다. 자리를 내놓는 일은 결코 쉽지 않다. 그러나 나의 아버지는 현실을 직시했기 때문에 교회를 품위 있게 떠날 수 있었다. 오늘날, 아버지가 개척한 교회는 '힐송 피식스 교회'라는 이름으로 유능한 목회자 부부(테리와 주디스 크리스트)의 인도 아래 잘 운영되고 있다.

현실 직시는 유배지에 있는 사람들에게 강력한 영향을 미친다. 예레미야의 글은 현실적인 내용으로 가득하다. 다니엘도 상황을 있는 그대로 받아들이기로 결심했다. "죽으면 죽으리라"라는 에스더의 말도 마찬가지다. 유배자인 우리의 역동성은 현실 인식의 기술을 터득하느냐 여부에 달려 있다.

유배자들은 하나님의 목적을 이루기 위한 도구다. 유배자들은 변화와 압력이 큰 격변기를 지나는 동안 앞으로 나아갈 길을 보여주어야 한다. 유배자들은 교회를 개혁하고, 새롭게 하는 일을 도와 다시 하나님을 향하도록 이끌어야 한다. 유배자들의 믿음은 교회를 위한 희망이다.

우리는 지금까지의 논의를 통해, 현재 상황을 직시하려고 노력했다. 우리는 특히 기독교 이후 시대의 디지털 바벨론에서 제자들을 양육하는 것이 얼마나 어려운 일인지를 보여주었다. 그러나 그와 동시에 우리는 동료 신자들에게 다섯 가지 실천 원리를 적용하면 희망(예수님 안에서 발견하는 희망)을 찾을 수 있다고 분명하게 말했다. 교회는 유배지에서조차도 앞으로 나아갈 길을 찾을 수 있을 것이다.

역동적인 제자도를 위한 첫 번째 실천 원리는 예수님을 경험하는 것이다. 이것은 예수님 안에서 영혼의 안식처(우리의 참된 정체성)를 발견하는 일과 관련된다. 안타깝게도, 오늘날의 문화가 갖가지 형태의 거짓 정체성을 파는 것처럼 교회도 값싼 모조품, 곧 상품화된 예수를 제시하는 것으로 만족할 때가 많다. 종교적인 혼란 상태를 제거하고 그리스도와 친밀한 교제를 나누며 그분 안에서 기쁨을 발견하는 것이 제자 양육의 첫 출발점이다. 예수님을 경험하면 "나는 누구인가?"라는 물음에 대한 대답을 찾음으로써 인간의 마음속에 있는 가장 깊은 갈망을 해소할 수 있다.

두 번째 실천 원리는 문화적 분별력이다. 이것은 사고방식과 관련이 있다. 구체적으로 말하면, 기독교 이후 시대의 상황 속에서 우리의 역할에 관해 어떻게 생각하고, 또 그것을 어떻게 인식해야 하는지와 관련된다. 지혜를 발휘하는 것이 그 어느 때보다 어려운 이유는 삶이 갈수록 복잡해지면서 우리 시대의 불안감이 고조되고 있기 때문이다. 이런 경향을 옳게 인지해 문화적 분별력을 기르려면 교회가 건전한 학습 공동체가 되어 "어떻게 살아야 하는가?"라는 질문에 대한 대답을 찾도록 도와야 한다.

세 번째 실천 원리는 세대 간의 의미 있는 관계다. 이 역동성의 목표는 소외와 불신으로 인해 좌절될 때가 많다. 개인주의라는 사회의 원심력이 사람들을 뿔뿔이 흩어놓더라도 교회는 그들을 다시 한데 모아야 한다. 사람들이 시간을 함께 보내고, 서로의 삶을 본받을 수 있는 공동체를 건설해야 한다. 그렇게 하면 사람들이 묻는 근본적인 문제 가운데 하나인 "나는 누군가에게 인정받고, 또 사랑받고 있는가?"라는 물음을 해결할 발판을 마련할 수 있다.

네 번째 실천 원리는 소명적 제자도다. 이것은 특별히 일터에서 삶을 하나로 통합해 목적을 이루어나가는 것을 의미한다. 10대 청소년들과 젊은 성인들은 똑똑하고, 관계 지향적이고, 야심적이고, 직업에 관한 관심이 높다. 교회는 그들을 제자로 양육해 하나님이 부여하신 소명을 이루게 해야 한다. 다시 말해, 야심, 관대함, 생산성, 의미와 같은 개념들을 새롭게 정의함으로써 하나님이 그들을 창조하신 목적을 이루도록 이끌어야 한다. 소명적 제자도는 "나의 삶의 소명은 무엇인가?"라는 근본적인 질문을 깊이 생각할 수 있는 토대를 제공한다.

마지막 다섯 번째 실천 원리는 시류를 거스르는 사역이다. 이것은 현재의 문화적 풍조와 다르게 살고, 살아 역사하시는 하나님을 신뢰함으로써 충실하고, 유익한 삶을 힘써 추구하는 것을 의미한다. 그리스도인들은 권리 주장이나 자기 중심주의라는 문화적인 압력에 굴하지 않고, 다른 사람들을 섬기며 희생적인 삶을 살아가려고 노력해야 한다. 이것은 선한 일을 하는 사회단체에 동참하는 것과는 다소 거리가 멀다. 시류를 거스르는 사역을 추구한다는 것은 삶을 위한 하나님의 계획이 우리가 생각하는 것보다 훨씬 더 위대하다는 것을 인정하고, "삶의 의미는 무엇인가? 어떤 유산을 물려줄 것인가?"와 같은 질문에 대한 답을 진지하게 찾는 것을 의미한다.

이 다섯 가지 실천 원리는 현실 직시와 희망의 필요성을 보여준다. 이 다섯 가지 원리가 효과를 발휘하려면, 방해 요인들이 무엇인지를 현실적으로 옳게 파악하는 데서부터 출발해야 한다.

현실을 옳게 인식하라

우리는 주말 예배를 통해 행하는 사역만으로도 교인들의 삶에서 충분히 변화를 이룰 수 있다고 생각하거나 주장하는 목회자들과 많은 대화를 나누었다. 데이비드는 한 목회자 친구와 저녁 식사를 하면서

했던 대화를 기억한다. 그는 우리가 이 책에서 다룬 다섯 가지 원리를 듣자마자 이렇게 말했다.

"예배를 드릴 때 꼭 그 다섯 가지 원리를 강조해야겠네요."

데이비드는 속으로, "뭐라고요? 이제 막 그것들에 관해 말했을 뿐인데 강조하겠다고요? 내 설명이 부적절했던 것이 분명하군요. 이것은 강조하는 것으로 끝날 문제가 아닌데…"라고 생각했다.

목회자들이여, 다섯 가지 역동적인 실천 원리는 단지 예배 설교를 통해 강조할 수 있는 것이 아니다. 그렇게 할 수 있다고 생각한다면, 그것은 이미 현실적이지 못하다는 증거다(스스로가 그런 비현실적인 생각을 하고 있지는 않은지 생각해 보라. 대다수 목회자는 자신의 시간과 관심을 주일 예배에 얼마나 많이 할애하고 있는지를 솔직하게 인정하기를 꺼린다).

부모들이여, 자녀들을 교회에 데려가는 일은 중요하지만 그것만으로는 그들에게 그리스도의 길을 가르칠 수 없다.

젊은 그리스도인들이여, 역동적인 제자가 되기를 원한다면 단순히 예배에 참석하는 것만 가지고서는 불가능하다. 영적 성장을 돕는 다른 실천 행위에 관심을 기울여야 한다.

유배지에서 살면서 마음과 생각과 영혼과 힘을 다해 예수님을 따르려면 믿음을 형성하는 내용과 그로 인한 결과를 모두 고려해야 한다. 믿음을 형성하는 내용은 수동적인 태도로 일 년에 교회를 몇 차례 들락거리는 것만으로는 충분히 충족될 수 없다.

기왕 말이 나온 김에 모든 사람이 우리의 의도를 이해한다고 전제하고, 우리가 논의한 말을 중심으로 현실을 옳게 인식한다는 것이 무슨 의미인지를 한 번 생각해 보자.

우리가 바나 그룹에서 수년 동안 실시한 조사에 따르면, 다른 여러 가지 개념들 가운데서 특히 제자나 제자도를 일관되게 정의하지 못하는 교회들이 많은 것으로 나타났다.[1] 제자 양육이 교회의 가장 중요한 사역 가운데 하나라고 말하는 교회들은 많았지만 그 사역을 잘하고 있다고 말하는 목회자들은 매우 드물었다. 원한다면 우리가 이 책을 통해 제시한 제자도의 정의(충실하고, 역동적인 믿음으로 문화적 압력에 대응하며 성령 안에서 활력 넘치는 삶을 사는 예수님의 제자를 육성하는 것)를 사용하기 바란다.

현실을 옳게 인식하는 데는 모든 것을 구체적으로 생각하는 것이 포함된다. 용어들을 정의하고, 목표를 분명하게 하고, 희망적인 비전을 중심에 위치시켜야 한다.

역동적인 희망을 품어라

마지막으로 희망을 생각해 보자. 희망은 역동성을 형성하는 데 가장 큰 도움을 주는 하나님의 선물 가운데 하나다. 우리가 이 연구를 위해

---

[1] 다음의 책은 종교적인 용어와 언어의 효력이 쇠퇴하고 있는 문제를 깊이 있게 다루고 있다. 참조하라. Jonathan Merritt, *Learning to Speak God from Scratch: Why Sacred Words Are Vanishing-and How We Can Revive Them* (New York: Convergent Books, 2018).

실시한 조사에 따르면, 미국만 보더라도 예수님의 사역이 수많은 젊은이들 가운데서 여전히 생생하게 이루어지고 있다는 것을 입증해 보인 모범적인 젊은 그리스도인들이 전체의 10퍼센트에 이르는 것으로 나타났다. 이것은 대충 무시하고 넘어갈 사실이 아니다. 우리는 절망하며 탄식할지라도 참으로 많은 젊은이들의 마음속에서 복음이 활활 불타오르고 있다.

이 젊은 그리스도인들은 현실적인 차원에서 교회의 희망찬 미래를 밝혀주고 있다. 그들은 예수님의 길을 구체적으로 따르고 있고, 디지털 바벨론에서 그분을 따르는 방법을 보여주고 있다.

희망과 현실, 이 둘은 서로 밀접하게 관련된다.

2018년 여름, 펜실베이니아주에서 발생한 성직자들의 성범죄 사건에 관한 뉴스를 기억할 것이다. 천 명이 넘는 피해자들이 배심원 앞에 나와 성직자들에게 당한 끔찍한 성폭력의 경험을 증언했다.[2)]

수산 레에놀즈 박사는 펜실베이니아 위기가 몰고 온 충격적인 소식이 머리기사에 오르내리고 난 후인 2018년 8월 19일 일요일에 교회에서 자신이 경험한 것을 기록으로 남겼다. 그녀의 트위터 글은 그 날에 미사가 어떻게 진행되었는지를 잘 보여준다.

---

2) 이 이야기는 구체적으로 가톨릭교회와 관련이 있지만 이와 비슷한 위기는 어떤 신앙 공동체 안에서도 언제든 충분히 발생할 수 있다. 예를 들어, 2018년에는 개신교 교회들 가운데서도 공적 차원에서 도덕적인 타락이 이루어진 사례들이 많았다. 여기에서 말하려는 요점은 성직자에 의한 성폭력과 같은 끔찍한 사건이 주는 충격과 그것이 유배지에서 충실한 삶을 살아가는 데 어떤 영향을 미치는지를 생각해 보라는 것이다.

⊙ 오늘 아침 미사에서 나는 한 번도 본 적이 없는 것을 보았다. 여전히 대부분 말로는 제대로 표현하기가 어렵다. /1

⊙ 신부님이 강력한 설교를 전했다. 그는 그릇된 교회론이 평신도들을 어떻게 무력화시키는지를 설명했다. 간단히 말해, 이 위기를 구조적인 것으로 봐야 한다는 말이었다. 그는 주교들의 사임에 관한 공식 입장을 지지했고, 평신도가 주체가 된 혁신적인 개혁을 촉구함으로써 설교를 마쳤다. /2

⊙ 그러고 나서 그는 자리에 앉았다. 그런데 다섯 번째 줄에 앉아 있던 한 아버지가 자리에서 일어났다. 그는 "어떻게요? 어떻게 해야 할지 말해주세요."라고 부르짖었다. 그의 목소리는 두려운 듯 약간 떨렸지만 매우 단호했다. 카라가 달린 그의 셔츠가 땀에 젖은 채 그의 등에 들러붙어 있었다. /3

⊙ 정신이 멍해지고, 눈에서 눈물이 솟아났다. 그동안 나는 가족 같은 분위기의 교구들에 소속되어 지내왔다. 그러나 이곳은 그런 곳이 아니다. 이곳은 꽤 부유한 남동부의 대학 도시에 있는 온건한 성향의 대형 교구다. 이런 환경에서는 이 아버지가 지금 막 취한 행동보다 더 파격적인 행동은 상상하기가 어렵다. /4

⊙ 신부님이 다시 일어섰다. 그는 그 아버지의 눈을 똑바로 바라보며 약간 머뭇거리면서 천천히 신중하게 대답했다. 전혀 뜻밖의 상황인지라 그가 무슨 말을 했는지조차 기억나지 않는다. 그러나 그는 "형제여, 자리에 앉으세요."라거나 "미사가 끝난 뒤에 말합시다."라고 말하지 않았다. /5

⊙ 신부님은 엄숙한 예전을 낭송하면서 그 아버지를 외면한 채 극도로 어색했던 그 순간을 회피할 수도 있었다. 그러나 그는 그 아버지의 부르짖음이 우리 모두를 방해하도록 놔두었다. 그러고는 즉석에서 자기가 저지르지 않은 일에 대해 대답하기 시작했다. /6

⊙ 그 아버지는 "제게 아들이 하나 있습니다. 그는 곧 첫 번째 영성체를 받게 될 것입니다. 그런 그에게 무슨 말을 해줄 수 있을까요?"라고 말했다. 신부님은 대답할 말을 찾으려는 듯 약간 머뭇거리면서 그 어떤 말로도 적절한 대답을 줄 수 없을 것 같은 모습을 보였다. /7

⊙ 간단히 몇 마디 주고받는 것으로 끝나지 않았다. 그런 상황이 최소한 10분은 지속되었다. 두 사람은 미사가 끝나고 나서도 긴 대화를 나누었다. 신부님은 미사를 끝내면서 그 주교를 교구에 초청해 해명을 들을 기회를 마련하겠다고 제안하면서 "만일 그가 오지 않으면 나라도 그렇게 하겠습니다."라고 말했다. /8

⊙ 거칠면서도 거룩함이 묻어 나는 그 아버지의 탄식과 그로 인해 새롭게 조정된 권위의 개념이 예전의 경험을 혁신적으로 변화시켰다. 이 순간에 그것을 명료하게 설명하는 일은 내 능력을 벗어난다. /9

⊙ 사람들은 언론 보도를 적당히 얼버무리는 것을 바라지 않는다. 그들은 자신들의 배신감을 거룩한 장소에서, 성막과 하나님과 서로 앞에서 공적으로 크게 말하고 싶어 한다. 그들은 겉으로만 겸손한 척하는 태도로 자신의 말을 흘려듣는 것을 원하지 않는다. 그들은 쉬운 대답을 원하지 않는다. 그들은 회개를 원한다. /10[3)]

레이놀즈 박사의 디지털 일기는 그 날에 교회 안에서 분출되었던 감정들을 느낄 수 있게 해준다. 현실과 희망이 강력하게 교차되는 것을 느꼈는가? 고백과 탄식과 고통스러운 질문들이 오갔다. 그것들은 모

---

3) Susan Reynolds, Twitter post, August 19, 2018.

두 생생한 현실이다. 그러나 거기에는 더 나은 길을 갈망하는 희망도 있었다. 사람들이 단지 교회에 참석하는 것만 해도 얼마나 많은 현실적인 희망이 필요했을지 상상할 수 있겠는가? 그 신부가 신자들을 목양하기 위해 그들의 감정과 질문에 얼마나 많은 주의를 기울여야 했을지 이해할 수 있겠는가? 또한 그 아버지가 벌떡 일어나 신부를 향해 공개적인 질문을 던지기까지는 얼마나 많은 고뇌와 용기가 필요했을지 짐작하겠는가? 깔끔하고, 예쁘게 포장된 선물 상자와 같은 죄와 고통의 해결책은 존재하지 않는다. 그러나 유배지의 공동체는 앞으로 나아갈 길을 발견한다.

현실+희망 = 역동성

여기에 묘사된 상황은 이례적인 것일 수 있지만, 모든 유배자들이 불가피하게 겪게 되는 감정적인 경험을 나타낸다. 우리는 과연 얼마나 맑은 눈으로 현실을 볼 수 있고, 얼마나 많은 용기로 미래를 희망할 수 있을까?

■ ■ ■

이제 책을 마무리할 때가 되었다. 나의 장녀를 버클리에 데리고 갈 때와 같은 느낌이 든다.

"네게 진작 말해주었어야 했는데 잊은 것이 너무 많은 것 같구나."

아직도 하고 싶은 말이 너무나도 많다. 알아내고 싶은 조사 결과도 여전히 많고, 들려주고 싶은 다른 지혜로운 사람들의 말도 여전히 많다. 시류를 거슬러 살아가는 역동적인 젊은 그리스도인들에 관해 더 많은 것을 말해주고 싶고, 그들 안에서, 그들을 통해 일하시는 하나님 안에서 희망을 발견하도록 도와주고 싶다.

우리는 디지털 바벨론이라는 도전적인 시대에 살고 있다. 우리는 오락과 편안함과 피상적인 번영이 우리를 유혹해 우리의 진정한 자아와 참 하나님에게서 멀어지게 만드는 시대에 살면서 역동적인 제자가 되기 위해 노력하고 있다.

우리가 극복해야 할 것들을 현실적인 관점에서 생각할 때, 디지털 바벨론의 강력한 흡인력 속에서 과연 발전을 도모할 수 있을지 회의적인 생각이 들기도 한다. 디지털 바벨론은 교회가 거의 경험해 본 적이 없는 도전을 제기하고 있다. 화상 시대의 매력이 예수님의 제자인 우리가 하려고 애쓰는 것을 크게 훼손하고 있다.

그러나 나는 희망을 가져야 한다. 나의 딸과 같은 젊은 학생들이 이 나라의 학술계에 들어가서 그리스도의 역동적인 제자로 남기를 바라고, 그리스도의 신부인 교회가 아름답고, 순결하고, 진실하게 되기를 원하며, 앞에서 논의한 실천 원리들을 적용함으로써 디지털 바벨론에서도 크게 번성할 수 있는 제자들을 길러내고, 또 우리 스스로도 그런 제자가 될 수 있기를 희망해야 한다.

아멘, 주 예수여 오시옵소서!

이 책에서 사용하고 있는 용어 정리

유배자의 유형 (Types of Exiles)

탕자 (전에 신자였다가 지금은 신자가 아닌 사람)

한때 개신교 교회나 가톨릭교회에 다녔거나 어렸을 때나 10대 청소년 시절에는 스스로가 그리스도인이었다고 생각하지만 지금은 그렇다고 생각하지 않는 젊은이들.

유랑민 (교회 이탈자)

스스로를 그리스도인이라고 생각하지만 지난 한 달 동안 교회에 출석한 적이 없는 사람들. 유랑민 가운데 6개월 이상 교회에 참석하지 않은 사람들이 대다수를 차지한다.

습관적인 교회 참여자

스스로를 그리스도인이라고 생각하고, 지난 한 달 동안 최소한 한 번 이상 교회에 출석했지만 적극적으로 교회에 참석하는 제자의 기본적인 신념이나 행위 기준을 충족시키지 못하는 젊은이들.

역동적인 제자들

최소한 매달 한 번 이상 교회에 참석할 뿐 아니라 단순히 예배를 드리는 데 그치지 않고 교회의 일에 적극적으로 참여하는 젊은이들. 이들은 성경의 권위를 굳게 믿으며, 예수님께 개인적으로 헌신할 뿐 아니라 그분이 죄와 죽음을 정복하기 위해 십자가에 못 박혀 죽었다가 다시 살아나셨다고 믿고, 자신이 지닌 믿음의 결과를 통해 사회를 변화시키기를 원한다.

세대 (Generations)

세대는 문화와 그 안에서 살아가는 사람들을 이해하기 위한 분석적인 수단이다. 이것은 특정한 시대에 태어난 사람들이 그 시대의 독특한 환경, 세계적인 사건들, 도덕적, 사회적 가치, 기술 문명, 문화 및 행동 규범에 영향을 받는다는 개념을 나타낸다. 바나 그룹은 다음과 같은 세대 구분을 활용한다.

제트 세대: 1999년에서 2015년 사이에 태어난 사람들

밀레니얼 세대: 1984년에서 1998년 사이에 태어난 사람들

엑스 세대: 1965년에서 1983년 사이에 태어난 사람들

베이비붐 세대: 1946년부터 1964년 사이에 태어난 사람들

노인 세대: 1946년 이전에 태어난 사람들

방법론 (Methodology)

우리는 이 책에서 상세한 각주를 달지 않고 조사 결과를 게재했다. 그런 통계 수치와 자료에 근거한 진술문은 바나 그룹이 '위즈덤 윅스'의 후원을 받아 '지속적인 신앙'(Faith That Lasts) 연구 계획을 세워 2007년에서 2018년 사이에 전국을 대상으로 실시한 일련의 여론 조사에서 비롯한 것이다.

이 책의 주된 연구 조사는 그리스도인으로 성장한 18세에서 29세 사이의 젊은이들을 대상으로 했다. 이것은 질적인 인터뷰를 토대로 이루어진 다면적인 연구 조사였다.

아래의 연구 조사는 모두 바나 그룹이 신원을 밝힌 사람들을 대상으로 전국에서 무작위 표본을 추출해 진행한 것이다. 이 연구 조사의 결과는 이 책에서 모두 활용되었다. 각각의 연구 조사를 완성하기 위해 몇 가지 변수를 고려해 이미 알려진 인구 통계적 평균치에 좀 더 밀접하게 부합하도록 최소한의 통계적 가중치를 적용했다. 성인들을 대상으로 한 모든 연구 조사에는 휴대전화 사용 가정에 해당하는 사람들 가운데서 선정한 부표본이 포함되었다. 연구 조사를 진행할 때마다

첫 번째 시도를 통해 연락이 닿지 않은 가정들은 나중에 다시 연락을 시도했다. 응답이 없는 가정을 상대로 최대한 여섯 차례의 연락이 시도되었고, 연락 시간은 당일이든 주중이든 제각각 달랐다. 이 연구 조사를 실시하면서 조사에 걸린 평균 시간은 15분에서 20분 정도였다.

연구조사원들은 조사 결과의 정확성을 묘사하면서 측정된 표본 오차를 기재했다. 표본 오차는 표본을 선정한 인구 집단을 온전히 대표하지 못하는 사람들과 인터뷰를 나누는 데서 비롯하는 부정확성을 반영한 것이다. 표본 오차의 최대치는 도표에 표기된 대로다. 이런 추정치는 두 가지 요인에 의해 좌우된다. 하나는 표본의 크기이고, 다른 하나는 조사 결과가 50퍼센트나 양극단(0퍼센트와 100퍼센트)에 어느 정도까지 근접해 있느냐 하는 것이다.

이밖에도 조사 결과에 영향을 미칠 다른 오차 변수들이 존재한다는 것을 염두에 두기 바란다(예를 들면, 편향적인 질문 용어, 질문 순서의 배열, 제공된 대답에 대한 부정확한 기록, 부정확한 도표 작성 등). 오류가 미치는 영향의 정도는 통계학적으로 추정할 수 없다.

조사 일시	대상	조사 방법	표본 크기	표본 오차
2009–2018	바나 그룹의 '도시와 주' 데이터베이스/ 미국 성인	전화 및 온라인	48,769	0.5
2018. 2. 16–28	전에 그리스도인이었거나 지금 그리스도인인 18–29세의 미국인	온라인	1,514	2.3
2017. 7. 7–18	13–18세의 미국인	온라인	507	4.2
2016. 11. 16–2017. 1. 17	미국의 개신교 청소년부 담당 목회자	온라인	335	5.3
2016. 1. 2–10	18–30세의 미국인	온라인	803	3.3
2016. 11. 4–6	13–18세의 미국인	온라인	1,490	2.3
2016. 11. 8–16	10대 자녀를 둔 미국인 그리스도인 부모	온라인	403	4.8
2016. 11. 4–16	미국인 성인	온라인	1,517	2.3
2015. 1. 8–20 2015. 2. 3–11	미국인 성인	전화 및 온라인	2,010	2.0
2015. 4. 29–5. 1	미국인 성인	온라인	1,025	2.9
2015. 6. 27–28	미국인 성인	전화	1,012	2.9
2015. 7. 3–9	미국인 성인	온라인	1,237	2.6
2015. 8. 17–21	미국인 성인	온라인	1,000	3.0
2015. 8. 24–26	미국인 성인	온라인	1,000	3.0
2014. 7	기독교 성직자	전화 및 온라인	1,449 (개신교 1,286 가톨릭 163)	2.4
2014. 7	다른 종파의 성직자	전화 및 온라인	159	7.7
2014. 8. 18–22	18–30세의 미국인	온라인	1,000	3.0
2013. 10. 10–15	18–29세의 미국인	온라인	843	3.2
2012. 12	미국인 성인	전화	1,008	2.9
2011. 1	전에 그리스도인이었거나 현재 그리스도인인 18–29세의 미국인	온라인	1,296	2.7
2011. 1	미국인 성인	전화	520	4.3
2010. 12	전에 그리스도인이었거나 현재 그리스도인인 18–29세의 미국인	온라인(사전조사)	150	8.0
2009. 8–12	18–35세의 미국인	전화	20	정성 조사

퍼센트 포인트; 표본 오차는 95퍼센트 신뢰 수준을 반영한다.

사명선언문

너희가 흠이 없고 순전하여……세상에서 그들 가운데 빛들로
나타내며 생명의 말씀을 밝혀 _ 빌 2:15-16

1. 생명을 담겠습니다
만드는 책에 주님 주신 생명을 담겠습니다.
그 책으로 복음을 선포하겠습니다.

2. 말씀을 밝히겠습니다
생명의 근본은 말씀입니다.
말씀을 밝혀 성도와 교회의 성장을 돕겠습니다.

3. 빛이 되겠습니다
시대와 영혼의 어두움을 밝혀 주님 앞으로 이끄는
빛이 되는 책을 만들겠습니다.

4. 순전히 행하겠습니다
책을 만들고 전하는 일과 경영하는 일에 부끄러움이 없는
정직함으로 행하겠습니다.

5. 끝까지 전파하겠습니다
모든 사람에게, 땅 끝까지, 주님 오시는 그날까지
복음을 전하는 사명을 다하겠습니다.

서점 안내

광화문점 서울시 종로구 새문안로 69 구세군회관 1층
02)737-2288 / 02)737-4623(F)

강남점 서울시 서초구 신반포로 177 반포쇼핑타운 3동 2층
02)595-1211 / 02)595-3549(F)

구로점 서울시 동작구 시흥대로 602, 3층 302호
02)858-8744 / 02)838-0653(F)

노원점 서울시 노원구 동일로 1366 삼봉빌딩 지하 1층
02)938-7979 / 02)3391-6169(F)

분당점 경기도 성남시 분당구 황새울로 315 대현빌딩 3층
031)707-5566 / 031)707-4999(F)

일산점 경기도 고양시 일산서구 중앙로 1391 레이크타운 지하 1층
031)916-8787 / 031)916-8788(F)

의정부점 경기도 의정부시 청사로47번길 12 성산타워 3층
031)845-0600 / 031)852-6930(F)

인터넷서점 www.lifebook.co.kr